나를
살리는
최면 수업

백형진

박영
story

글을 시작하면서

내가 <하늘심리상담센터>를 하면서 크게 느낀 것은 어린 시절에 받은 감정의 상처는 평생 이어진다는 것이다. 그런데 아이에게 이런 병을 준 사람은 바로 양육자인 엄마이며, 그것도 5~6세까지 시점에 상처받은 경우가 가장 많고, 7~9세 시점에도 많이 발생한다.

이 책은 엄마와 아이를 위해서 쓴 것이다. 양육자인 엄마에 의해서 아이는 세상을 배운다는 데 과연 그게 진실일까?

나는 양육자가 누구든 '엄마'로 지칭해서 설명할 것인데, 아이는 엄마의 의식에 의해서라기보다 무의식에 의해 성장하게 된다. 엄마는 아이의 가장 큰 '세상'이자 '안전기지'가 되는 셈이다. 엄마가 가지고 있는 무의식이라는 연료를 통해 아이가 자라며, 낯선 세상에 헤엄칠 용기를 가지게 된다. 즉, 엄마에 의해 미래의 삶을 만들어 가는 것이니 결국 아이의 생살여탈권을 쥐고 있는 사람은 엄마가 되는 셈이다.

단순히 겉으로만 보이는 엄마의 모습이 중요한 것이 아니라 웃는 모습, 우는 모습, 우울한 모습, 화내는 모습 등 여러 모습의 엄마가 혼전되어 아이가 살게 된다. 예를 들면 비가 올 때, 햇볕이 쨍쨍 내리쬘 때, 비바람이 몰아칠 때 모든 것을 막아주는 그늘이 아이에 입장에서는 엄마가 되는 셈이다.

엄마의 나무그늘이 울고 있거나 화를 내면 아이는 그늘이 하는 대로 닮아갈 것이며 학습하게 된다. 이런 것을 곧이곧대로 배우는 아이의 울음에 보답할 것은 무엇이 있을까? 그것은 무조건 엄마는 아이의 신호에 답해야 한다는 것이다. 그게 시원찮으면 아이는 계속 울음을 통해 신호를 보낼 것이고, 그렇게 보냈음에도 알아차리지 못하면 세상에 대한 불신을 갖는다. 그리고 이런 일이 반복되면 아이의 마음에는 '세상에 나 혼자만 있구나!', '의지할 곳도, 기댈 곳도 없구나!' 같은 마음이 고착된다. 또한 '조금만 불편해도 크게 울고 소리 질러야 살아남을 수 있겠구나!' 아니면 '내가 뭔가 잘못 했나 보다. 다음부터는 혼나지 않게 꾹 참아야지.'라는 생각을 가지게 된다.

이렇게 만들어진 세계관이 평생에 걸쳐 반복하게 되면, 아이는 누구를 만나도 불신하게 되고, 자기 비난이 습관화돼서 별 근거도 없이 자신을 탓하게 되는 모습을 보인다. 결국 '불안정 애착의 틀'이 만들어지는 것이다.

이 책은 엄마가 아이의 신호를 무시하거나 제대로 인식하지 못했을 때 일어나는 부적응을 1, 2부를 통해 다루고 있다. 본문에서 엄마는 아이를 위해서 신호를 알아차리고 아직도 해결되지 않은 문제가 있다면 빠르게 통찰하라고 말한다.

아이가 불안정 애착 또는 안정형 애착을 가졌다면 무슨 말을 하거나 변명할 이유가 없다. 앞서 말했듯, 모든 아이의 모습은 엄마에게 나온 것이기 때문이다. 아이는 저마다 다른 성격과 특성을 보이면서 이 세상에 왔다는 것을 명심해야 한다. 아이마다 순하거나 까다롭거나 반응 속도가 느리거나 등 여러 유형이 있지만, 아이의 성격과 기질은 양육자로부터 크게 물려받은 것이라는 것을 잊지 말아야 한다.

예컨대 아이의 경계성 인격은 엄마에게 충분한 사랑을 받지 못해 언제든 버려질지도 모른다는 불안에 생긴 것이며, 의존적 인격은 난폭한 부모에 의해 육체적·신체적으로 지배를 받은 아이에게 나타나는 것이다. 그리고 강박성 인격은 최선의 결과만을 추구해서 살아온 부모에게 물려받은 유산으로 생겼으며, 회피성은 부모에게 따뜻한 사랑과 보살핌을 받지 못했거나 엄격함에 생기게 된다. 그리고 형제자매가 있는 집안이라면 우월한 형제자매와의 비교를 통해 발생할 확률이 높으며, 편집성은 추측만으로 의심하고 옭아매는 부모로부터 물려받았을 것이 높다. DSM-5에서 논하는 성격장애가 양육자에 의해서 물려받았다는 것에 찬성하는 학자들의 견해가 많다는 점은 위 내용의 신빙성을 더해 준다.

마지막으로 이 책에 실린 모든 이야기는 엄마와 아이들과의 최면상담을 하면서부터 시작된다. 이 모든 이야기는 그들이 없었다면 감히 엄두도 못 낼 일들이다. '타인의 가슴앓이를 덜어주고 멈출 수 있다면 헛된 삶을 산 것은 아니다'라는 의미를 지닌 에밀리 디킨슨의 글처럼 양육자의 사랑을 제대로 받지 못해서 병들어 가고 있는 아이들이 아직도 우리 곁에 많이 있다면 그들의 아픔과 고통을 같이 나누고 떨쳐낼 수 있도록 다가가 보려고 하며, 앞으로도 좋은 기회가 주어진다면 더 많은 사람을 만나고 그들로부터 얻은 좋은 정보와 사례를 통해서 이 넓은 세상의 빛이 되도록 나름대로 힘을 쏟아내고 싶다.

2023년 11월의 어느 날

백 형진

목 차

PART 01

엄마의 무의식이
아이를 키운다

01
여기가 심리상담소인가요?

"여기 오면 상담한 기록이 남나요?"

대부분의 부모들이 나를 찾아오면 묻는다. 그들이 가장 궁금한 것은 만약에 여기에 왔다가 훗날 기록이 남아서 아이에게 나쁜 영향을 줄까봐 걱정하는 말이다.

"왜 그런 생각을 했나요?"

"나중에 탈이 날 것 같아서요."

그러면 나는 이렇게 말한다.

"걱정 마세요. 상담에 대한 기록이 필요해서 작성하고 있지만 이 기록이 남아서 아이에게 나쁜 영향을 끼치는 일은 없을 거예요."

엄마라면 한 번쯤 아이를 위해 걱정을 할 수가 있다. 하지만 그런 걱정은 할 필요가 없다. 심리상담소는 의료보험이 적용되는 정신신경과도 아니고 병원도 아니므로 그럴 필요가 없다.

"그럼 나중에 탈이 없겠네요?"

"그럼요."

이렇게 대화를 주고받으면 엄마는 안심한다. 우리나라는 오래전부터 정신병에 대한 선입견이 좋지 않았다. 그래서 정신과를 찾는 것을 꺼렸지만 그건 과거에 있던 일이다. 모더니즘을 지나 포스트 모더니즘에 오면서 엄마나 아이들이 심리 상담실을 찾거나 정신병원을 찾는 일이 흔해졌다. 병원에서는 치료를 위해서 의무 및 병상 기록을 10년간 보관하는 것이 원칙이지만 본인의 허락이나 동의 없이는 그 누구도 기록 자체를 열람하지 못하게 되어있다. 물론 정신과 기록만큼이나 밝히기 꺼리는 곳이 산부인과 기록인데 이 기록지에 나타나는 임신이나 성병은 물론 감염, 전염성 질환도 당사자의 허락 없이는 공개되지 못한다. 그 외에 성형외과에서 했던 수술에 대한 전후 사진도 10년간 보관하도록 되어 있지만 누구에게도 보일 수 없게 국가가 법률로 제정하여 보호하고 있으므로 가족들은 안심해도 된다.

모든 정신적인 문제는 초기 치료가 아주 중요하다. 특히 자존감이 형성되는 시기에 받은 아이의 상처는 쉽게 회복되지 않기 때문에, 빠른 시기에 치료를 받지 못하면 필연적으로 뇌 기능에 문제가 생기게 되어 있다. 부모는 우리 아이가 또래의 아이들과 비슷하게 별문제 없이 성장하고 있다고 느끼겠지만, 어쩌다 한 번 상처받은 내면의 아이는 쉽게 치유되지 않아서 어른이 돼 뒤늦게 모습을 드러내게 되고, 이를 통해 개인의 삶을 무너뜨리기도 한다. 하지만 아직도 정신병원에 가거나 상담실에 간다는 것을 피하는 경우가 있어서 초기 치료를 놓치는 경우가 많다.

중요한 것은 그 어떤 부모도 문제된 아이를 데리고 와서 자기들에게 문제가 있었다고 말하는 경우는 드물다. 모두가 아이가 잘못돼서 그렇다고 말하고 있으며 자기에게는 아무 문제가 없었다고 한다. 그렇지만 생각해 보자. 아이가 태어나서 누구를 보고 자랐겠는가? 모두가 부모가 보여 준 대로 듣고 보고 자랐을 것이다.

그래서 어릴 때나 사춘기가 시작되기 전에 생겼던 문제는, 나름대로 차이는 있겠지만 3세 이전에 생긴 애착관계 때문이라는 말이 지배적이다. 특히 '연극성 성격장애', '자기애성 성격장애'가 있는 아이의 18개월까지 누구와 많이 애착관계를 이루었는지에 대해서 살피는 것이 중요하다. 왜냐하면 애착관계로 인하여 장차 그의 삶에 영향을 주기 때문인데 일본의 다카다 아키카즈의 〈마음을 즐겁게 하는 뇌〉에서 '실제로 미국에서도 부모의 애정이나 신체적 접촉을 받지 못하고 방치된 채 자란 아이는 사춘기가 되면서 폭력적인 경향을 보인다.'라고 쥐를 비유해서 설명을 하고 있다.

쥐는 보통 10마리 정도의 새끼를 낳는데 가장 신기한 일은 어미 쥐라고 해서 반드시 모든 새끼를 고루 핥아 주거나 털을 쓰다듬어 주지는 않는다. 비슷한 이야기로 캐나다 맥길대학의 박사는 어미 쥐가 새끼의 몸을 핥아주는 횟수와 그 새끼 쥐의 대뇌 발달에 대한 조사를 했는데 어미 쥐가 자주 몸을 핥아주었던 새끼 쥐는 그렇지 않은 새끼 쥐보다 뇌가 많이 크고 특히 해마의 세포 수가 더 많다고 했다.

자주 몸을 핥아 주었던 새끼 쥐의 뇌에는 코티졸의 농도가 높아지지 않게 되었으며 그렇지 못한 즉, 애정을 받지 못한 새끼 쥐의 경우는 애정을 받지 못한 것이 스트레스로 작용하면서 뇌에 손상을 주었다고 말한다. 쥐도 신체접촉이 많았던 쥐와 그렇지 않은 쥐의 차이에 따라 생체에서 일어난 호르몬의 분비가 달랐다고 하는데 하물며 감정을 가지고 있는 인간이야 말해 뭐하겠는가?

자, 그렇다면 우리 아이의 감정을 좌우하는 것은 과연 어떤 것이 있을까? 첫째, 이것을 좌우하는 것은 엄마와 아이의 공감일 것이다. 다른 사람의 감정을 이해하고 나누는 능력은 부모를 통해서 경험하는 것 이상일 것이다. 그래서 공감은 그 당시의 상황과 경험, 그리고 인지적 조절에 따른 다양한 측면을 가지고 있는데 이것을 생물학적으로 적응하고 생존하기 위한 기제라고도 말한다.

둘째, 인지적인 공감 즉, 다른 사람의 입장에서 생각할 줄 알고 다른 사람의 의도나 믿음을 예측하는 능력을 말하게 된다. 셋째, 친사회적인 행동인데 만약 다른 사람이 고통을 받고 있을 때 그 고통을 안다는 것과 모른다는 것은 아주 중요하다. 이때의 공감능력은 '자기 감각'에서 시작된다고 할 수가 있는데, 예컨대 아이가 한 살이 되어 가면서 절반 이상은 어느 정도의 친사회적 행동을 보인다고 한다. 즉, 엄마가 울면 따라 우는 아이의 행동이 그러할 것이다.

이렇게 아이가 기어가서 토닥토닥하는 흉내를 내거나 안아주는 듯 모습을 취하는 것, 이 모든 것은 무엇을 말하겠는가? 다른 아기가 울면 자기가 먹던 우유병을 건네주는 것도 볼 수가 있는데 이렇듯 아이는 사회적이고 문화적인 생활 속에서 자라나면서 사회적인 기술과 소통의 능력을 만들어가는 것이다.

그렇다면 어떻게 하면 공감능력은 키울 것인가? 아이의 공감능력은 다른 사람의 눈으로 보고 다른 사람의 귀로 들을 수 있는 능력을 말한다. 내 입장에서 다른 사람을 이해하는 것이 아니라 다른 사람의 입장을 받아들이는 것 그것이 실제적으로 도움이 되는 행동이다.

그렇다면 아이의 삶에 대한 통제가 필요한 이유가 과연 뭘까? 나는 여기서 아이들의 심리 및 행동에 대해서 지금까지 이끌어 온 심리학의 역사와 그 연혁에 대해서 알아보고자 한다. 우리나라뿐만 아니라 초창기 심리학의 역사는 마치 눈먼 사람이 코끼리를 만지는 것과 같이 유사했다.

코끼리의 다리나 코를 만지고 어떻게 생겼는지 단정했듯이 당시는 보이지 않는 어떤 패턴을 그려보겠다는 주장을 학자들이 말하곤 했다. 그래서 초창기에 가장 크게 파벌을 형성한 건 역시 정신분석이었다. 젊은 시절의 프로이트는 학구열이 불탔다. 그래서 당대에서 유명했던 최면을 배우겠다고 프랑스로 유학까지 가서 최면에서 보이는 인간의 심리에 심취하게 되었다.

그렇지만 그가 내면세계에 심취했던 당시 1세기 전의 최면유도기법은 지금과 비교하면 아주 허술하였고 소수의 사람에게만 잘 통했고 그마저 프로이트는 서툴러서 최면을 하는데 실패가 많았다. 그는 최면을 통한 무의식 탐구가 여의치 않자 우회로를 개척하게 되었는데, 그건 비록 멀리 돌아가는 한이 있더라도 퍼즐 조각 같은 무의식의 정보들을 맞춰보겠다는 집념에서 나온 것이다.

비록 시간이 오래 걸리겠지만 총명함이 그를 잡아놓았다. 그렇게 해서 마침내 심리학에서 인정받는 최초의 체계적 정신이론을 만들어 내는데 기여했다. 이를 바탕으로 '우리의 행동이 의식되지 않는 생각과 감정에서 비롯된다.'는 프로이트의 주장이 나오게 됐지만 세상은 좀 더 나은 것을 내놓으라고 요구를 하게 되었고, 아쉽게도 결과물은 시원치 않았다.

수년 동안 무의식에 적용을 해봐도 사람들에게 그 어떤 정신세계에 대한 변화는 기대에 미치지 못한 것이다. 그래서 몸과 정신세계에 대한 대중들의 시선은 크게 달라지지 않았다. 유명하던 그의 이론에서 별다른 성과가 나타나지 않자 이에 따라 '그의 이론이 무용하다'라는 무용론마저 대두되었다. 그러면서 사람들이 말하기를 값비싼 정신분석을 몇 년 동안 받는 것이나 시간이 지나서 저절로 좋아지는 것이나 뭐가 다르냐고 물었다.

이렇게 정신분석에 대한 선호도가 급격하게 낙하하자 이런 분위기에 등장한 것이 바로 행동치료였다. 행동주의는 어느 영화에서 나오는 대사'나는 한 놈만 팬다.'처럼 사실에 주목하면서 크게 꽃을 피우기 시작하였다. 행동주의가 대두되면서 다른 이론은 다 무시하고 오직 행동에만 중시하게 되었는데, 이것의 문제는 사람의 생각이나 감정은 아예 보이지 않는다는 점이다.

행동주의는 의식할 수 없는 무의식을 포함해 보이지도 않고 잡히지도 않는 것을 가지고 연구 등을 하는 것은 비과학적이라고 말을 하는데, 이에 따라 일부 학자들 사이에는 프로이트의 정신분석을 혹평하면서 보이지 않는 것은 내치려고 하였다.

프로이트의 정신분석이 내쳐지는 형국이지만 그 내면에는 생각이나 감정, 무의식이 빠질 수가 없었음에도, 행동주의자들은 그것은 중요한 것이 아니라고 하였다. 그러면서 무엇이 들어있는지 몰라도 자극을 주면 구르는 행동이 나오기 때문에, 자극과 행동만 보면 된다는 주장을 이어간 것이다.

이런 행동주의자들의 주장은 언제나 단순하고 명확하였다. 자극과 행동이 연결되는 원리를 밝혀내는 일들이 모든 심리치료에 기여하는 것이 가능해졌다. 예컨대 파블로프가 종을 치면 개가 침을 흘리도록 만들 수 있는 것이나 관객들 앞에서 박수를 치게 하는 물개의 훈련을 볼 수 있는 것처럼 말이다.

동물실험에서 밝혀낸 이런 원리는 인간에게도 적용할 수가 있었다. 프로이트가 주창한 정신분석과는 달리 눈에 확연하게 보이는 성과가 드러나게 되자 행동주의를 주창하는 사람들의 주가는 하루가 다르게 급속하게 치솟기 시작하였고, 그들의 주장이 심리세계에 받아들여지는 것이 가능해지는 오만한 주장에 이르게 되었다.

왓슨이 '내게 몇 명의 아이를 주면 그대가 원하는 대로 바꾸어 놓겠소.'라고 큰소리를 친 것처럼, '자극'과 '행동'의 연합만 바꾸면 모든 인간의 행동을 바꿀 수가 있다는 주장이 나오게 되었는데, 동서양을 막론하고 오만은 관용의 대상이 될 수가 없는지 행동주의의 콧대를 꺾겠다고 하는 파벌이 나타났다.

'인간은 왜 불안할 수밖에 없는가?' '왜 사는가?'를 고민하던 실존주의 파벌이 인본주의 파벌과 결탁해 행동주의를 협공하기 시작한 것이다. 이들의 주장은 다음과 같았다. '인간은 동물·기계와 다르다.' '자극과 행동으로 인간을 다 설명할 수가 없다. 자극이 곧바로 행동으로 이어지지 않는다. 그 사이 공간이 있다. 그 공간에서 선택할 수 있는 힘이 있다.' 이들은 '자극'이 들어와도 '선택'에 따라 어떤 행동이든 달라질 수 있다는 주장을 펴게 되었다.

이들의 주장은 인기를 누렸지만 행동주의는 쇠퇴하지 않았고 건재했으며 주가는 더 한층 올라가고 있었다. 하지만 영원할 것처럼 보였던 행동주의도 쇠퇴의 길을 걷기 시작했는데 그것은 바로 인지주의가 등장하게 된 것이다. 참고로 행동주의가 유행하던 시기는 1950년대였다.

그때는 기계 장치가 단순했다. 단추를 누르면 세탁기가 돌아가고 자판기가 유행하기 시작하던 시절이었다. 자극과 행동연결이 단순했던 때인데 1970년대부터 컴퓨터가 등장하면서 아주 복잡하였다. 컴퓨터가 단순하게 작동하는 것이 아니라 프로그램으로 인하여 모든 것이 계산으로 하게 된 것이다.

이렇게 되자 단순하게 동작만으로 이루어지던 것이 다시금 계산처럼 프로그램의 역할이 실세라는 것이 드러났고 유배생활을 하던 '생각'이 왕으로 추대되기에 이르렀다. 그렇게 인지주의의 파벌은 혁명을 통해 행동주의를 몰락시키고 '생각'을 왕으로 등극하는데 크게 기여하게 된 것이다.

여기에 심리학계는 뭔가 더 있어 보이게 하려고 '생각'이라는 단어도 '인지'라는 용어로 바꾸는 등 '인지'라는 곳에 진을 치는 모습을 보였다. 그리고 인간의 사고와 학습과정을 면밀히 연구한 결과가 단순하게 만들어지는 것이 아니고 그동안 심리학에서 이어왔던 여러 체계와 과정을 통해서 이뤄지기 때문에 무엇이든지 무시할 것이 없고, 생각과 이론을 연합하자는 모습을 보였다.

그렇게 과거 혼자 잘났다고 배척을 하던 것과는 달리 오히려 포용하려는 정책 속에서 성과가 나오게 된다. 이를테면 뇌 영상발전기술과 함께 의식하기 전에 뇌에서 일어나는 정보 처리를 들여다보고, 비과학적이라고 무시했던 무의식의 사고도 새롭게 밝혀내면서 인지행동치료라는 새로운 치적을 쌓아가는 것처럼 말이다.

이 가운데 가장 새롭게 대두되는 것이 정신세계의 윤곽인데 자극, 생각, 감정, 행동의 4개의 키워드가 주목을 받게 되었다. 하지만 무엇보다 인간정신의 핵심은 취약성의 관리이다. 사람들은 정신이 무너졌다고 말을 하는데 그 과정이 어디에 있겠는가? 바로 애착과 관계를 떠날 수가 없을 것이고 그렇게 본다면 개인정신의 중요성은 바로 취약성의 관리가 먼저가 될 것이다.

그래서 나는 엄마와 아이의 애착관계와 일부 관련이 있는 개인의 정신 관리에서 한 아이의 정신에 대해 취약성을 인정했다고 한다면, 다음과 같은 현상을 유추해 볼 수가 있다고 본다. 즉, 취약성 세트 메뉴로서 우울증 및 강박증 내담자의 취약성 세트 메뉴를 논한다면 다음과 같이 정리가 가능할 것이다.

아이에게 어떤 자극을 준다책상정리를 잘 하지 못한다. 그러면 어떤 생각에 빠질 것이다나는 아무짝에도 쓸모없는 존재야. / 나는 왜자괴감 라고 하는 우울 및 자괴감이 들게 될 것이고 / 그러면 몸은 힘이 빠지고 아무것도 할 수가 없을 것이다. 그런 과정을 가지게 된다면 다음의 패턴을 가지고 생각해 볼 수 있는 것이 〈아이의 생각〉이 될 것이다.

아이의 생각은 크게 두 종류가 있다. 훈련된 생각과 훈련되지 않은 생각이다. 훈련된 생각은 컴퓨터를 치는 손처럼 아주 빠른 것이고 훈련되지 않은 생각은 왕초보가 컴퓨터 자판을 하나씩 두드리는 것과 같이 느릴 것이다. 그래서 인간의 뇌는 컴퓨터를 잘 치는 사람과 왕초보가 있을 뿐이다. 이처럼 두 종류의 플레이가 모두 뇌에 살고 있다.

훈련된 생각은 반복된 연습을 통해서 습관이 된다. 습관은 의식적으로 우리가 신경 쓰지 않아도 처리하게 된다. 화장실에 가기 전에는 '양치해야지' 하고 간다. 그런데 양치를 하면서 위로 세 번, 아래로 세 번, 옆으로 세 번 하면서 양치를 하지는 않는다. 다른 생각을 하면서 양치를 끝내는 경우가 바로 앞서 얘기한 습관을 말하는 것이다. 이런 나름대로 습관이 굳어지면 그에 대한 취약성 메뉴의 역설에서 다음으로 가상을 생각해 볼 수가 있으며, '취약성 메뉴의 역설'에 대해서 다음의 이야기를 만들어 낼 수가 있을 것이다. 전갈과 지네가 외나무다리에 서로 마주쳤다. 둘 중에 하나가 죽어야 된다. 그런데 이때 전갈이 아주 기막힌 꾀 하나를 만들어냈고, 지네에게 이렇게 말을 한다고 가상해 보자.

"지네야, 넌 어쩌면 그렇게 수많은 발을 가지고 있으면서도 엉키지 않고 앞으로 곧잘 걸을 수 있니? 아주 대단하구나!"

금방 공격을 할 줄 알았던 전갈이 뜻밖에 칭찬을 하자 지네가 갑자기 의기양양해졌다. 그리고는 한 번도 생각한 적이 없었던 자신의 발동작에 신경을 쓰기 시작하였다.

"여보게, 전갈. 자네 말을 듣고 보니 정말 그러네. 나는 어떻게 이렇게 많은 발이 한 번도 꼬이지 않도록 움직이면서 살아왔을까?"

지네는 자기의 발 움직임을 이제부터 하나하나씩 마음에 담고 신중하게 의식하기 시작했다. 그러자 그렇게 현란했던 발의 스텝이 꼬이기 시작하면서 움직임이 둔해 지게 되었고, 곧이어 전갈은 쉽게 지네와의 싸움을 이길 수가 있었다.

자, 이제 생각이 빠른 사람은 벌써 눈치를 챘을 것이다. 자동화된 것을 수동으로 풀려면 의식적으로 신경을 쓰면 된다는 것을 알게 되는 것이다. 그러면 이제까지의 자동장치는 꺼지게 될 것이고 수동 조작으로 가게 될 것이다. 그렇게 되면 내담자가 지금까지 해 왔던 방식을 버리고 의식적으로 신경을 쓰면 쓸수록 자동화 되었던 흐름은 더 엉망이 될 것이 분명하다.

그러면 이제까지 잘 나가던 운동선수가 엉뚱한 것에 신경을 쓰게 되면 어떻게 될까? 시합을 망치거나 엉망이 될 것이다. 패턴이 바뀌면 전갈에게 당했던 지네처럼 된다. 어떤 강박증 내담자가 있었다. 화장실에 들어가면 양치질을 40분 이상을 하거나 손 씻기를 1시간 이상을 하는 사람에게 스텝을 꼬이게 해서 습관을 무너뜨리는 방법을 쓴다. 같은 예로 얼마 전 야구선수가 찾아왔다. 연습 때는 공을 잘 던지는데 마운드에 서면 손과 발이 떨려서 제 구질을 만들지 못한다고 했다. 이는 마운드에 서게 되면 더 잘 하려고 하다가 자동화가 망가지는 것인데 이것을 말할 때 우리는 '신경을 쓴다'고 말할 수가 있다.

이렇게 되면 역효과 법칙으로 피하고 싶은 지뢰밭을 밟는 꼴이 되어서 나는 취약성을 복원시키려고 패턴을 바꾸려고 한다. 그런 내담자를 위해서는 '멘탈 취약성' 즉, 마음을 바꾸기 위해서 다음과 같은 방법을 활용하게 된다.

첫째, 내담자를 통해서 자동화되어 있는 것을 깰 방법을 찾는 것이고 둘째, 모든 신경을 써서 자동화를 망가뜨리는 일이다. 개인의 취약성은 반복이 주가 되는데 자동화된 프로그램을 소멸시키는 것을 통해 내담자의 취약성을 찾아서 이제까지 반복되어 온 스트레스를 바꾸는 것이다.

인지치료에서는 과거는 중요하지 않다. 과거에 어떤 상처를 가지고 있던 과거는 이미 지나갔다. 과거가 중요하다는 것은 지금의 나에게 악영향을 끼치고 있다는 것을 말한다. 지금 현재 나에게 부정적 영향을 끼치는 과거가 있다면 취약성 세트 메뉴에 압축되어 있을 수 있다.

그러니 굳이 과거에 갈 것도 아니고 오늘 또는 최근으로 한정하는 것이 좋다. 그렇다면 이제부터 방해받지 않는 시간과 장소를 정해 놓고 눈을 감고 오늘 하루만 생각한다. 그래서 스트레스를 겪었거나 자존감이 떨어지는 순간이 있었는지, 또한 그것이 특정한 사람에서 생길 수도 있고, 무심코 지나가는 사람일 수도 있으며, 때론 누군가 무심코 하는 말일 수도 있고 반복되는 실수일 수도 있다.

하지만 오늘 하루가 운이 좋아서 별로 기분 나쁜 일이 없었다면 일주일 전으로 조사범위를 확대할 필요도 있다. 그렇게 해서 지금부터 스트레스 3개를 찾았다면 그것에 대한 생각만으로 있지 말고 어딘가에 적어둔다. 적는 것은 3가지 정도의 이득을 주게 될 것이다. 그것은 기억을 뒤지는 수고를 들어 주는 것인데 수첩을 지니고 다니거나 스트레스를 받을 때마다 이렇게 적게 되면 지나간 일을 일부러 기억할 필요가 없다.

그런 수고를 했다면 이제부터 글로 쓰면 객관화된다. 내면을 기록하는 행위 자체가 뇌 속의 고급 기능을 켤 수 있을 것이고, 이를 적어두게 되면 기록이 쌓이게 된다. 오늘 3개, 내일 3개, 이렇게 일주일만 적어도 데이터가 늘어가고 그럴수록 나의 의식에는 윤곽이 차게 되면서 패턴을 바꿀 수 있는 방법을 찾게 된다.

이렇게 반복적으로 이어가다가 보면 내가 지금 무엇이 취약했는지 그리고 어떻게 해야 할 것인지 패턴에 대한 감이 잡힌다. 취약성이 여러 가지일 수가 있는데 그때는 비슷한 것끼리 모이게 되면서 무엇이 반복적인지 환하게 패턴이 드러난다. 이때 패턴이 많으면 더 이상 찾아도 무관하다. 그러나 그게 싫으면 1개만 해도 괜찮다. 이런 나의 취약성 기록을 통해서 자극, 생각, 감정, 행동 및 반응을 찾아내고 문제의 패턴을 바꾸는 것이다.

이제 우리는 인지 및 행동치료, 정신분석 및 여타의 기법에만 매달려 있을 때가 아니다. 월터 미쉘의 다음 얘기도 함께 알아보자. 그는 테이블 앞에 앉아있는 여러 아이들에게 마시멜로 한 개가 놓인 접시를 건네주면서 말했다.

잠시 동안 나갔단 올 텐데, 그 사이에 마시멜로를 먹지 않고 기다린다면 마시멜로 한 개를 더 주어서 두 개를 먹을 수 있다고 말했다. 그렇지만 이를 기다리지 못하고 마시멜로를 너무나 먹고 싶어 한다면 앞에 놓인 벨을 누르라고 하였다. 벨 소리를 듣고 방으로 곧장 들어오면 그때 접시 위의 마시멜로 한 개를 먹을 수 있는데 이렇게 되면 결국 아이는 기다리지 못한 것이니 또 다른 마시멜로는 받지 못할 것이라 말했다.

마시멜로 두 개를 받기 위해 선생님이 돌아올 때까지 먹지 않으려고 기를 쓰다가 결국은 눈앞에 있는 맛난 마시멜로를 못 참고 먹어

버리는 아이들도 있었고 아예 기다릴 생각도 하지 않고 받자마자 먹어버리는 아이들도 있었다. 물론 그중에는 선생님이 올 때까지 참고 기다린 덕분에 두 개를 받아든 아이들도 있었다.

이 연구는 아이들이 더 큰 즐거움을 위해 자신의 욕구를 참아낼 수 있는 능력, 내지는 성향을 보는 연구였다. 그런데 연구자인 월터 미쉘의 딸이 당시 바로 그 유치원에 다니는 아이 중 하나였는데 마시멜로 연구를 시행한 지 10여 년이 지난 후 월터 미쉘은 성인이 된 딸과 이야기하다가 예전에 함께 그 유치원에 다니던 친구들의 현재 근황을 듣게 되었다.

한 친구는 명문대학교를 졸업한 뒤 안정된 직장을 다닌다고 하였고 어떤 친구는 전공을 바꾸다가 결국 학교를 그만둔 상황이었다고 한다. 그리고 또 다른 친구는 학교를 다니다가 대중음악 엔터테인먼트 쪽에서 일하고 있는 등 이런저런 소식들을 전해주었다.

그런데 그 친구들이 대학을 가고 학교를 졸업한 이후의 이야기를 듣다가 그들의 행보가 10여 년 전 마시멜로 연구결과와 상관관계가 있다는 것을 알게 되었다. 마시멜로 테스트를 성공한 즉, 선생님이 다시 올 때까지 마시멜로를 먹지 않고 기다렸던 아이들은 학업적으로 다들 성공적인 과정들을 밟아갔다.

월터 미쉘은 훗날의 보상을 기대하면서 참아내는 성향이 학업적인 성공에 혹은 직업적인 성공과 상관관계가 있는지를 여러 자료를 통해 검토했는데 미국 대학입시에 사용되는 SAT시험 점수를 볼 때 마시멜로 테스트를 통과한 아이들이 그렇지 않은 아이들보다 평균 몇십 점정도 더 높은 결과가 나왔다고 알려지고 있다.

이 연구는 보상을 미룰 수 있는 능력이 학업적·직업적 성공과 관련이 있다는 결과로 이후 널리 세상에 알려졌다. 그런데 유치원 때의 마시멜로 테스트가 20대 초반으로서 대학과 직업을 시작하는 시기의 성과와 관련이 있다고 해도, 그게 꼭 성공하는 성격이라고 단정할 수는 없었다.

또한 보상을 미루는 행동이 꼭 성향이나 능력으로 고정되는 것이라 단정할 수 없다. 그 연구 참여자들을 계속 추적한 결과 학교를 성실하게 마친 것이 꼭 인생에서 성공한 것으로 여겨지는 것만도 아니었다. 사회적 관계의 능력과 만족이 더 중요해지고 시간이 지날수록 사회적인 행복 추구가 일에서의 성공으로 연결되기도 하였다.

하지만 월터 미쉘이 강조한 것은 흔히 생각하는 것과 달리 '개인의 성향은 고정된 것이 아니라 상황에 따라 변한다.'는 것이다. 개인의 일관성이 전혀 없다는 의미는 아니지만 이 일관성은 상황과 시간적인 제약에 따른 것이다. 보상 지연도 개인이 연습하고 주의과정을 조절하면서 스스로의 인지과정을 통제할 수도 있다.

위 실험에서도 여러 가지 사실을 유추할 수 있듯이 아이의 어릴 적 습관과 버릇은 평생을 좌우할 수도 있다. 따라서 아이의 어린 시절이 평생에 영향을 준다는 생각으로 아이를 키울 것을 당부하는 이야기와 함께 애착관계에 대해서 설명이 진행된 것이다.

성숙한 애착관계가 이루어지지 못한 아이들은 빨리 환경이나 생활습관을 바꿔서 제대로 자라는데 부모가 받침의 역할을 해야 한다고 생각한다. 그 어떤 심리 및 기법자체가 모두 완벽한 것은 없겠지만 NLPNeuro-Linguistic Programming 및 최면이 주는 힘은 아이의 애착관계에서 아주 거대하고 산처럼 높다는 것을 인식하게 된다.

02
놓쳐선 안 되는 아이의 신호

그 날은 종일 비가 내리는 오후의 한때였다. 똑똑 노크 소리가 들리면서 서른을 조금 넘긴 듯한 엄마가 아이를 데리고 왔다. 엄마는 나와 눈이 마주치자 입가에 작은 미소를 지어 보였다. 내가 무슨 일로 왔는지 물었더니 손가락으로 아이를 가리키면서 우울증을 앓고 있다고 했다. '기초 작성문'을 읽어보니 아이의 최근의 근황이 적혀 있었다.

"병원에도 많이 다녔네요. 거기서 뭐라고 하던가요?"

"그냥 우울증이라고만 했어요."

그러면서 엄마가 말을 이어 나갔다.

"얼마 전까지만 해도 아이가 화를 내기도 하고 짜증을 냈는데 요즘은 도통 말이 없어요. 그래서 너무 답답하고 힘들어서 이렇게 찾아왔어요."

"그랬었군요."

왜, 아이가 말을 하지 않으려고 할까? '자기감정을 억압'하고 있는 이유가 뭘까? 아이들이 엄마에게 대들거나 화를 내서 속상하다고 말을 하지만 이 아이처럼 아무 대꾸를 하지 않는 경우는 드물다.

"아이가 왜 그러는지 그리고 이유가 무엇인지 짐작이 가는 데가 없을까요?"

"도무지 모르겠어요. 요즘은 말을 도통 하지 않으니까….."

"전혀 모르겠다는 말씀이군요."

"네."

엄마의 이런 볼멘소리는 '이제까지 착하고 순하기만 하던 아이가 갑자기 변했어요. 왜, 저러는지 모르겠어요. 지금까지 내가 바라보던 아이가 아니에요. 당황스럽고 걱정스러워서 찾아왔어요.'라는 내용이 었다.

나는 지금부터 이 아이가 왜 말을 하지 않는지에 대하여 혹은 말 하지 않는 이유에 대해서 말할 작정이다. 왜냐하면 엄마는 아이에게 손가락질을 하면서 '어느 날 갑자기'라고 하지만 그런 것은 없다. 어떤 이유로든지 아이는 쉬지 않고 엄마에게 신호를 보냈을 것이고 나름대 로 모든 수단과 방법을 통해서 전했을 것이다. 그런데 그것을 쉽게 알 아차려야 하는 엄마가 바빠서, 또는 무슨 이유인지 모르지만 신호를 모른 채했거나 등한시 했을 것이다.

이런 여러 가지를 생각해 볼 수가 있지만 우선 아이를 키우는 것 이 그리 중요하지 않을 수도 있다. 아이는 낳으면 저절로 큰다는 생각 을 하는 일부 엄마들이 주위에 있다. 그래서 아이는 지금에 대해서 그 어떤 실망감을 갖고 있거나 자기를 무시하는 것에 대해서 화를 내고 있는지도 모른다.

"그간 아이가 어떤 신호를 보냈었는지 전혀 생각나는 게 없다고 하셨지요."

"네. 그래요."

"…."

아이가 지금은 아무런 말을 하지 않고 있다고 하지만 그건 엄마의 생각이고 아이는 엄마에게 뭔가 하고 싶은 말을 쭉 해 왔을 것이다. 그렇지만 신호를 무시했거나 그것도 아니라면 모르는 척 했을 수도 있다. 그래서 어느 날부터 엄마에 대한 분노를 가지고 일체 말을 하지 않는지도 모른다. 그렇다면 이런 아이의 유형은 어떤 것이 있을까?

(1) 말과 행동에 숨겨진 신호

엄마가 아이를 잘 키운다는 것은 무엇을 뜻할까? 그것은 아이가 자라서 성인이 되었을 때 독립적으로 이 세상을 자기가 원하거나 지양하는 삶으로 살 수 있도록 힘을 길러주는 것을 말한다. 그것을 위해서는 어릴 때부터 엄마의 사랑과 친밀감을 갖고 있는 것이다. 이것보다 더 중요한 것은 이 세상에 어디에 있을까?

고든 올포트Gordon Willard Allport, 1897-1967는 성격과 건강에 대해서 말하기를 "잘 발달된 자아를 가진 사람은 부모 자식 배우자 혹은 친구에게 친밀감 또는 사랑을 잘 표현한다고 했다. 이들은 사랑하는 사람과 그 외의 사람까지 자신의 삶만큼 중요하게 여긴다."라고 말을 한다. 그러면 과연 이런 것들이 선천적으로 타고난 것일까?

물론 그럴 수도 있겠지만 대부분 어릴 적부터 엄마와의 관계에서 만들어진 것이라고 말한다. 아이가 어릴 적에는 말을 할 줄 모르면 울고 보채기만 한다. 그것이 바로 자기욕구를 표현하거나 나타내는 유일한 수단이기 때문인데 그것은 자기 몸이 불편하고 아프다는 것을 주위에 알리는 신호가 된다.

이 시기에 엄마는 다른 것을 모두 제치고 아이의 욕구를 들어주기 위해서 최대한 노력을 해야 한다. 그것뿐인가? 아이와 눈을 맞추고 모든 정성을 쏟아야 한다. 그러면 아이가 당장 울음을 그칠 것이고 엄마와 신뢰를 쌓게 된다. 그러다가 아이가 말을 배우게 되고 어느덧 생체적 발달단계를 이어가게 되면 엄마의 기대가 높아지면서 아이와의 관계에서 공감과 소통에 대한 에너지가 줄어들 수가 있다.

그렇다. 엄마는 아이가 말을 배웠다는 이유로 우는 것을 무시하게 되고 아이가 말을 한다고 해도 그 말속에 들어있는 진심을 알려고 하지 않게 된다. 말하자면 아이의 말에 점차로 무심해지면서 행동과 태도에 귀찮아지고 무슨 말에도 귀를 기울이지 않게 되면서 아이가 고민을 보여도 그에 대하여 아주 사소하게 생각하면서 둘의 관계가 소원해지거나 신뢰가 줄어들 수가 있다.

이렇게 나를 찾아온다면 내 입장에서는 엄마, 아이 따질 것 없이 무조건 아이의 말이 옳다. 아이가 보여주는 말과 행동에는 그에 따른 이유가 반드시 있을 것이며 그 이유를 찾아내는 것은 엄마의 몫이다. 그것이 무슨 이유가 되었든 아이의 잘못은 없다. 왜냐하면 아이를 챙기고 보살피고 하나부터 열까지 도와주어야 할 사람은 양육자인 엄마이며, 이 세상에서 그 어떤 존재보다 엄마에게는 아이가 귀한 존재이기 때문이다.

나는 이런 상황에는 이렇게 말한다. 윌리암 워즈워즈의 〈무지개〉 시에서 말하는 것처럼 '아이는 어른의 아버지'라는 말을 인용하게 된다. 왜, 아이를 어른의 아버지라고 했느냐고 물을 수도 있다. 그 말의 뜻은 그만큼 아이는 귀하다는 뜻이다. 이 세상에 가장 귀하고 귀한 내 아이가 자기 마음에 맞게 해달라고 신호를 보냈으면 얼른 양육자인 엄마가 알아차려야 하는데 그것을 몰랐거나 무시했다면 누구의 잘못이겠는가?

신호를 무시하는 그 순간부터 아이는 분노로 바뀌게 된다. 이 세상에서 가장 귀한 것이 아이인데 감히 신호를 몰랐거나 알아채거나 짐작조차 못했다면 그 잘못은 엄마로부터 비롯됐다고 본다.

그것을 아이가 알고 있었다면 용서가 있을 수가 있겠는가? 아프고 힘들어 죽겠다고 보내는 신호를 이제라도 알아채야 하고 그래서 뒤늦게 알았다면 아이의 실망과 분노를 일찍이 걷어낼 수 있는 방법을 했어야 한다. 이 세상에서 아이를 사랑하지 않는 양육자인 엄마는 없을 것이다.

그들은 아이가 힘들지 않기를 바라고 있을 것이지만 그렇다고 이세상 모든 엄마가 아이의 마음을 모두 이해해 주고 실수 없이 온전하게 살필 수 있는 것은 몇이나 될까? 아마 드물 것이다. 그렇다면 이제라도 아이가 울면서 보내는 신호를 어떻게든지 알아차리고 관용과 포용으로 다가가야 한다.

그러나 만약에 아이가 하는 행동에 엄마가 속이 상했다면 어찌하면 좋을까? 그렇다고 양육자인 엄마가 화를 내거나 반항하지 못하도록 나무라거나 호되게 몰아세워서는 안 된다. 만약 그렇게 한다면 일시적으로 겁을 먹고 반항을 멈출 수는 있지만 이미 촉발된 분노와 불만은 그럼으로써 더욱 크거나 깊게 내려서 어쩌면 앞으로 양육자인 엄마가 감당하기조차 어려울 지경에 놓일 수가 있다.

이때 엄마는 어떻게 해야 할까? 아이에게 몰랐을지라도 이제라도 알고 싶다고 말을 하면서 가까이 가야 한다. 재빨리 아이에게 화해를 신청하고 더 이상 관계가 악화되지 않도록 해야 한다. 그리고 그 책임은 전적으로 엄마에게 있다고 말을 하면서 그로 인하여 신뢰까지 잃었다면 다시는 이런 실수를 범하지 않을 것이라고 몇 번이나 다짐을 해서 마음에 상처를 없애도록 이정표를 세워야 한다.

우리말에 '줄탁동기啐啄同機하라'는 말이 있다. 이 말은 무슨 일이든 때와 시기가 있다는 뜻으로 쓰이는 말인데, 이는 서로가 협력해야 무엇이든지 이루어진다는 말로서도 쓰인다. 말의 뜻은 어미 닭이 알을 품으면 병아리가 껍질 안에서 세상으로 나올 준비가 되었을 때 표면에 다가가서 부리로 '탁탁' 두드리게 된다. 그러면 어미도 그 소리를 밖에서 듣고 같이 두드리면 뜻이 맞아 안에 있는 껍질을 깨고 세상에 나올 수 있다.

아이가 어려움을 호소하고 그 신호를 알아채지 못한 엄마 때문에 아이가 화가 났거나 분노가 생겼다면 그것을 지체할 것이 아니라 곧바로 사과를 하고 잘못을 알리고 그에 대한 마음을 알아주는 시간이 필요한 것인데 이때를 지연하거나 회피하지 말라는 것이다. 그 시기가 알에서 깨어나는 신호로 알면 된다는 뜻이다. 그렇게 하면 지금까지 힘들고 화가 났던 것조차 없애고 아이는 세상을 향해서 원대한 포부와 의지를 펼칠 수 있는 기회가 도래한다.

(2) 엄마는 아이에게 옳은 말만으로 변화시킬 수 없다

상담실을 찾아오는 상당수의 엄마들은 이렇게 말한다. '이 아이가 날 때부터 떼만 쓰고 고집을 피웠어요.' 또 어떤 엄마는 '날 때는 순한 양이었는데 어느 때부턴가 '떼쟁이'로 변했어요.'라고 하면서 모두 아이의 탓이라고만 한다. 그러면서 이럴 때 아이를 위해서 과연 무엇을 해야 하느냐고 묻는다. 그러면 뭐라고 대답해야 할까?

나는 이때 에릭슨의 말을 가끔 떠오른다. 그는 의사이면서 이 시대의 최고의 명의로 칭송을 받는데 이름을 한 번도 들어본 적이 없는 사람은 과연 없을 것이다. 그가 젊은 시절, 자기 집 마당에 말 한 마리가 들어와 어슬렁거리고 있었다. 해가 곧 지려고 하는데 큰일이었다. 빨리 주인에게 말을 찾아주지 않으면 날은 곧 어두워질 것이다. 갑자기 이런 일이 우리에게 생기면 누구라도 당황스러울 수도 있다. 그런데 에릭슨은 그러지 않았다. 곧바로 말을 주인에게 돌려주겠다고 나선 것이다. 그렇게 말하는 것과 동시에 말의 잔등에 올라타 큰 길로 나서게 되었다. 그리고 말 고삐를 잔뜩 움켜쥐고 그저 말이 가고 싶어 하는 쪽으로 방향을 잡고 앉아있었다. 그렇게 한참을 터벅터벅 걷기도 하고, 길 옆에 있는 풀숲에서 풀을 뜯어 먹기도 하였다. 그러는 동안에도 에릭슨은 아무것도 하지 않고 그저 잔등에 앉아서 말이 큰 길을 벗어나지 않게만 해주었다. 마침내 해가 서산에 지고 땅거미가 내려앉았을 무렵이 되었다. 그러자 말은 어떤 집 앞에 도착했고 거기서 놀라운 일이 벌어졌다.

갑자기 집 안에서 한 청년이 기쁜 함성을 지르며 뛰쳐나왔는데 그 청년이 바로 이 말의 주인이었다. 신기하게도 그 청년과 에릭슨은

전혀 모르는 사이였다. 도대체 어떻게 된 일일까? 청년도 자신의 잃어버린 말을 찾아준 에릭슨이 고마웠지만 생면부지인 이 사람이 어떻게 자신의 집을 알아내 말을 찾아줄 수 있었는지가 궁금해서 물었다.

"도대체 어떻게 내가 주인이라는 것을 알고 이렇게 온 것이요. 정말 궁금하니 얘기해 주시겠습니까?"

이렇게 말을 하자, 에릭슨은 크게 웃으며 다음과 같이 말을 했다.

"나야 자네 집을 전혀 몰랐지. 자네 집을 찾은 건 내가 아니고 자네 말이라네. 나는 그저 이 말이 길을 벗어나지만 않게 해줬을 뿐이라네."

이 이야기를 듣고 무슨 생각이 들었을까? 세상의 엄마들은 무언가 알아들었을 것이다. 아이가 운다고 당황할 필요가 없다. 가장 빠른 길은 누구를 통해서 물어보면 되겠느냐? 아이에게 물어보면 된다. 신호에 답해야 하는 것을 잊지 말아야 한다.

(3) 아이의 신호에 반응하는 것

모든 아이는 이 세상에 태어날 때부터 나름대로 자기 기질을 가지고 있다. 그 기질을 어디서 나왔겠는가? 아이의 머리카락 색깔, 피부색 등 신체적 특징도 부모의 유전적 인자를 가지고 있을 것이고 또한 자라면서 받았던 환경적 태도, 감정, 행동 양식을 누구에게 가져왔겠는가? 그건 바로 양육자인 엄마이다. 그런데 엄마는 모르겠다고 우긴다. 그러면 나는 뭐라고 답해야 할까?

첫째, 순한 아이. 즉, 엄마가 달래면 울음도 금방 그치며 잘 먹고 잘 자고 까다롭지 않으면서도 환경에 잘 적응하는 아이를 말할 것인데 이런 아이를 놓고 우리는 순둥이라고 말하며 흔히 '거저 키웠다'고 생각하는 아이를 두고 말한다.

둘째, 까다로운 아이다. 이런 아이는 대부분 감정 기복이 심하고 엄마가 달래도 울음을 쉽게 그치지 않으며 고집이 세서 한 번 틀어지면 돌아오기가 어려운 케이스이다. 한 번 울음이 나오면 엄마들은 아이를 어떻게 다뤄야 할지 몰라 쩔쩔매게 되는 유형을 말한다. 이런 아이들은 주위 환경에 호기심이 많아서 한자리에 오래 있지 못하거나 재미있는 것을 찾아 돌아다니기가 일쑤다. 이런 유형은 무슨 일에도 좋고 싫음이 분명해서 싫으면 절대 하지 않으려고 하는데 엄마의 입장에서는 아이를 키우는 게 만만치 않지만 인내심을 가지고 아이에게 당부하고 믿음과 설득력을 갖추어야 한다.

셋째, 반응이 느린 아이를 말한다. 이 아이는 수줍음이 많은 아이를 말한다. 이런 아이는 평소에 겁이 많아서 낯선 환경에 놓이면 쉽게 위축되고 불안감을 가진다. 그러면서도 자기의 욕구나 생각을 잘 드러내지 않아서 아이의 표정이나 행동에 대한 신호를 빨리 알아차리는 것이 좋다. 만약 그렇지 못하면 의외의 일로 양육자인 엄마가 상처를 받게 된다. 이런 아이의 전반적인 행동과 패턴은 느린 편이지만 단지 환경에 대한 반응이 느릴 뿐이다. 그렇다고 '굼벵이'라고 다그치면 자라면서 자존감이 부족한 아이로 성장할 수도 있으므로 절대 그렇게 하지 말고 '대기만성'적인 기질을 이해하면서 기다려주어야 한다.

아이들은 저마다 다른 성격적 특성을 보이면서 다른 기질을 가지고 세상에 태어나기 때문에 그에 따른 대응도 각자가 알아서 할 수밖에 없다. 그런데 가끔 성격이 까다로워서 마음에 있는 말을 자주 하게 되면 엄마는 머릿속이 복잡해진다. 그렇지만 작은 일에 일일이 대응하지 말고 참아야 한다.

그러면서 진정 원하는 것이 무엇인지, 어떻게 대응해야 할지를 알아차려야 한다. 머뭇거리는 이유를 아이가 바보가 아니라면 모를 리가 있겠는가? 머뭇거리는 태도를 통해서 마음을 부정하는 것이라고 생각하게 되면 아이는 분노의 감정이 생길 수 있다.

그러면 아이는 이렇게 말을 할지도 모른다. "내가 아무 말도 하지 않는다고 해서 생각이 없다는 것은 아니에요. 나의 말이나 행동에서 엄마의 반응이 어떻게 돌아올 것인지가 뻔하니까 아무 말도 하지 않고 있는 것이에요."라고 생각을 할 수가 있다.

그렇다면 자기감정을 자유롭게 표현하는 것이 왜, 중요할까? 자신의 긍정적인 감정이든 부정적인 감정이든 솔직하게 표현하는 것은 자아가 그만큼 건강하기 때문이다. 누군가에게 분노가 올라왔는데도 그것을 표출하지도 못하고 해결할 용기마저 없다면 그 분노의 화살은 과연 어디로 향하겠는가?

아마 결국 자기 자신에게 돌려서 우울증에 빠지거나 더 큰 절망감에 사로잡혀서 도움을 요청할 의욕마저 잃을 것이다. 작은 감정이라도 빨리 알아차리고 매 순간마다 빠르게 해결하도록 하는 것이 좋다. 자기표현을 잘했다고 느끼는 그 순간의 말이나 행동, 그리고 태도까지도 진심으로 받아들여야 한다. 이렇게 해서 공감하였거나 서로 간에 신뢰가 이루어졌다면 이것이 한두 번으로 이루어지는 것은 절대 아닐 것이다.

(4) 아이에 잘 알고 있다는 착각

사랑하는 대상과 관계를 맺고 유지하려는 것을 '애착'이라고 하는데 이는 영국의 정신분석학자인 J.M. 볼비가 한 말이다. 주로 엄마와 아이 사이에서 쓰는 말인데, 포유류나 조류가 태어나면서부터 어미에 대한 애착을 본능적으로 갖게 됨과 동시에 낯모르는 대상에 대해서는 두려움을 느끼는 감정을 두고 말한다.

애착은 결국 생존 시스템으로 포유류나 조류가 수억 년간 진화과정을 통해서 발전해 온 것을 말하는데 동물행동학자 〈해로 할로〉가 새끼 원숭이를 대상으로 한 실험에서 애착에 대한 본능을 밝혀냈다. 원숭이를 실험대상으로 선정해서 한쪽에는 철사로 만든 딱딱하고 차가운 어미 원숭이 모형에 젖병을 매달아놓고, 다른 한쪽에는 젖병 없이 부드러운 천으로 만든 어미 원숭이의 모형만 가져다 놓았다.

새끼 원숭이는 배가 고플 때를 제외하고는 하루 종일 부드러운 천으로 만든 어미 원숭이에게 매달려 있었는데 이 실험으로 확인 된 것은 어린 포유류의 생존 조건이 단지 배고픔을 채워주는 것만으로는 충족되지 않는다는 사실을 알게 되었다. 즉, 이것이 사람이라고 한다면 먹는 것도 중요하겠지만 아이가 따뜻하고 부드러운 접촉, 포근한 시선, 웃어주기, 안아주기 등의 생존과 발육에 더 큰 조건으로 작용한다는 것을 말한다.

그렇다면 왜, 이렇게 애착이 중요할까? 그것은 애착이 제대로 진행되지 않으면 생명을 유지하기 어렵기 때문이다. 아이에게 애착은 살고 죽는 것만큼이나 강력한 본능인데 그것을 무시하는 양육자인 엄마가 간혹 있으니까 문제가 된다. 어떤 부모는 아이를 낳기만 하면 거저 크는 것이라고 말하는 엄마도 있다.

애착의 목적은 생존에 필요한 안전한 상태를 유지하는 것이다. 모든 아이는 배가 고프면 울어서 엄마의 젖을 물려고 할 것이고 기저귀가 젖으면 갈아달라고 할 것이고 옆에 사람이 없으면 뭔가 불안이 생기게 되면서 칭얼거려서 위로를 받으려고 할 것이다.

그런데 이런 아이의 요구를 들어주지 않으면 아이는 안전한 상태를 회복하게 될 때까지 칭얼거리게 된다. 아이의 호소에 양육자인 엄마의 반응이 적절하지 못한 경우를 의미하는데, 반복해서 도와 달라고 신호를 보내는데도 무관심하게 방치하거나 불쾌한 기분을 장시간 표출하며 극단적 고통을 호소하는 경우다.

혹은 엄마가 "너만 없었다면 벌써 이집에서 나갔을 거야."라거나 "너는 어떻게 생겨서 마음에 드는 구석이 하나도 없니?"와 같은 비난이나 일관성 없는 태도를 이어간다면 이 아이가 앞으로 어떻게 될까? 애착은 친밀한 사람 사이에 형성되는 정서적 관계를 말한다. 어린 시절 부모와의 관계에서 형성돼 오랫동안 유지되는 인간관계의 틀이라고 할 수가 있다.

새끼 오리가 태어나서 처음 본 대상을 양육자로 인식하고 평생을 따른다는 각인이론과 유사한 면이 있다. 인간이 오리는 아니지만 한번 형성된 관계의 틀을 강력하게 보존하며 누구와 관계를 맺더라도 광범위하게 적용된다는 점이 애착이론의 포인트이다.

이처럼 생존의 욕구를 갖는데 보살핌을 받고 싶어 하는 본능에서 애착을 활성화시키게 된다. 이것을 통해서 아이는 어떤 경우애도 양육자인 엄마의 애착이 없이는 살아갈 수가 없다는 것이 인정된 셈이다. 이런 사실은 그동안 내가 만난 아이를 통해서도 밝혀질 수가 있었는데 60-70% 이상은 7세 이전에서 애착관계가 그대로 들어난다.

그 어떤 경우도 양육자인 엄마 품에서 제대로 사랑을 받고 자란 아이가 부정적인 성향을 가졌다는 말을 들어 본 적이 없다. 이 말을 뒤집어보면, 설사 엄마의 사랑을 제대로 받고 자랐던 아이에게 불행이 닥쳤다 해도 극복하고 판단할 능력을 가지게 된다는 것을 말한다. 그런 아이는 자기가 거절하고 싶으면 당연히 거절하고 도움을 받고 싶을 때는 요청할 수가 있는 아이로 자란다.

그것뿐이겠는가? 화가 난다면 그에 맞는 분노를 표출할 수 있을 것이고 언제나 건강한 모습으로 씩씩하게 자랄 것이며 누가 무슨 말을 해도 제대로 받아들일 것이라는 믿음을 가지고 있다. 그런 아이에게는 앞으로 누구를 통해서도 사랑을 잃을지 모른다는 두려움도 진실을 시험하려는 불안도 없다. 이런 아이는 인간관계에서 남에게 거짓말 혹은 속이는 것이나 과장되게 말하지 않을 것이며 자기가 하고 싶은 말을 정확하게 말하고 자기가 말한 것을 책임지는 자세를 가질 것이다.

(5) 아이는 부모라는 세상에서 연료를 채운다

아이가 어렵게 드러낸 감정표현에 깜짝 놀라거나 기가 막힌다는 표정을 짓거나 이런저런 핑계를 대면서 대수롭지 않게 여긴다면 모처럼 입을 열었던 마음의 문이 닫혀지게 되고 거짓감정을 표현하거나 속내를 감추고 있을 수 있다. 그런 유순한 행동 뒤에, 자기만 알고 있는 분노·짜증·불안 같은 진짜 감정을 감추고 있을 수 있다.

이런 아이가 어느 날 감정을 한꺼번에 표출하면 당황할 수가 있다. 그래서 평소 아이가 순하게 보인다고 너무 안심하고 함부로 대해서는 안 된다. 아이의 거짓으로 포장된 순응만큼 무서운 것이 없다. 지금 당장은 아니더라도 한꺼번에 감정과 분노를 앞세운다면 그것은 쉽게 설명되지 않는 갖가지 문제의 증상으로 나타나기 쉽기 때문이다.

나를 찾은 아이들이 자기감정을 잘 표현할 줄 몰라서 또는 자기감정을 몰라서 오는 경우가 있다. 평소 이런 아이들은 자기감정을 제대로 표현할 줄 몰랐거나 몸과 마음이 지쳐있는 상태에 있다. 그런 아이들은 지금 이 순간에도 신호들을 수없이 보내고 있는 것을 엄마가 모르고 있거나 그냥 지나치고 있는 지도 모른다.

이런 일이 수없이 반복하게 되면 아이의 마음속에는 '세상이 나 혼자이구나!' '의지할 곳도, 기댈 곳도 없구나!' 같은 마음이 고착된다. 이런 아이는 조금만 불편해도 크게 울고 소리 질러야 살아남을 수 있다고 생각한다. 그리고 '내가 뭔가 잘못했나 보다. 다음부터는 혼나지 않게 꾹 참아야 해.'라고 생각할 것이다.

애착이 중요한 것은 이 시기가 형성된 세계관이 평생을 걸쳐 반복되기 때문이다. 한번 불신하기 시작한 아이는 누구를 만나도 불신하여 자기 비난이나 습관화된 것과 별 근거 없이 자신을 먼저 탓하게 된다. 자신과 세상을 대하는 태도가 '핵심 믿음'으로 자리 잡기 때문이다.

결과적으로 이들은 인간관계의 틀이 불안정하게 된다. 나쁜 감정을 가지고 있다고 해서 그것이 반드시 창피하거나 해가 되지 않는다는 것을 알고 있어야 한다. 자기감정을 솔직하게 말하는 습관을 들이게 되면 그 어떤 표현이라도 경청해 줄 것이라는 확실한 믿음을 가지게 된다.

지금까지 그 어떤 이유로 아무 말도 하지 않거나 표현하지 않았다고 하더라도 한꺼번에 어리광도 피우고 자기감정을 곧바로 표현하면서 화를 낼 수도 있다. 이런 것을 보고 엄마가 돌발적인 행동에 당황하거나 황당해할 이유는 없다.

언제나 똑같은 마음으로 아이를 지켜보거나 살펴보아야 한다. 어떤 날 일시적으로 퇴행을 하는 듯 억지나 평소에 하지 않던 말을 하면서 공격적인 모습을 보이는 것은 그동안에 가두었던 고통이 한꺼번에 터지고 있다는 것을 말하는 것이다. 이럴 때 자기감정을 솔직하게 표현하지 못한다면 더 큰 상처를 가질 수도 있다.

상담실에 찾아오는 엄마 중에서 훌쩍거리며 우는 엄마도 더러 있다. 아이가 하는 행동에 당황한 경우인데 한 번도 대들지 않던 아이가 평소에 하지 않던 모습을 보이니까 내 아이가 이럴 수가 없다고 하면서 탄식해서 하는 말이다. 그러면서 아이가 하는 말은 절대 한 일이 없다고 하지만 아이는 들었다는 것이다.

물론 그 들었다는 소리가 엄마의 입으로부터 들은 것이 아닐 수도 있다. 아이는 엄마의 행동, 태도 즉, 무의식을 보고 판단했을 수도 있기 때문이다. 엄마의 불안한 마음, 좌절했던 과거의 욕망이 아이에게 투사가 된 것이다.

그것을 알아차리지 못했다면 지금도 그런 일이 단연코 없다고 할 것이다. 그러나 엄마의 투사는 아이만 알지 엄마 스스로는 모른다는 것을 인정해야 한다. 그렇다고 이제 와서 옳고 그르고를 따지라는 것은 절대 아니다. 문제는 지금이라도 무조건하고 아이의 말을 받아들이라는 것이다.

왜냐하면 아이는 언제나 옳다. 가끔 의외의 엄마들이 있는데 진짜 아이가 아닌 자기 마음속에 그린 아이를 보면서 자기아이라고 착각하는 경우이다. 아이를 깊이 알고 그리고 바로 보는 것이 아주 중요한데 엄마가 그것을 모른다. 그렇다면 어떻게 될 것인가? 아이를 제대로 보지 못한다면 그것은 아이만의 상처로 남는 것이 아니다.

엄마의 마음은 내 아이가 다른 집 아이들 속에 숨어서 들어 있는 것처럼 그 안에 있는 아이의 모습이 자기가 꿈꾸는 아이의 모습이다. 그래서 아이를 제대로 보지 못한다면 이제라도 제대로 보려고 노력을 해야 한다. 아이가 하는 행동과 태도를 주의 깊게 보면 아이가 어느 순간 바로 보일 것이다.

그때가 되면 엄마는 아이를 안아주면서 이제까지 제대로 보지 못한 상처가 다 풀리도록 아이에게 말하면서 안아주고 기쁨을 표시해야 한다. 이때부터 아이가 배가 고프기 전에 음식을 제공하고 기저귀가 젖으면 바로 갈아주면 아이는 세상을 신뢰하게 된다. 그러면 아이는 다소 불편한 게 생겨도 '곧 해결해주겠지'라고 기대하고 그 기대가 충족이 되면 또 여유 있게 기다리는 습관이 생긴다.

이런 아이가 성장하면 새 목표에 과감하게 도전하는 사람이 될 확률이 높다. 마음 깊은 곳에 믿는 구석과 여유가 있기 때문이다. 또 도전할 때마다 성패여부를 떠나 지지와 격려를 받기 때문에 양질의 성취감도 느끼게 된다. 그러다 어쩌다가 실패를 하더라도 시도 자체를 긍정적으로 여기면서 용감하게 세상으로 한 발 내딛는 것이다. 이런 아이를 놓고 우리는 '긍정적 애착'이 형성된 예라고 할 것이다.

03
아이의 애착관계

내가 운영하는 상담센터는 서울 강남의 논현역 5번 및 신분당선 4번 출구 앞에 있다. 지하도를 빠져 나와서 에스컬레이터를 타고 오르면 바로 눈앞에 간판이 보인다. 늘 그렇듯이 열 시쯤 도착하니 엄마가 한 아이의 손을 잡고 기다리고 있다.

"어떻게 오셨습니까?"라면서 묻자, 엄마가 하소연을 늘어놓는다. "선생님! 아이 하나를 키우는 것이 이렇게나 힘들 줄은 몰랐어요. 너무 힘들어요."라고 하더니 최면을 해서 확 바꿔달란다. 이런 엄마의 푸념을 들으니 인지 및 행동주의 치료의 선구자였던 왓슨John B. Watson이 말이 떠올랐다. "나에게 열 아이를 주면 그대가 원하는 대로 키워주겠소."라고 한 말이다.

"아이가 어때서 그러세요?"

엄마는 영화나 TV 드라마, 소설에서 최면이 못 먹는 음식을 먹게 하고 만질 수 없는 뱀을 만지게 하는 것처럼 자신의 아이를 바꿔줄 수 없겠는지를 얘기한다. 얼마나 답답하면 그럴까 하는 생각이 들었지만 어느 한쪽에서 일방적으로 걸고 걸리는 단순한 관계가 아니라는 것을 안다면 그런 말은 안할 것이다.

엄마는 남편과 이혼하고 몇 해를 보내고 있는데 해가 갈수록 아이의 행동이 자꾸 난폭해진다고 하면서, 무슨 말에도 고분 고분하는 것이 없고 반항적인데다 공부도 하지 않으니 애가 타서 죽을 지경인데, 상담실을 몇 군데 다녔지만 도움이 안 돼서 여기까지 왔다고 얘기했다. 그리고 이혼한 남편이 그랬듯이 아이가 게으르고 내성적이고 고집이 세다고 하소연을 했다.

아이의 흠만 들어내고 있는 엄마를 보다가 아이보다 엄마가 더 문제라는 생각이 들었다. 생각해 보자. 창문에 노란 물감을 칠해 놓고 보면 노랗게 보일 것이고 빨간 물감을 칠해놓고 보면 빨갛게 보일 것이다.

아이의 행동을 틀에 끼어놓고 보니 어떻게 되겠는가? 장차 이 아이가 어떻게 될 것인지가 걱정이다. 양육자인 엄마의 사랑을 충분히 받고 자라야 할 아이가 나쁜 프레임에 갇혀 있으니 가슴이 먹먹하다.

아이는 엄마가 바라보는 시선에 따라 달라질 수가 있다. 비록 아이가 엄마로 인해서 이 세상에 태어났지만 아이를 자기 잣대로 평가할 권리까지 주어진 것은 아니다. 언제 어디서나 아이는 이 세상을 즐겁게 살아갈 믿음에서 출발해야 된다. 비록 그 어떤 고난이 오고 시련이 온다 해도 그것을 버티고 이겨낼 거라는 틀에서 아이는 안전하게 자라게 된다.

고이라는 물고기가 있다. 그 물고기는 작은 웅덩이에 넣어서 기르면 아주 조그맣게 자라겠지만 큰 바다에 방생을 하면 아주 크게 자란다. 모든 엄마가 내 아이를 세상에 내보낼 때 항상 어항 속에 있는 고이로만 바라볼 것이 아니라 대서양을 끼고 도는 고이로 바라봐야 한다. 양육자인 엄마의 틀에서 또 바라보는 크기에 따라서 얼마든지 자랄 수가 있다. 이것을 밝히는 능력을 보고 우리는 〈유추능력〉이라고 부른다. 유추(analogy)라는 단어는 바로 엄마가 바라보는 아주 큰 세상이 될 것이고 그게 우주가 될 것이다.

(1) 애착의 속성

운동을 시작할 때 열심히 근력을 키우면 근육이 붙고 열심히 공부를 한 뒤에는 성적도 오른다. 하지만 인간관계는 사뭇 다르다. 노력과 결과가 정비례하지도 않고 그렇다고 반비례하다고 하지도 않는다. 서로에 대한 관심은 필요하지만 지나친 관심은 집착이 될 것이고 신뢰가 중요하지만 지나친 믿음은 방관이 된다.

이것은 관계의 속성이 양가적이기 때문이다. 안 좋게 말하면 이른바 서로에 대하여 주고받는 성향이 될 것이고 좋게 표현하면 적당한 거리가 관계의 핵심이 된다. 인간관계에 생기는 것들은 혼란스러운 관계가 된다.

그 첫 번째 이유는 양가감정이다. 즉, 서로에 대한 관계에 대한 것으로 엄마는 아이에 대한 사랑은 양가감정을 일으켜서 더욱더 복잡하게 될 수가 있다. 예컨대 대상이나 상황에 대해서 서로 반대되는 두 감정이 동시에 존재하는 것을 말한다. 똑같은 상황 같은 경우에도 두 극단의 감정이 생길 수 있다.

양육자인 엄마가 아이에 대해서 가령 좋아하면서 미울 수도 있고, 가까이 두고 싶지만 아이를 키우는 것에서 두려움이 있을 수도 있다. 그래서 사랑하지만 그만큼 원망하는 마음이 생길 수도 있는 것이 이른바 양가감정인데 이것을 다루기가 무척 까다로울 수가 있어서 이런 아이를 키우는 경우에는 양육자인 엄마에게 찾아올 수 있는 감정이다.

두 번째 이유로 생길 수 있는 것이 두 사람과의 이중성을 말한다. 엄마를 놓고 생기는 아이와의 관계는 안과 밖이 다르게 표출되기가 쉽다. 좋으면서도 겉으로는 밉다고 한다거나, 아이가 아무것도 모를 것이라는 이유로 함부로 대할 때도 있을 것이다. 그래서 그런 속성을 가진 엄마와 아이사이는 생각하지 않은 말을 종종 주고받을 수도 있다. "이제 너 때문에 지쳤어."라는 말속에는 엄마는 아이에게 인정받고 싶은 욕구가 숨어 있을 수도 있다. 그것 외에도 "가끔 네가 없었으면 당장 이 집을 나가고 말았을 거야."라고 하는 말속에는 남편이나 가족들에게 '요즘 너무 힘든 내 입장을 부디 생각해 다오.'라는 깊은 생각이 숨어 있을 수가 있다.

세 번째 이유로 양방향성이 있다. 이 말은 한 마디로 일방통행을 말하는 것이 아니라 서로 주고받는 것을 말한다. 주는 사람과 받는 사람의 욕구가 맞물리지 않으면 언제든지 꼬이기 쉽다. 어느 한쪽에서 주는 사랑은 늘 힘이 드는 것이다. 엄마의 사랑을 아이가 알거나 들어주어야 하는데 그것을 몰라주고 칭얼거리거나 보채면 엄마의 사랑이 깊어도 힘이 들 수밖에 없다.

⑵ 애착형성은 어떻게 구분되나?

사랑은 혼자서 만들어지는 것이 아니라 자신과 타인 서로에게 긍정적인 관계에서 이루어지기 때문에 이런 애착유형을 '안정형 애착'이라고 말한다. 이런 엄마에게 자란 아이는 자존감도 높고 세상에 대한 믿음도 커서 사랑에 대한 힘이 온전하다. 장차 누구와의 관계에서도 금방 사랑을 주고받을 수 있는 좋은 기반이 된다.

이에 반하여 심리적으로 부정적인 성향을 갖고 있다면 '불안정 애착'을 가지는데 정신의학과 원장인 윤홍균은 애착형성을 다음의 세 가지 유형으로 나누었다.

그 첫 번째는 타인에겐 긍정적이지만 자신에게는 부정적인 불안형 애착을 가지고 있는 경우이고, 두 번째는 자신에게는 긍정적이지만 타인에겐 부정적인 회피형 애착을 가지고 있는 것이며, 마지막으로는 자신이나 다른 사람에게 부정적인 성향을 가지고 있는 혼합형 애착을 말한다.

예컨대 남이나 자신에게 사랑하는 힘이 떨어지는 것을 심리학적인 용어로 풀이하면 불안정 애착이라고 말한다. 이는 부정적인 관점이 건강한 관계형성을 방해하기 때문이다. 가령 길을 가다가 낯선 사람과 부딪히면 이때 불안형 애착을 가진 아이는 '나 좀 봐, 정신을 똑바로 못 차리네.'라면서 자신을 스스로 자책을 할 것이지만 회피형 애착을 가진 아이라면 '눈을 어디다 둡니까?'라고 질책을 하게 된다. 그렇지만 이도 저도 아닌 혼합형 애착을 가진 아이는 화를 냈다가도 그만한 일로 내가 화를 낸 것이 부끄럽다고 생각한다.

이렇게 불안정 애착을 가진 아이가 나쁘게 반응을 한다면 안정형 애착은 과연 어떠할까? 오래 마음에 담아두지 않는다. 사람이 많이 다니고 길이 좁으면 어쩔 수 없는 일이라고 생각할 것이며 누구나 지하철에서 바쁘게 살기 때문에 어쩔 수 없는 일이라고 생각한다. 그러면서 오히려 "미안해요."라고 사과를 한다. 이런 아이는 자기 비하가 아니다. 그저 예의바른 행동을 해서 남을 이해하는 것뿐이다.

(3) 애착관계의 변화

아이 적에 애착이 어떻게 형성되었는지는 아이의 인생에서 아주 중요하다. 요즘 아이를 키우는 엄마들은 많은 유아지식을 가지고 있어서 애착관계가 중요하다는 것을 알고 있다. 그리고 혹시 아이에게 애착형성에 문제가 있으면 어쩌나 하는 걱정을 하는데 이런 엄마는 내가 해 줄 수 있는 말로서 너무 심각하지 않아도 된다고 말해 주고 싶다.

특히 그런 양육자인 엄마들은 자기를 양육시킨 부모와의 관계가 좋지 않았던 경우로서 성장과정에 안절부절못한 경우가 있겠지만 내가 그런 관계에 자랐으니 아이에게 영향을 주지 않았을까하고 걱정하는 엄마로서 앞으로 어떻게 해야 할 것인지도 미리 알고 있다.

그런 생각을 가지고 있다면 너무 걱정 말라고 하고 싶다. 왜냐하면 애착관계가 중요하다고 해서 그게 평생토록 불변하는 건 아니다. 아이가 자라면서 다른 유형의 사람을 만날 수도 있고 그래서 그때마다 가질 수 있는 색다른 경험을 통해서 얼마든지 바뀌기도 한다. 예컨대 불안정 애착이 안정형 애착을 자주 만나면 안정형으로 변하기도 하고 그 반대 경우도 얼마든지 가능하기 때문이다.

또한 부모와의 관계가 불안정했던 사람이라도 낙심을 할 필요는 없다. 아무리 불안정 애착을 가진 아이라도 얼마든지 자기 의지에 따라서 변할 수 있고 또한 인간은 오리와 달라서 태어날 때 잘못 각인이 되었다고 하더라도 자라는 과정에서 얼마든지 변할 수가 있다. 생각해 보자. 아이가 좋은 롤 모델을 정해서 영향을 받으면 얼마든지 바뀔 수 있다. 그리고 우리 주위에 널려 있는 좋은 책이나 영화 또는 다른 어떤 요소를 통해서 불안정 애착에 대한 변화를 이끌어낼 수가 있을 것이다.

(4) 안정형 애착으로 가는 것

그렇다면 안정형 애착으로 가는 것은 어떤 길일까? 이렇게 안정형으로 애착유형이 바뀌어 진다는 말은 아이가 늘 여유 있고 성숙한 사람이 되어가는 과정이라고 보면 된다. 긍정적인 생각을 가지고 언제든지 다른 사람의 입장에서 자신을 바라볼 줄 안다는 것을 말할 것인데, 이런 아이는 남을 존중하는 자세를 잃지 않고 살아간다는 뜻이다.

이런 아이는 자신의 내면에 있는 자존의 힘도 아주 높다. 자존의 힘이 높다고 해서 어떤 일이든 무작정 참고 견딘다는 의미는 물론 아니다. 이들에게는 아주 좋은 친구는 가까이 두게 되고 나쁜 친구는 언제든지 멀리 둔다는 말이다. 당연히 이런 아이는 싫거나 미워하는 아이가 있어서 가끔 화를 내기도 하지만 적을 잘 만들지 않을 것이며 그로 인하여 가능한 대로 자책도 하지 않는다.

안정형 애착을 가지는 과정은 건강한 신체를 얻는 과정과 비슷하다. 건강한 신체를 가지려고 하면 자신의 몸에 나쁜 음식은 줄일 줄 알 것이다. 그래서 불안정형 애착을 가진 사람과는 가급적 거리를 두고 지낼 것이며 자신에게 그런 모습이 있다고 하더라도 스스로 지워나가도록 노력을 하고 살 것이다.

이런 것들은 아이 스스로 몸에 남아 있는 나쁜 독소를 없애는 이치와 같다. 불안정 애착과 단절하기 위해서는 내가 먼저 나쁜 음식이 뭔지 알아야 피할 수 있듯 불안정 애착이 어떤 역할을 하는지 평소 알고 있어야 그것이 가능할 것이다.

(5) 불안정 애착이란?

첫 번째로 불안정 애착 즉, 사랑의 힘이 떨어지는 아이의 특징을 알기 전에 자신의 애착에 문제가 있다고 해서 양육자인 엄마 때문이라고 단정하지 말아야 한다. 어린 시절의 경험이 아주 중요하지만 모든 것이 양육자의 탓으로 돌리는 것은 안 된다. 성장과정에서 아이에게 작용한 어떤 상황과 스트레스는 부모와 같은 양육자 말고도 다른 곳에서 얼마든지 얻을 수 있기 때문이다.

또 양육자인 엄마가 평소에 아이에게 아무리 잘한다고 하더라도 아이는 의외의 장소에서 영향을 받을 수 있다. 예컨대 엄마가 잠깐 화장실에 간다고 비운 그 짧은 시간에 겪은 부재가 원인이 되어 아이의 마음에 상처가 될 가능성도 얼마든지 있다.

화장실에 간 행동이 양육자인 엄마의 잘못도 아니고 그렇다고 그 상황을 피할 수 있는 것도 아니지 않는가? 즉, 이 말은 아이에 대해서 그 어떤 순간이 모두가 어떻게 작용했는지는 아무도 모른다는 데 있다. 엄마가 아이에게 최선을 다했다고 해도 엉뚱한 곳에서 애착문제가 생길 수 있다.

그래서 무조건 양육자를 탓하는 것은 잘못이며 더 나아가서는 큰 갈등만 불러일으킬 수가 있으니 절대 단정을 지을 일은 아니다. 설령 양육과정에 문제가 있었다고 해도 이제 와서 "모두가 당신으로 생긴 일이니 고쳐놔요!"라고 누구도 함부로 말할 수 없거니와 그래봤자 도움이 전혀 되지 않는다.

애착문제를 해결할 수 있는 사람이 양육자인 엄마였다고 한다면 애당초 그런 문제를 아이에게 일으키지도 않았을 것이다. 그런 의미에서 본다면 엄마도 당장 피해자일 수가 있다. 아이를 제대로 키우지 못했다는 것은 이미 엄마 자신도 애착에 손상되었다는 뜻일 수가 있다. 본인의 애착이 불안정한데 어떻게 아이의 애착문제를 해결할 수 있었겠는가? 아이의 입장에서 억울한 마음이야 있겠지만 모든 문제를 양육자가 감당할 수가 없다는 것도 받아들여야 한다.

그렇다면 해결책이 없는 것을 바라보고 시간을 허비할 것이 아니라 아이를 위한 현실적인 방법을 찾아야 한다. 그런데 나이가 이만큼 들었어도 책임을 양육자에게 미루고 과거에만 갇혀 있다면 그건 자신의 잘못이 더 크다. 애착은 변할 수 있고 바꿀 수 있을 것이다. 남의 책을 잃고 노력을 한다거나 상담실을 활용해서 바꾼다거나 예술 활동을 통해서 애착을 쌓아간다면 얼마든지 개선이 될 것이다. 특히 최면치료는 이런 애착문제를 해결하는데 아주 커다란 통로이다.

두 번째로는 불안정 애착을 가진 아이라고 해서 어느 유형이 있다거나 가깝다고 해서 그 유형의 특징만으로 규정할 수가 없다. 우리들의 내면에서는 수많은 자아가 제각각 있다. 또 자아마다 욕구, 감정, 삶의 태도가 섞여있어서 한 사람에게도 혼재되어 있는 것도 알아야 한다.

아이가 어떤 유형과 관련된 사항을 몇 가지 가지고 있다고 해서 어느 유형이라고 말하기도 사실 어렵다. 편의상 분류는 가능하지만 절대적이지는 않다. 그래서 어느 유형으로 한정 짓는 것 자체가 잘못된 방식이다. 또한 어떠한 유형에 가깝다고 하더라도 융통성 있게 받아들여야 한다. 예컨대 '아, 내게 이런 구석이 있었구나! 그래서 이 아이를 힘들게 했던 것이구나!'라고 생각하고 그 아이를 만날 때에는 '이런 불안정 애착을 가졌구나.'라는 것을 받아들이고 그에 맞게 행동을 해야 한다.

(6) 불안정 애착의 회피형

애착유형은 인간관계에서 한 아이가 주로 보이는 반응에 따라 유형을 구분하게 된다. 세상에는 다양한 아이가 있고 같은 사건을 두고도 제각각 반응이 다를 수 있다. 예컨대 길을 가다가 길 한복판에 똬리를 틀고 있는 한 마리의 뱀^{불편한 사람}을 만났다면 어떤 반응을 보일까? 여기서 어떤 아이는 '어휴 오늘 뱀을 봤네. 그것도 흔하지 않는데 말이야.'라고 무덤덤하게 지나가는 아이가 있는 반면 이것을 다르게 말하는 아이도 있다.

'역시 밖을 나가다니는 것은 정말 위험해! 그래 밖을 돌아다니는 것은 나에겐 맞지 않아.'라고 하면서 외출을 자제하는 아이도 있다. 이런 믿음을 가진 아이는 친구관계에서도 고스란히 적용된다. 친구관계에 생기는 작은 마찰에도 못 견디게 싫어한다.

그런 아이는 작은 일에도 주눅이 들어서 관계를 맺기를 피하거나 틈만 나면 자신의 집으로 숨는다. 이런 유형을 '회피형 불안정 애착'이라고 부르는데 그렇다고 평생을 집에 처박혀 있을 수도 없는 노릇이다. 훗날 자라게 되면 겁은 나지만 직장생활을 해야 되지 않겠는가? 이들은 타인과의 교류가 잦은 행동을 버리고 언제나 안전하다고 여기는 주변만 빙빙 돌게 된다.

낯선 아이를 만나면 최대한 거리두기를 반복하게 되는데 이들의 특징은 남과의 거리두기, 혹은 그것을 자기 보호라고 생각하면서 살아간다. 그런데 더 중요한 것은 우리의 뇌는 관계를 이루지 않으면 성숙

되지 않는다. 뇌신경은 경험극적인 경험, 짜릿한 경험, 위험한 경험들을 통해 연결이 생긴다.

그런 과정을 통해서 신경 네트워크도 일어나고 자아도 생겨 다양한 상황에서 성숙하게 되고 효율적으로 대응할 수 있다. 이 경험에서 가장 중요한 것이 사람을 만나는 것이라는데 이의가 없다. 왜냐하면 사람만나는 것만큼 위험하고 극적이고 짜릿한 경험이 없기 때문이다. 그런데 사람을 만나지 않으면 이런 경험이 부족하게 되면서 결국 어느 순간에 뇌신경의 연결이 끊어지게 되고, 점차적으로 뇌신경들은 멀어지게 돼서 나중에는 가장 기본적이고 원시적인 연결만으로 생활하게 된다.

즉, 싸우거나 도망가거나 하는 정글 속에 사는 동물들의 삶을 이어받게 될 것이다. 만약 아이가 그런 환경에 살게 된다면 친구들과의 조그만 갈등에도 자극이 생기면서 자연스럽게 예민해지거나 다툼이 많아질 수가 있다.

(7) 불안정 애착의 불안형

앞에서 불안정 애착의 회피형의 아이가 길에서 뱀불편한 사람을 만났다고 가정한다면, 이번에는 불안정 애착의 불안형의 아이가 이제 집마당에서 뱀불편한 사람을 만났다고 생각해 보자. 과연 어떻게 될까? 아이는 외마디를 지르고 발을 동동 구르고 심한 공포심을 보이게 될 것이다. 그리고 당시의 경험이 너무 강렬해서 시도 때도 없이 뱀이 나올까 두려워하거나 지금까지 살고 있던 집에 대한 신뢰가 없어질 것이다.

이 아이는 뱀에 대해서 혼자서는 감당하기에 자신이 없을 것이고 뱀이 어디론가 사라졌어도 곧 다시 오지 않을까하는 공포심에 전전긍

궁하거나 혼자서는 못 견뎌할 것이다. 그렇다면 이들은 집을 어떻게든 벗어나려고 애쓰게 될 것이고 집과 떨어져 있는 곳을 돌아다니며 자신을 도와줄 친구를 찾을 것이다.

그렇게 했을 때, 이런 아이가 무엇이든 하는 일이 지나치거나 해서 이로 인해 오히려 집 밖에서 넘어지거나 아니면 다른 사람으로부터 공격을 받아 뱀에게 받은 타격보다 더 큰 상처를 받는 경우도 있을 것이다.

그럴때도 다시 집으로 들어가면 좋겠지만 그것도 여의치 않아서 여기저기서 안절부절 하게 되는 아이가 될 것인데 이런 아이를 우리는 '불안형 불안정 애착'이라고 부른다. 그렇다면 이런 불안형이 친구 관계를 어떻게 맺어지게 될까? 자신이나 집을 믿지 못하기 때문에 자신감이 없으니까 어떻게든 살아가려고 발버둥을 치게 된다. 그래서 자신 아닌 다른 아이에게 도움을 청하는 방식을 택할 수가 있다.

그렇지만 도통 혼자 다니지 못하니 무엇을 해도 남에게 의존성이 강하고 누군가 자신을 기억하고 있다는 사실을 확인받으려고 할 것이며 그런 아이는 결국 의존에 성공하느냐 실패하느냐에 따라서 감정의 기복이 더욱더 심하게 된다.

이런 회피형의 성격장애를 가진 아이가 자신의 집으로 들어가 남과의 소통을 끊고 자기만의 시간에 몰입하게 되는 무뚝뚝한 아이가 된다고 가정했을 때 불안형의 성격장애를 가진 아이는 끊임없이 사람들과 교류하려 하고 간섭을 주고받으면서 초조함이 습관이 될 확률이 높다.

또한, 이런 유형은 혼자 지낼 자신이 없어 언제나 주위에 가까운 친구를 한 명 더 만들려고 할 것이고 그러다가 조금만 마음에 차지 않으면 절교를 시도할 수가 있을 것이다. 그러면서도 항시 자신의 판단을 믿지 못해서 안절부절 하는 아이가 되기가 쉽다. 이런 아이들은 자신에 대한 끈기나 신뢰가 아주 미약해서 금방 친한 친구를 바꾸려고 시도하게 된다.

이런 마음속에는 언제나 불안형 애착이 마음에 숨어 살게 된다. 그렇게 되면 결국 자신에 대한 불신이 여러 아이들이나 주위의 아이들과의 관계에서도 크게 영향을 끼치게 될 것이다.

(8) 불안정 애착의 혼합형

혼합형 불안정 애착은 자신도 믿지 못하고 남도 못 믿는 것을 말한다. 길가에서 뱀불편한 사람을 만나고 집에서도 만나더라도 언제나 그 상황에 압도된 형국을 취한다. 이런 아이들에게는 세상 어디도 안전이 없다. 혼자 집에 있으면 스스로를 방어할 수가 없다는 생각에 사로잡혀 불안하고 밖을 나가자니 그런 모습을 눈치 챈 아이들이 자신을 무시하고 외면할 거라고 생각에서 불안하다.

그래서 이들은 집에 혼자 있기도 두렵고, 길을 나서면 거기서 만나게 될 아이들이 두려울 수가 있다. 이처럼 혼합형은 타인과 자신 모두에게 부정적인 아이들이다. 우리가 흔히 보는 모습으로 잘난 척하거나, 센 척 하거나, 행복한 척 하는 아이들이다.

이런 아이들은 사이좋게 지내는 척하면서도 많은 열등감을 감추고 있는 아이들인데 이들은 무의식 중에 거짓자아를 만들어내고 가식적인 모습으로 친구관계를 유지한다. 남이 속아주느냐 아니냐가 가장 중요한 일이 되어버리니 무슨 일이나 순조로울 수가 없다. 집에서 혼자 있지 못하고 친구를 만나도 진실한 소통을 하지 못한다.

그래서 늘 혼자 있으면 외롭다고 하고 같이 있으면 성가시다고 말한다. 뭘 해줘도 만족하지 못하고 고마워하지도 않으니 본인은 물론 주변 아이가 어떻게 될까? 당연히 지치게 된다. 이런 아이는 자신을 못 믿지만 남도 못 믿어서 남에게 온전히 의지하지 못한다. 그래서 아이들이 아닌 다른 것에 기대어 살아가는 경우가 많은데 이를테면 낭비가 심하니 주머니에 돈이 없으면 물건을 훔치기도 한다. 그러면서 친한 친구가 없으니 외로움이나 자괴감을 느끼게 된다.

(9) 안정형 애착의 아이들

그렇다면 이제 가장 중요한 건강한 안정형 애착은 어떻게 살아갈까? 그도 밖에서 뱀불편한 사람을 마주치게 된다. 하지만 이들은 조금 다르다. 주변을 살피거나 지금의 상황을 자세하게 파악한 뒤 내가 할 수 있는 가장 현실적인 방법을 찾게 된다. 우선 뱀과 안전한 거리를 유지하는 것은 기본일 것이고 주위를 세밀히 살핀다.

이런 아이들은 만약에 뱀이 나를 공격할 수가 있는지 그리고 독이 있는 뱀인지 알아볼 것이고 위험이 있을 것이라고 생각이 든다면 방어할 무기가 있는지를 살필 것이다. 이렇게 안정형 애착을 가진 아이들은 뱀을 집에서 만나든 밖에서 만나든 감정에 압도당하기보다 지금의 사태를 파악하고 해결책을 찾는다.

말하자면 뱀을 보고 혼이 빠지는 것이 아니라 '어쩌다 오늘 뱀을 보게 되네.'라고 중얼거리면서 차분하게 뱀이 지나가기를 기다리거나 자신에게 가장 적합한 행동을 찾게 된다. 그러다가 스스로 잡으려고 시도를 하다가도 정말 위험하다고 생각이 든다면 그곳을 피하거나 지나가는 사람을 불러서 대처할 방법을 찾는다.

　이런 아이는 기다리거나 도망가는 것이 중요한 것이 아니라 그가 지금 할 수 있는 최선의 방법을 찾아서 뱀과의 행동 거리를 택하게 된다. 이런 아이의 마음속에는 언제나 다 함께 살아가는 마음을 갖추고 산다.

04
아이를 잘 키운다는 착각

    지금까지 앞에서 말한 것처럼 아이를 잘 키우겠다는 것은 생각보다는 쉽지가 않다. 왜냐하면 아이를 키우는 데는 정답이 없기 때문이다. 아이의 타고난 기질, 성격, 환경과 그 집안의 내력, 가계규칙 등에 따라서 조금씩 다르기 때문이다. 그렇지만 그중에서 변하지 않는 것이 있다면 양육자인 엄마가 내 아이를 바라보는 눈길이다.

    그 눈길에 따라서 아이는 달라진다. 그리고 그 눈길에 따라서 이름을 가장 소중하게 불러주었을 때 안정적으로 빛날 수 있다. 아이에게 어떤 이름을 불러주어야 할 것인가의 선택은 결국 엄마의 의지에 달려있다. 양육자인 엄마의 눈빛에 따라서 사랑하는 아이, 긍정적인 아이, 대기만성인 아이로 될 수도 있고 그렇지 않을 수도 있다.

    엄마의 그런 힘은 어디에서 생기는가? 평소 엄마가 아이를 바라보는 모습을 통해서 고스란히 전달되는데 이를테면 오감 즉, 눈, 코, 귀, 입 피부 등을 통해 전달되는데 여기에서 전달된 힘은 과연 어디에서 나타날까? 그것은 무의식이라는 창고에 쌓여 있다가 언제든지 아이에게 고스란히 전달된다.

    이것을 놓고 컴퓨터로 비유를 한다면 기본적인 하드웨어가 완성된 상태로 양육자인 엄마의 몸 안 깊숙이 장착되었다가 수시로 나오게 되는 것이며 그 하드웨어는 환경과의 상호작용을 통해서 몇 단계 업그레이드되기도 한다. 이런 과정을 거치게 되어 아이는 성장할 것인데 정작 양육자인 엄마가 사랑의 눈길을 주지 않거나, 그의 걸맞는 이름을 제대로 불러주지 않거나, 가슴에 따뜻함이 전달되지 않게 되면 아이는 성장에 따른 빛을 만지지 못할 수도 있다.

내 아이가 여름날 햇빛을 보지 못하고 축 늘어진 식물이 되어 자라듯이 되기를 원하는가? 아니면 사시사철 싱싱하게 자라는 나무가 되기를 원하는가? 씩씩하고 밝은 아이로 성장하기를 원한다면 엄마는 자주 놀아주고 쉬고 싶을 때 쉬어주고 엄마는 언제나 내재된 감정, 지각, 느낌, 기억을 총동원해서 가까이 할 때 아이는 바르게 성장하게 될 것이다.

이렇듯 부모는 아이의 모든 자극을 이끌어 주는 주체이기도 하며 어쩌면 생살여탈권을 쥐고 있는 존재이다. 이런 아이는 엄마를 토대로부터 물려 받은 자극에 의하여 신체적으로 온전하게 발달되어 각가지 경험들이 대뇌의 기억에 남아서 훌륭하게 자랄 것이다.

자, 그렇다면 엄마는 내 아이에게 어떤 이름을 자주 불러줄까? 편안하고 안정적인 아이를 원하는가? 아니면 불안정하고 힘들게 사는 아이를 원하는가는 엄마의 무의식에 달렸다는 것을 알았을 것이다. 엄마의 선택된 기준에 따라 안정된 애착과 불안정 애착 관계로 나눌 수가 있는데 『다면적 인성검사-MMPI』에서는 그 척도를 10개로 구분하고 있다. 그 척도는 건강염려증, 우울증, 히스테리, 반사회성, 남성특성-여성특성, 편집증, 강박증, 정신분열증, 경조증, 내향성이다. 즉, 해석

과정에서 다양한 방법들이 소개되고 있지만 그중에서도 특히 정신분
석학적치료 및 인지·행동치료가 가장 널리 활용되고 있다는 것을 염
두에 두면서 안정적 애착과 불안정 애착관계에 대해서 좀 더 기술하
고자 한다.

1. 안정적으로 자라는 아이

우리 아이가 편안한 성격을 유지한 채로 제대로 세상을 살아가기
위해서는 양육자인 엄마가 안정으로 사는 것이 절대적이라는 것은 앞
의 장에서도 충분히 설명하였지만 미진한 부분이 있어서 보충하고자
한다. 수많은 학자들이 '안정애착'의 중요성을 말하곤 하는데 그 하나
의 가장 중요한 이유는 나를 키운 양육자인 엄마가 나를 키울 때 힘들
게 자랐고 속상했던 적이 얼마나 많았는지를 깊이 깨닫고 당시의 단
점을 보완하여 내 아이를 키우는 엄마이다.

이런 아이의 엄마를 '획득한 안정형' 엄마라고 부른다. 또 다른
하나의 엄마 즉, 좋은 엄마는 자라면서 아주 좋은 환경에서 쉽게 마음
의 패턴을 형성하고 살아온 엄마를 말할 수 있는데 이런 엄마는 태어
날 때부터 타고난 운을 가진 셈이다. 그렇다면 아이가 자라면서 좋은
엄마를 만나는 것은 결국 아이의 선택이 아니라 전적으로 운에 달렸
다는 것을 증명이 된 셈이다.

그런데 문제는 좋은 엄마를 만나 자연스럽게 형성되었든, 아니면
엄마 자신이 노력해서 만들어진 안정형은 성인 중에서 3분의 2를 차
지하고 있다. 이런 분류의 엄마는 아이의 마음을 헤아릴 줄 알기 때문
에 언제나 아이를 안정형으로 키우게 되는데 그렇다면 반대적 입장에

서 자라게 될 3분의 1은 과연 어떻게 될까?

부모와의 관계에서 형성된 불안정한 패턴으로 인하여 엄마는 불안정 애착으로 아이를 키울 가능성이 높다. 이런 엄마는 아이의 마음을 잘 헤아리지 못하거나, 아이를 낳으면 저절로 큰다는 잘못된 인식을 평소에 가지고 있다. 이런 엄마는 대체로 아이가 어떤 신호를 보낼 때마다 부정적으로 반응을 한다.

그런 양육자인 엄마는 아이가 필요할 때마다 '네가 알아서 해!'라고 퉁명스럽게 말을 하거나 그러다가 가끔 기분이 좋지 않으면 '왜 이렇게 해 달라는 것은 많고 귀찮게 굴어!'라고 버럭 화를 내기도 하고 간혹 아이가 아프거나 어떤 문제에 봉착했을 때도 도와주기는커녕 오히려 묵살하거나 신경질만 낸다.

이런 엄마는 그 당시에는 상황이 여의치 않아서 비록 그렇게 했지만 나중에라도 아이에게 이유를 물어보거나 살펴보는 것이 아니고 '무슨 말인지 대체 모르겠다.'라고 자신의 행동을 스스로 합리화하거나 또한 엉뚱한 방향으로 말꼬리를 잡고 마치 아이에게 관심이 없다는 말투를 보여서 아이의 가슴에 상처를 남기는 형태이다.

이렇게 양육자인 엄마가 관심을 보이지 않게 되면 아이는 이제 그 어떤 말조차도 하지 않거나 시간이 지날수록 엄마에 대한 실망이 커지게 된다. 이런 엄마의 특징은 대부분 기분이 좋으면 말하고 기분이 나쁘면 아예 말을 들은 척조차 하지 않거나 피하게 되는데 그러면 아이가 자라면서 자기 세계에 빠지게 되면서 웬만한 것들은 알아서 하거나 양육자인 엄마에게 그 어떤 요구조차 하지 않으면서 두 사람의 사이는 멀어지게 된다.

그리고 두 사람 사이에 대화가 사라지거나 아주 뜸해지면 같이 있는 것 자체가 서먹서먹해지고 가까이 있는 것조차 싫어하면서 기회가 있어도 서로 피하게 된다. 자, 그러면 이 아이는 앞으로 엄마와 어떤 관계에 놓일 것인가는 불을 본 듯 뻔하다. 아이는 아예 엄마가 싫어하는 행동을 자주 행하게 되면서 엄마를 가장 힘들게 할 것이다.

예컨대 갖고 싶은 것을 얻지 못하니까 가장 쉬운 방법으로 훔치게 된다. 처음에는 학교 앞 문방구에서 조그마한 것을 훔치다가 점점 큰 것에 손을 대면서 엄마의 가슴을 아프게 할 것이다. 이렇게 되면 성격은 포악해지거나 난폭해질 것이며 자연스럽게 친구사이에도 틈이 생기게 된다.

또래에게 따돌림을 당하는 것은 물론이고 갈수록 양육자인 엄마와의 사이에 대화는 단절이 된다. 자, 이런 가정에서 어린 시절을 보냈다면 엄마는 이제라도 늦지 않았다. 지금 내 아이와의 관계가 어떻게 만들어 가는지를 빨리 살펴야 한다.

왜냐하면 엄마의 무의식이 아이를 만들고 있기 때문이다. 또 엄마가 볼 때 아이는 저절로 큰다는 인식을 가졌다면 내 엄마가 나를 불안정 애착으로 키운 것처럼 나 역시 아이를 그렇게 키우고 있다는 것을 깨달아야 한다. 그렇지 않으면 불안정 애착은 끊임없이 대물림을 이어가게 될 것이다.

이렇게 어릴 때부터 엄마와 함께 있으면 불편해지고 별로 행복하지 않았던 관계에서는 불안정 애착이 수시로 일어난다. 그러면 이제라도 양육자인 엄마는 아이와 만나는 시간을 많이 가지면서 아이가 말할 수 있는 기회를 주어야 한다. '너 요즘 보니까 엄마랑 이야기 하는 시간이 많이 줄었더라. 별일 없이 잘 지내는 거니. 혹시 부탁할 것이나 말할 것이 있으면 자주 말하자.'라고 하면서 수시로 다가가면서 사랑의 언어를 주어야 한다.

성인의 3분의 2에 해당하는 '안정 애착형'은 자신도 존중하고 다른 사람도 존중할 줄 아는 아이를 말한다. 이런 아이의 엄마는 아이의 마음을 헤아릴 줄 알 것이고 환경에 따라서 적절하게 대응할 줄 안다. 이런 엄마는 좋은 엄마를 만나서 운이 좋았던가 아니면 그렇지 않고 양육자인 엄마의 피나는 노력 끝에 이룬 결과일 것이다.

어떻게 이루었든지 이런 엄마는 감정조절을 잘하고 타인에 대한 배려와 이해심을 가지고 있다. 그러면서 매사에 긍정으로 살기 때문에 언제나 사람들과 편안한 관계를 유지한다. 후천적 안정형은 부모가 안정 애착형일 가능성이 높아서 아이에게 관심이 많고 그 어떤 요구에도 민첩하게 대응하고 반응도 빠르다.

간혹 실수를 했더라도 호통을 치지 않고 아이의 말에도 무시하지도 않으며 관심을 기울이게 된다. 이것은 어릴 때 엄마가 나에게 했던 잘못된 반응들을 평소에도 늘 살피거나 기억하면서 자기 엄마에 대한 부정적인 감정보다는 긍정적인 감정을 갖고 사는 엄마들이다.

이처럼 안정형인 엄마는 다른 사람과 다툼을 아이 앞에서 절대로 하지 않는다. 다른 사람도 나와 같은 생각을 가졌다는 것에 초점을 두고 있기 때문에 문제가 생기더라도 빠르게 조절하거나 해결을 한다. 또한 이러한 유형은 남에게 도움이 필요하면 편안하게 요청할 수가 있을 것이고 자신도 도움을 줄 수 있도록 편안하게 응대하면서 살게 된다.

이런 사람들은 비교적 자기감정에 솔직하고 다른 사람들과의 관계에도 늘 편하다. 이런 엄마들이 당장 어려운 일이 닥치거나 우울할 때도 있을 수 있지만 스스로 회복할 수 있는 자생력이 있기 때문에 극심한 장애로까지 가지는 않는다. 하던 일에 실패를 경험하거나 가까운 사람을 잃거나 배신 등을 당했거나 아픈 경험을 갖더라도 자신의 감정에 매몰되지 않고 자책이나 자기 분열이나 지나친 합리화 등으로 왜곡된 방어기제를 만들지 않는다.

　'안정 애착형'이라도 예외가 가끔 있을 수 있다. 아이에 따라 심리적 안정을 유지할 때와 불안하고 혼란스러워질 때가 생길 수 있다. 대체로 60%는 평온하고 안정된 상태를 유지하지만 30%는 불안한 심리에 빠질 수 있다. 그리고 나머지 10% 정도는 매우 심각한 혼란에 놓인다. 이러한 유형은 대체로 평온한 상태로 살아가지만, 40%는 불안하거나 혼란 상태를 가질 수도 있다. 하지만 설사 그런 상황에 빠지더라도 건강하게 헤쳐 나갈 수 있는 힘을 가졌다.

　성숙이란 불안을 감내하는 능력을 말하는데 '안정 애착형'은 자신과 다른 사람에 대하여 안전하고 안정된 애착을 느끼는 사람으로 친밀한 관계를 즐기지만 혼자 있을 때도 불안감을 느끼지 않고 잘 지낸다. 또한, 주위의 사람이나 다른 세상에 대해 낙관적이고 긍정적인 생각을 가지고 있으며 이른바 대인관계를 소중히 여기고 중시하면서 자율성을 유지한 채 건강한 관계를 유지한다.

　이런 유형은 장차 양육자인 엄마가 되더라도 아이에게 좋은 엄마가 될 수가 있다. 좋은 엄마란 아이의 고유한 생각과 느낌을 공감해주며 필요할 때 민감하게 무슨 일이든 신속하게 대처해주고 파악하면서 즉각적이고 적절하게 반응을 하는 엄마를 두고 말한다. 만약에 여의치 않게 아이와 사이가 틀어졌어도 무시하거나 강압된 행동이 아니고 타협과 설득을 통해서 관계를 회복하는 능력을 지닌 좋은 엄마이다.

2. 혼란형으로 불안정 애착 관계

이 유형은 부모가 아이의 이름을 불러주는 자체가 없는 유형을 말한다. 여기서의 양육자인 엄마는 좋은 아이의 이름을 불러주는 유형이 아니며, 이 경우의 '아이의 이름'이란 앞서 얘기한 좋은 아이의 이름이라는 말 자체에 해당되지도 않는다. 여기서 말하는 '아이의 이름'은 사실 편리상 넣은 것이다. 그렇다면 과연 어떤 아이를 말하는 건가?

부모가 아이를 가장 힘들게 성장하게 만든 경우를 말하는데 대다수가 어려서 학대를 받았거나 부모가 알코올 중독성일 경우가 높은 것으로 알려진다. 어렵고 힘들 때에 아이를 위로하고 안정시켜야 할 부모가 가학적인 행동으로 두려움과 공포에 빠뜨리면서 점점 더 혼란을 느끼게 하는 엄마를 말한다.

이런 경우 매우 혼란스럽고 복잡한 생각과 감정을 가지고 성장할 가능성이 아주 높다. 따라서 이 유형은 전문적인 치료를 받는 것이 좋다. 성장하더라도 대인관계 속에서 언제라도 혼란스러운 감정에 휘말릴 수 있고 자신의 아이 또한 자신처럼 복잡하게 혼란스러운 감정과 생각을 가진 아이로 키울 가능성이 높기 때문이다.

혼란형에는 정도 차이에 따라 양성과 악성이 있는데 악성은 부모에게 학대를 받은 경우로 성적, 물리적 폭력, 감정 폭력을 상습적으로 당하면서 자란 아이이다. 다음은 학대하지 않더라도 혼란형을 만드는 아이를 말한다.

- 아이가 힘들어하는데 위로하고 해결해 주지 않는다.
- 아무런 이유나 진실성 없이 호들갑스럽게 아이를 대한다.
- 적절하고 합리적인 한계 설정을 전혀 하지 못한다.
- 아이를 가까이 오라고 해놓고 막상 오면 도망가 버리는 황당한 장난을 친다.
∴ 이처럼 불안정 애착 패턴 중에서 혼란형은 경제 수준에 따라 달라질 수가 있는데 증산층의 경우에는 10%, 빈곤층의 경우에는 25% 정도를 차지하고 있다.

3. 불안정 애착의 형태

(1) 안정과 불안정 애착과의 사이의 기준은?

부모가 이해해 주고 공감을 해 준다고 생각하는 아이는 부모가 자기와 보이지 않는 실로 묶여있다고 느끼며 언제나 평화로운 삶을 이어가게 된다. 그런데 아이가 부모에게 이해받지 못하고 거절당한다는 느낌이 들면서 살게 된다면 어떻게 될까? 아이는 혼란스러울 것인데 이런 경험이 수시로 반복된다면 불안정 애착에 빠지게 된다.

그러면 어떻게 하면 내 아이가 그렇게 될까? 그건 아주 쉽다. 양육자인 엄마가 아이를 볼 때 아이의 입장에서 보지 않고 자기의 입장에서 보게 되면 내 아이는 그렇게 될 확률이 높다. 이런 엄마의 사례를 든다면, 아이가 세발자전거를 타다가 넘어졌다. 그러면 아이는 자기가 다친 것을 알고 울음을 터뜨리게 될 것이다. 이를 목격한 양육자인 엄마가 달려가서 일으키면서 엄마는 이렇게 말을 할 것이다.

"울지 마, 다치지 않았잖아!"

이렇게 엄마는 우선 아이를 안심시킨다고 말을 하겠지만 그렇게 말을 하는 엄마보다는 아이의 마음을 이해해주는 공감이 더 필요하다. 왜냐하면 아이가 우는 것은 자기가 크게 다치지 않았다는 것을 내심으로 알고 있지만 엄마 앞에서 신나게 달리면서 과시하거나 뽐내고 싶었는데 그게 여의치 않으니까 속상해서 울 수도 있을 것이다. 그러면 양육자인 엄마는 이렇게 말을 해 주어야 한다.

"아차! 네가 넘어졌구나! 그런데 어디 다친 데는 없어."

이렇게 아이를 위해서 걱정해 주는 말을 했다면 아이는 금방 울음을 '뚝' 그치고 다시 일어나서 자전거에 올라서 엄마가 보라는 듯 신나게 달릴 것이다. 똑같은 말이라도 아이의 마음을 어떻게 알아주느냐 그렇지 않느냐는 차이는 크다. 이런 양육자인 엄마는 아이의 이름을 언제나 제대로 불러주는 엄마이다.

안정형 엄마는 아이를 수용하고 이해하면서 아이가 보내는 행동이나 태도에 민감하게 반응을 하고 매사에 아이의 마음을 어루만져 주는 말을 한다. 이런 양육자인 엄마 밑에서 자란 아이는 자신의 감정을 어떻게 표현을 해야 상대방이 공감할 것이라는 것을 알고 있기 때문에 장차 다른 사람들과의 갈등을 만들지 않는다.

설사 어쩌다 갈등이 생기더라도 타협을 통해서 해결을 하고 원만한 관계를 유지한다. 이런 엄마의 무의식은 아이를 그대로 옮겨가서 아이가 장차 커서는 아이를 더 훌륭하게 키울 것이다.

(2) 무시형 불안정 애착의 형태는?

무시형 불안정 애착관계를 가진 아이는 다른 사람과 있으면 불편하고 혼자 있어야 편한데 이런 아이는 자기 자신이 왜 남과 있으면 힘들어하는지 모르거나 신경을 쓰지 않는 아이이다. 이런 아이는 어릴 때부터 혼자 있는 것이 편하도록 성격이 형성되었을 수도 있다.

그렇다면 이런 아이는 어떻게 된 것일까? 아이마다 조금씩 다를 수 있겠지만 대체로 엄마가 어릴 적부터 아이의 말에 공감이나 배려를 해주지 않았거나 자주 나무랐거나 무시를 했을 것이다. 그래서 아이가 누구와 만나면 마음이 편하지 않고 늘 마음이 불안하거나 심지어 걱정을 가지고 사는 아이다.

이런 아이는 자라면서 남과의 접촉을 피하게 되고 그러다가 시간이 지나면서 가족과의 관계도 단절이 될 수도 있다. 이런 아이들에게 엄마들이 자주 하는 말이 있다.

"아이는 혼자서 크는 거지. 아이에게 무엇을 해줘야 하는 것은 아니잖아!"라고 말을 하거나 아이를 키우는 것은 양육자인 엄마의 몫이 아니고 스스로 커야한다는 생각을 가지고 있는 엄마인데 이런 엄마들은 아이의 말이나 그 어떤 행동까지도 자주 무시하거나 차단해버리며 산다. 그러면 이 아이는 앞으로 어떻게 될 것인가? 이런 유형의 아이들을 만나서 이야기를 하다보면 의외의 사실을 알게 된다.

"우리 엄마와 아빠는 좋은 분이셨습니다. 구체적인 것은 잘 기억나지 않고 열심히 사셨던 것 같아요."

이처럼 남이 들으면 아주 평범하거나 아주 상식적인 패턴으로 말을 하지만 MMPI에서는 의외의 기록을 보게 된다. 무심코 들으면 아무 문제가 없는 평범한 아이 같지만 심리검사지에 나타나는 수치는 정상을 아주 넘는 것을 볼 수가 있다. 그래서 진솔하게 이야기를 하고자 하면 오히려 상담을 꺼려하거나 또한 해봤자 아무 의미가 없다고 생각하고 그냥 피하는 아이가 많다.

그렇지만 어린 시절에 있었던 일들을 하나 둘씩 이야기를 하다보면 양육자인 엄마와의 사이에 '무시형 불안정 애착 패턴이 환하게 들어난다. 이처럼 무시형의 성향을 가진 아이도 별다른 문제가 없을 때는 다른 아이들과 잘 지낼 수 있다. 그러나 일단 문제가 생기면 그 문제를 찾아서 바꾸거나 해결을 할 생각보다는 귀찮아하거나 피하게 된다.

이런 아이는 양육자인 엄마와의 사랑이나 도움을 제대로 받지 못하고 성장을 했을 것이므로 대부분 혼자서 살아가는 것을 이미 채득한 아이일 수가 있다. 그래서 자라면서 엄마와 심리적 거리를 유지하면서 안정을 유지하려고 노력을 하지만 그게 쉽지는 않다. 가끔 불안을 느끼고 자기를 제대로 받아주지 않는 양육자인 엄마에게 매달리지만 이런 엄마는 아이를 온전히 공감하거나 이해해 줄 리가 있겠는가?

그러면 아이는 어떻게 될까? 양육자인 엄마에게 자주 무시당하고 거부당하면서 자란 이 아이가 제대로 자기 이름을 만들어 갈 수가 있겠는가? 이런 경우의 아이를 우리는 길에서도 자주 볼 수 있다. 아이는 엄마를 자주 외치면서 위안과 안정을 얻으려고 다가가지만 양육자인 엄마는 귀찮다는 듯 아이의 손을 뿌리치면서 "왜 이래! 자꾸 매달려서 힘들게 해! 좀 떨어져서 놀아."라고 말을 하면서 무안을 준다.

그러면서 하는 말이 있다. "너 이제 또 귀찮게 해봐!"라고 협박을 하거나 아니면 다른 아이들은 저렇게 잘 노는데 너는 왜 언제나 치마폭을 붙잡고 야단이야."라면서 화를 낸다. 이런 아이는 양육자인 엄마에게 위로를 받기는커녕 싫은 소리만 듣게 되면서 결국 한두 번 이러다가 엄마를 찾지 않게 될 것이고 어느 순간이 가면 오히려 피하게 된다.

이처럼 무시형 엄마들은 아이가 아무리 무슨 말을 붙여도 들은 척도 하지 않으면서 오히려 TV를 보거나 아이의 반응에 무덤덤해 하면서 늘 표정은 무표정한 것이 특징이다. 이런 엄마일수록 속상한 일이 많거나 또는 우울하거나 해서 아이의 어떤 요구에 관심이 없으니 아이는 외롭고 힘들 수밖에 없다.

그렇지만 간혹 기분이 좋으면 아이의 요구를 들어줄 때도 있으니 아이는 엄마의 기분을 살피고 눈치를 보다가 비위를 맞추려고 자기가 좋아하는 것을 하기 보다는 양육자인 엄마가 좋아하는 것을 위해서 말을 한다. 무시형 불안정 애착을 만드는 엄마들은 대체로 물리적·정신적으로 엄마가 없었던 경우인데 이런 경우는 엄마가 이혼을 했거나 사별을 했을 경우가 많다. 그 외에는 경제적으로 어렵거나 엄마가 오랫동안 병환으로 자랐거나 또는 아이들 간의 접촉이 차단된 경우에 많이 생긴다.

(3) 집착형 불안정 애착의 형태는?

이 유형은 혼자 있으면 불안한 아이를 말하는데 엄마가 자주 이랬다저랬다 하는 경우이다. 일관성이 없는 엄마인데 이런 유형의 패턴은 아이가 양육자인 엄마에게 떼를 쓰게 된다. 이런 아이는 과거 엄마가 제대로 배우지 못했거나 아이를 어떻게 키울지를 모르는 경우가 많다.

그래서 아이가 원하면 응해야 할지 아니면 거절해야 할지도 제대로 판단이 되지 않는 엄마이다. 일단 판단이 서지 않으니까 무시를 했다가 그래도 그치지 않고 조르면 어쩔 수 없이 응하는 사례가 여기에 속한다. 이 유형의 아이는 양육자인 엄마를 사랑하면서 또는 미워하는 경우를 말한다.

어릴 때 엄마가 미웠다가 좋았다가 그랬다면 자라서도 어느 때는 마음이 들고 어느 때는 마음에 들지 않는 경우다. 집착형 불안정 애착 유형은 양육자는 언제나 아이의 요구에 반응을 해주고 만족시켜 주기는 하는데 일관적이지 않기 때문에 이런 아이는 엄마가 기분에 따라서 변동이 많으니까 요구할 것이 있으면 그때부터 마음이 불안해지거나 힘들어진다.

이런 엄마는 믿을 수 없기 때문에 필요한 것이 있으면 얻어내기 위해 온갖 수단을 사용해서 노력을 했던 나쁜 기억을 가지게 된다. 집착형 불안정 애착의 경우는 문제가 풀릴 때도 풀리지 않을 때도 있기에 문제를 풀어줄 때조차 안정 애착형보다 시간이 많이 걸려서 그동안 불안을 가지고 살았을 것이다.

이는 한 마디로 자신의 문제를 위해서 악을 쓰고 엄마에게 대들면서 살았던 유형이다. 이런 아이는 성장을 하면서 감정을 과도하게 표출하게 된다. 아이는 자신을 과장해서 보였을 것이고 그에 반하여 엄마도 아이의 과도한 반응에 응했기 때문이다.

이 패턴의 아이들은 모든 일을 감정적으로 처리하려고 하는 것이 많다. 이렇듯 집착형 불안정 애착 패턴은 대인관계가 의심과 집착으로 이루어져 있다. 이들은 양육자인 엄마와의 관계에서도 감정적 앙금이 남아 있어서 어린 시절의 기억을 떠올리면 그것조차 제대로 설명하기 힘들어서 당시의 기억이 과다한 감정과 뒤섞여 있을 수도 있다.

집착형 불안정 애착형들의 엄마나 아빠는 결혼을 해도 혼자 있으면 있으면 자신이 없고 무엇을 해도 불안하다. 아내는 남편을, 남편은 아내에게 매달리는 경우가 여기에 해당한다. 여자의 경우는 남편이 자기에게 관심이 멀어질까봐 전전긍긍하며, 자기를 떠날까봐 남편이 퇴근을 하고 돌아와야만 마음이 놓인다. 그래서 전화를 자주하는 유형이다. "오늘 몇 시에 끝나?", "언제 올 거야!" 이렇게 의심이 많다. 이런 아이들을 놓고 엄마는 너무 서두르거나 조르면 안 된다. 아이의 특성이 각기 다르다. 조기에 능력이 나타나는 경우도 있고 늦게 나타나서 대기만성형도 있다. 그래서 부모는 찬찬히 기다리는 마음이 필요하다.

(4) 긍정적인 삶과 부정적인 형태의 관계

긍정적인 힘은 세로토닌, 열정의 원천은 도파민, 그런데 안정과 사랑에 아주 가까운 호르몬인 '옥시토신oxytocin'은 사람과 사람 사이의 '친밀감'을 만들어준다. 그런데 양육자인 엄마가 아이를 미워한다면 아이는 어떠할까? 환경이 중요하다는 것을 일깨워준 인지 및 행동주의 왓슨John B. Watson은 "나에게 열 아이를 주면 그대가 원하는 대로 키워주겠소."라고 말하였다.

좋은 환경에 자란 아이와 그렇지 않은 환경에서 자란 아이의 관계는 아주 다르다. 그렇지만 모든 것이 그런 것은 아닐 것이다. 지금부터 이야기하는 두 사람을 비교해 보려고 한다. 한 사람은 어려운 환경에서 역경을 이겨낸 안데르센Hans Christian Andersen이고 또 다른 사람은 부정적인 정서로 인하여 끝까지 힘들게 살다간 마릴린 먼로Marilyn Monroe이다.

전 세계인에게 영원한 꿈과 희망을 보여 주었던 안데르센은 1805년 매춘부의 아들로 태어났다. 포주인 외할머니가 딸에게 윤락행위를 시켰다. 그러다가 결혼했던 군인 남편 즉, 아버지가 광기의 발작을 일으켜서 권총으로 자살을 하게 된다. 그 뒤를 따라 어머니마저 알코올 중독으로 죽게 되는데 아버지와 어머니를 한꺼번에 여읜 안데르센은 고아와 다름없는 어린 시절을 중독, 폭력, 매춘, 가난과 함께 보낸다.

그러나 그는 남달랐다. 열심히 책을 읽고 시를 쓰면서 오늘날 전 세계인들에게 존경과 사랑을 받는 사람으로 남게 된 것이다. 안데르센은 비록 불우한 환경에서 자랐지만 즉, 불안정 패턴을 안정형으로 바꾸면서 살아간 흔치 않은 안정형 케이스이다.

다른 한 사람은 세기의 모든 남성들에게 남다른 사랑을 받았던 인물이다. 그는 숱한 남성들 사이에서 부정적인 사고를 갖게 되었고 아주 힘겹게 살아가면서 끝까지 불안정한 패턴을 벗어나지 못하고 살다간 마릴린 먼로다.

그는 어린 시절부터 고아원을 거치면서 비교적 이른 나이인 16세에 결혼을 하게 된다. 그러나 4년 만에 이혼을 하게 된다. 두 번째 결혼은 우리가 잘 아는 미국의 '야구영웅'이며 전설의 타자 '조 디마지오Joe DiMaggio'와 했지만 그와도 오랫동안 정답게 살지 못한다. 세 번째로 『세일즈맨의 죽음』으로 유명한 '아서 밀러Arthur Miller'와도 사귀었고 죽은 뒤에 알려진 사람으로 천재과학자인 '아인슈타인Albert Einstein'과도 좋은 사이였다.

그는 타고 난 미모에 사진모델과 영화배우로서 인기를 전 세계에 걸쳐 크게 누렸지만, 죽는 그 날까지 행복하지는 못했다고 알려지고 있다. 우리가 애완용 동물을 보고, "주인이 두 번 이상 바뀐 경험을 한 애완견은 더 이상 애완견의 역할을 하지 못한다."라고 말한다. 그런데 그게 인간이라면 말로 다 할 수 있겠는가?

그런 그의 삶은 어디를 가도 우울했다. 어린 나이에 고아원을 전전한 것이나 아홉 살에 이웃집 아저씨에게 성폭행을 당한 것을 두고 그를 아는 사람들은 죽는 날까지 우울을 버리지 못했다고 말하고 있다.

그런데 이 두 사람을 놓고 심리 및 상담학에서는 저마다 평가가 조금씩 다르다. 정신분석학자들은 불우한 환경에 살아온 사람들을 놓고 오늘날의 연금술에 비유하기도 한다. 16세기의 연금술사 파라켈수스Paracelsus는 '모든 종류의 물질은 수은, 유황, 소금으로 환원될 수 있으며, 이 세 가지 물질을 어떤 비율로 결합하느냐에 따라 황금을 얻을 수 있다.'라고 하였다.

인간의 정신도 이와 유사하거나 같다고 말을 하면서 타고나는 인간의 충동인 성적 욕망과 공격성, 거기에서 파생되는 분노와 불안 등을 어떻게 처리하고 사느냐에 따라 그 사람의 능력을 평가할 수가 있다고 했다. 그래서 그 사람의 성장과정을 일찍이 돌아보면서 그 사람이 평소 어떻게 처신하고 살았느냐에 따라서 금이 될 수도 있고, 구리가 될 수도 있다고 했다.

그렇다면 그들이 말하는 연금술사는 과연 누구일까? 나는 그게 엄마라고 생각된다. 애착이 형성되는 시기에 받은 사랑과 보살핌, 정서적 교감에 따라서 수은, 유황, 소금으로 환원될 수 있다고 생각한다.

그렇다면 그 아이를 키운 엄마가 가장 가까울 것이고 두 번째가 그 사람의 성향이라고 생각된다.

비록 양육자인 엄마의 사랑이 부족하더라도, 그것을 깨닫고 자기 주도적으로 삶을 이끌어 가서 성인이 되었다면 그 사람은 금으로 살 수도 있을 것이며 은으로 살 수도 있고 아니면 동으로 살 수도 있을 것이다. 다시 말하면 태어나서 자기의 삶을 안데르센의 삶으로 사느냐 아니면 마릴린으로 사는지 여부는 자기 삶을 어떻게 이끌어 갔느냐에 따라 달렸다는 것을 의미한다.

4. 아이는 자라는 나무와 같다.

안정형 애착관계와 불안정 애착형은 관계 양육자인 엄마와 아이의 행동패턴, 태도, 감정, 사고에서 결정이 된다고 하였다. 이를 바탕으로 아래 스승과 아이가 나무를 놓고 나누는 이야기를 살펴보자.

"한 아이를 데리고 숲속을 걸어가는 스승이 있었다. 스승은 그 아이와 다정하게 잣나무 숲을 지나가다가 한 그루의 나무를 가리키면서 뽑을 수 있겠느냐고 물었다. 아이는 이제 막 싹이 트는 어린 나무를 쉽게 뽑을 수 있었다. 두 번째 가리킨 나무는 조금 전 나무보다 훨씬 컸지만, 역시 어렵지 않게 뽑았다. 이렇게 과제를 모두 해결한 뒤 마음이 홀가분해진 아이는 스승이 세 번째 가리킨 나무에 다가갔다. 그러나 이번에는 너무나 당황스러웠다. 그 나무는 대궁이 너무 많이 자라서 도저히 혼자서는 뽑을 수 없을 것 같았다. 그러나 젖 먹던 힘을 내어 겨우 뽑았다. 스승은 아이가 하는 행동을 가만히 지켜보다가 네 번째 나무를 향해 걸어갔다. 스승이 가리킨 나무는 이미 나무가 아니고 고목이 되어 있었다." 처음과 두 번째는 쉽게 뽑을 수 있었지만 세 번째부터는 어려웠고 마지막 나무는 도무지 엄두도 낼 수 없었다. 이처럼 우리가 가지고 있는 부정적인 정서는 시기나 때를 놓치면 뽑아내기가 점점 어려워진다는 것이다.

05
아이를 잘 키운다는 것

어떤 잡지에 있었던 글귀^{문제} 아이가 기억이 난다. 해당 글귀는 '문제가 있는 아이가 되는 것은 쉬운 데 반해, 보통의 아이가 되는 것은 어렵다'는 내용을 지니고 있었다. 그것을 보면 아이들도 마냥 편하게 뛰어 노는 것이 아니라는 생각이 들면서, 엄마만 어려움이 있는 것이 아니라 아이도 힘이 들겠구나 하는 생각이 들었다.

양육자인 엄마가 생각하는 모든 아이가 작은 일에도 상처를 받는 것을 우려하는 것은 아이의 자존감을 약화시킬 수 있기 때문이다. 아이가 자기 몸에 아주 작은 생채기 하나 만드는 것이라면 그게 뭐 문제겠는가? 힘이야 들겠지만 얼마 지나지 않아 딱지가 앉을 것이고 그러다가 나을 것이라는 것을 알게 되는데 그게 자존감을 건드리는 경우에는 마음이 약화되고 회의에 빠지면서 어쩌면 줄곧 아이의 정체성에 혼란과 불안을 느끼게 된다.

물론 상처는 잠깐만 방치해도 덧나고 흉터로 남는다. 자존심이란 자기가 사랑받을 가치가 있는 존재이고 노력하면 꿈을 이룰 수 있는 잠재력이 있다는 것을 믿는 마음이다. 일등이 아니라도 빼어난 외모를 갖추지 못했어도 있는 그대로를 사랑하고 긍정할 수 있다는 마음을 말한다.

도스코예프스키는 〈카라마조프가의 형제들〉에서 즐거운 추억이 많은 아이는 삶이 끝날 때까지 안전할 것이라고 말했다. 이 말을 뒷받침하듯 심리학자들은 세 살에서 여섯 살 사이가 자존감을 만드는데 가장 중요한 시기라고 말했다. 사실 이 시기는 자존감뿐만 아니라 신체, 성격, 지능이 눈부시게 발달한다.

아이가 양육자인 엄마로부터 충분한 사랑을 받고 안정적인 애착 관계를 유지하면 몸과 마음이 튼튼하고 자신감 있고 긍정적인 아이로 성장할 가능성이 높다. 그렇지만 충분한 사랑을 받지 못했다면 아이는 언제 어디를 가도 우울할 것이고 그 자신에 만족할 줄 모르는 아이가 되기 쉽다.

심리치료사 오크랜더는 자존감이 낮다는 것을 "자기 자신을 잃어버린 것과 같은 상태"라고 했다. 자신의 진짜 모습을 거부하고 끝없이 다른 사람으로 보이기를 갈구하기 때문이다. 실제로 상처받은 사람들은 자신의 감정과 행동에 자신감을 갖지 못한다.

특히 자존감이 약한 아이는 자기가 가지고 있는 감정을 그대로 표현하면 자기를 싫어하거나 무시할 거라고 생각하기 때문에 자기가 원하는 대로 행동하지 못하고 남들이 좋아할 만한 행동을 하려고 한다. 이런 아이들은 나쁜 일이 있는 것도 아닌데도 우울하고 못생긴 것도 아닌데 자신의 외모에 만족하지 못한다.

또 다른 사람의 칭찬을 인사치레라고 의심하고 비난을 흡수하며 스스로 깎아내기도 한다. 이런 아이는 자신의 진가를 모를 뿐만 아니라 알려고도 하지 않는다. 그저 현재의 나와는 다른 나, 완벽하고 이상적인 거짓자아를 만들어 그 뒤에 숨어서 세상을 살아간다.

나를 찾아오는 아이들은 비슷한 말을 한다. 어릴 적에 엄마가 화를 자주 냈다고 한다. 그런데 실제로 엄마에게 물어보면 화를 낸 적이 없다고 말한다. 그러면서 하는 말이 아이의 말에 열 번을 참았다가 한두 번 그랬을 것이라고 하는데 아이의 뇌에는 엄마의 화내는 모습이 그대로 박혀있다.

중요한 것은 아이가 다른 것은 다 잊고 지낸다고 해도 크게 혼난 일이나 맞은 일 등은 잊는 법이 없다. 그러면 엄마가 말하기를 좋은 일들이 얼마나 많았는데 그 까짓것 하나를 가지고 그러느냐고 말하지만 아이들에게 어쩔 수 없는 일이며 이것이 아이가 지닌 뇌의 특성이다.

부정적인 감정으로 입력된 기억은 두뇌 시스템에 큰 영향을 받아서 나쁜 감정으로 저장되는데 똑같은 사건을 두고도 아이의 기억과 엄마의 기억이 다를 수가 있다. 당시의 기억을 두고 엄마가 아이의 말에 비꼬았거나 무시했다고 느낄 때를 놓고 누구의 기억이 옳은지를 가리는 것은 전혀 중요하지가 않다.

엄마가 볼 때 왜곡된 기억을 가지고 있다고 생각할지라도 아이가 그렇게 느끼고 상처를 받았다는 것이 더 중요하다. 엄마의 입장에서는 전혀 아닐 수도 있겠지만 아이가 그렇게 느낄 수 있다는 데에서부터 출발해야 한다. 당시로 돌아가서 진심으로 아이에게 사과를 하면서 더이상 상처를 받지 않도록 해주는 것이 엄마가 할 일이다.

양육자인 엄마는 아이에 대한 진실 그 자체보다 몇 배 더 중요한 것이 현실에게 일어난다는 것을 알아차릴 때 변할 수 있다. 가끔 의외의 대답이 나올 수 있다. 엄마의 표정, 한숨, 어조, 몸짓, 손짓 같은 비언어적인 메시지에서도 체념과 포기를 온몸으로 느낄 수 있다. 그것이 엄마가 기억하지 못하는 것들을 강렬하게 기억하고 있는 가장 큰 이유가 된다.

비언어적인 메시지에 깊은 상처를 받아서 그것을 오래토록 간직하면서 두고두고 덧나거나 곪고 있다는 것을 잊어서는 안 된다. 그것이 기억의 왜곡이라고 엄마가 가슴을 친다고 해도 어쩔 수 없는 일이다. 그 변화는 누구의 도움이나 전문가의 조언으로 만들어지는 것이 아니며 엄마의 노력으로 충분히 가능한 일이다.

"우리는 아이를 위해 온갖 노력을 아끼지 않는데 그것을 몰라봐요."라고 한탄을 할 수는 있지만 중요한 것은 이 세상에 노력을 하는 아이는 존재하지 않는다. 단지 스스로 즐거워하는 아이는 있을 수 있다. 그게 천진난만한 것이라서 그렇다고 말할 수가 있다. 이 세상에 자라고 있는 대부분의 아이는 노력하지 않고 그냥 사는 것일 뿐이다. 어쩌면 그게 아이니까 가능한 일이다. 그게 아이일 것이다. 엄마도 어릴 때 그랬다. 기억을 떠올려 봐라! 아마 생각이 나지 않을 것이다. 그렇다면 이제라도 알려고 노력을 해야 한다.

⑴ 노력하는 아이를 찾지 마세요

아이에 대한 사랑은 그 자체가 지닌 양가성 때문에 힘든데 거기다 사랑에 관한 고정관념이 있어서 훨씬 난이도가 높다. 어쩌면 최상위가 될 것이다. 예를 들면 사랑은 무작정 참아 주는 것이라고 하거나 원하는 것을 다 해 주는 것 또는 좀 더 나은 사람이 되도록 자극을 주는 것, 온유한 것이라는 생각이 우리들의 내면에 깊이 작용하고 있다.

사랑은 그래서 대단한 것인지도 모른다. 그 사랑이라는 것이 없다면 과연 내 아이를 어떻게 키우고 도와주고 보살펴줄 수 있을 것인가?

아마 이 세상에 가장 힘든 연인들이 만나도 내 아이를 사랑하는 엄마의 마음으로 사랑한다면 아마 그 가정은 언제나 행복을 형성하고 있을 것이다. 그렇지만 그 상대가 누구이든지 인간은 감정의 동물이고 그 감정 안에서 사랑도 함께 한다는 것을 피할 수는 없다.

데이비즈 번스David Burns, 1904는 인간의 모든 감정은 인간의 인식과 생각에서 비롯된다. 인간이 주어진 상황을 어떻게 느끼는지는 그것을 어떻게 생각하느냐에 달렸다고 하면서 우울한 감정도 결국 부정적인 생각이 연속된 결과라고 말했다.

그렇다면 부정적인 생각을 오랫동안 하게 되면 과연 어떻게 될까? 중요한 것은 모든 아이는 부모의 부드럽고 따뜻한 보살핌이 없으면 제대로 생존할 수 없기 때문에 행동과 태도를 재빨리 알아채고 원하는 것을 해결해 주면서 필요하면 무엇이라도 도와준다는 것을 인식하게 해야 된다.

그러면 아이는 언제 어디서든지 양육자인 엄마를 신뢰할 것이고 그런 엄마랑 있으면 마음이 놓이고 편안했으니까 '다른 사람과 있어도 그럴 거야.'라는 생각을 갖게 된다. 이것은 자기에게 집중해 주었기 때문에 나름대로 쓸 만한 사람, 사랑받을 가치가 있는 사람이라는 생각을 하게 된다.

아이가 이렇게 행복할 때 좋은 부모의 상이 그려지고 그것은 어떤 어려움이 닥칠 때마다 극복할 수 있는 힘이 된다. 이런 안전한 상태를 지속하려는 행동과 노력은 엄마의 눈 맞춤, 웃음, 울음, 안아달라는 몸짓, 엄마에게 기어가는 것 등을 두고 말하게 된다.

그런데 스트레스를 받으면 어떻게 될까? 안전한 항구 같은 엄마 품에서 위안을 받으려고 다가가는 행동을 보이는데 이 기분을 금방 해소할 수 있는 것은 양육자인 엄마가 안아주고 위로해 주면 거기에 닻을 내리고 평화를 얻게 된다. 그런 아이에게는 안전기지로 일시적으로 엄마가 없더라도 불안정 상태를 헤쳐 나가려고 할 것이다. 그런데 아이가 갑자기 고민이 생기면 어떻게 될까?

당연히 신호를 보낼 것인데 양육자인 엄마의 행동이 어둡다거나 말수가 줄어들었다거나 혹은 묻는 말에 '몰라'라고 의외의 행동을 보이게 되면 아이는 무의식적으로 엄마에게 대들거나 다른 반응을 보이기도 한다. 그러면 양육자인 엄마는 아이의 신호에 무슨 말이든 안심하고 꺼낼 수 있도록 기회를 주고 당장 바빠서 다른 할 일이 있더라도 급히 중단하고 진지하게 다가서야 한다.

그렇지만 들으면 한심한 것도 있을 수 있으나 중요한 것은 아이가 고통을 받고 있다는 것을 잊어서는 안 된다. 이럴 때 아이보다 높은 위치에서 판단을 하거나 평가하는 모습을 보이면 다시는 그런 기회를 만들려고 하지 않을지도 모른다.

그러면 무슨 말을 해도 엄마가 한심하게 볼지도 모른다는 불안함에 아이는 앞으로 하고 싶은 말을 하지 않을 수 있으므로 고민이 되는 일인 양 귀담아 들어주고 도움이 필요하면 언제든지 도와주겠다는 다정다감한 모습을 보여야 한다.

그렇다고 모든 고민을 나서서 해결해 주라는 뜻은 아니다. 스스로 고민을 넘어설 수 있는 힘을 키워주라는 뜻이다. 만약 혼자서 해결책을 찾지 못하면 의논하는 자세를 보여야 한다고 말해야 한다. 엄마의 시선이 무서워서 말을 하지 않으면 금방 해결할 수 있는 좋은 기회를 놓칠 수도 있다. 그런데 엄마가 보면 분명히 무슨 말을 할 것 같은데도 말을 하지 않는다면 그만큼 불안하거나 신뢰가 쌓이지 않았다는 뜻일 수 있다.

이렇게 어떤 문제를 말해도 안전하다는 신뢰를 쌓는 것은 아이가 신호를 보냈을 때 엄마가 적극적으로 반응하면서 집중하는 것이 아주 중요하다. 그때는 무슨 일이 있어도 당장 제쳐 두고 다가간다는 모습을 보이는 것은 양육자인 엄마의 사랑을 피부로 느끼는 최고의 순간이다. 그 위력은 최고의 메가톤급이며 상상이상이라는 것을 꼭 기억해 두자.

아이와 대화를 시작할 때 꼭 살펴야 할 일은 언제나 진지하게 듣는 것이고, 다음으로 아이의 모습을 있는 그대로 인정하는 것이다. 이때 아이 앞에 겸손하라는 것이다. 그러면서 무슨 일이든 생기면 쉽게 포기하지 않는 것이다.

그런 가운데 엄마의 태도는 가르친다는 느낌을 보이지 말 것이며 여유를 가지고 말을 조근 조근 이어가야 한다. 아이 앞에서 엄마가 오만해져서 뭐든지 알고 있다는 태도를 보이지 않는 것이 가장 좋다. 아이는 양육자인 엄마의 걱정하는 시선과 잣대 너머에서 자기의 삶을 주도적으로 살아난다고 하였다.

(2) 아이에게 상반된 감정이 있다

아이들은 부모를 사랑하기도 하지만 마음 한편으로는 미워하기도 한다. 엄마나 선생님, 또는 자기에게 영향을 끼친다고 생각하는 사람이라면 누구에게든 이런 양가감정이 있다. 상반된 감정이 보일 때 이를 받아들이기가 어려울 수 있다.

그 이유는, 마음속에 감정이 어긋나는 것도 별로 마땅치 않는 터인데 그런 일이 자꾸 지속되니 그것 자체가 싫으니까 그럴 수 있다. 그렇지만 이런 두 가지 감정이 누구에게나 공생한다는 것을 인정하고 받아들이는 아량이 필요하다.

아이가 쓸데없는 생각을 가지지 않기 위해서는 이런 감정이 정상적이고 자연적이라는 것을 깨닫게 해주어야 한다. 이런 감정을 가지는 것은 어쩌면 당연한 것이며 이로 인하여 죄의식이나 불필요한 걱정을 덜어주는 것이 엄마의 할 일이다.

"너는 내가 보니 선생님에게 두 가지 감정을 갖고 있는 것 같아. 그렇지? 좋아하기도 하고 싫어하기도 하지?"

"넌 형에게 두 가지 감정을 갖고 있는 것 같구나. 존경하면서도 미워하는 거지?"

"너 이 문제에 대해 두 가지 생각을 하고 있구나. 캠프에 가고 싶어 하면서 집에 있고 싶어 해."

아이가 상반된 감정을 가지고 있는 것을 깨닫게 함으로써 그리고 도와줌으로써 혼란한 마음을 바로 잡을 수 있다. 가끔 아이들이 스스로 자책을 할 수가 있다. "내 복잡한 마음을 이해할 수가 있다면 이토록 모든 일이 뒤죽박죽 되지 않을 것을."라고 넋두리를 한다고 했을 때 다음과 같은 말을 해서는 안 된다.

"너처럼 이랬다저랬다 하는 아이는 처음 본다. 어느 때는 좋아했다가 어느 때는 싫어했다가…, 도대체 너는 어느 쪽이니?"

누구나 이런 감정을 한두 번 가지지 않은 쪽은 없을 것이다. 즉, 사랑이 있는 곳에 미움이 있고, 동경이 있는 곳에 질투가 있으며, 현실이 있는 곳에 적대감이 있고, 성공이 있는 곳에 근심이 있다. 혼합된 감정들 자체가 정당한 것이라는 사실을 깨닫는 데는 남다른 지혜가 필요하다.

이런 것을 인정한다는 것은 물론 쉬운 일은 아니다. 아이였을 때 받은 훈련과 어느 정도 성장해서 받은 교육은 양쪽의 견해에 대하여 편견만을 가르쳐 왔다. 부정적인 감정은 나쁜 것이며 그런 감정을 가져서는 안 된다고 말해왔다. 그렇다고 성장해서 그런 감정을 가지지 않고 인간생활을 할 수가 있을까?

과학적 견해에 따르면 반드시 어느 쪽이 맞는다고 손을 들어주기는 쉽지 않다. 한 순간은 좋고 나쁘다는 판결은 누구나 내릴 수가 있지만 마음속의 행위는 판결을 내릴 수가 없다. 행동자체는 비난이나 명령을 받을 수 있지만 감정은 그럴 수도 또 그렇게 해서도 안 된다.

감정에 대해 판결을 내리거나 상상을 검열하는 것은 자유로운 사고와 정신건강을 해치는 결과를 가져온다. 감정은 유전으로 받은 소산이다. 어느 때는 행복을 느끼다가 그렇지 않을 때도 있다. 살면서 분노, 노여움, 두려움, 서러움, 기쁨, 욕심, 가책, 경멸을 느끼는 것은 어쩌면 당연하다. 이런 감정을 마음대로 좌우할 수는 없지만 이런 감정들을 어느 때 어떻게 표현할 수 있는 자유는 있다.

(3) 어릴 때 좋은 기억은 어려움을 이겨내는 힘이 된다

상담을 진행하는 도중에 늘 입버릇처럼 하는 말이 있다. '어머니, 아이의 말을 믿어주세요.'라고 하면 금방 대들 듯이 말한다. '아이가 잘못되어 가는 것이 뻔히 보이는데 그냥 하는 대로 지켜보라는 말이냐?'라고 따진다. 또 '어떻게 해달라는 대로 다 해줄 수 있나요?'라고 말하는데 아이의 말을 믿어 달라는 말에는 무조건적인 허용하라는 소리는 아니다. 무조건 모든 것을 허용하는 것은 오히려 망칠 수 있는데 그런 뜻으로 말할 수가 있겠는가?

이는 아이를 이해하지만 가정 내의 명확한 규칙이 있을 것이고 그것을 행하지 않았을 때는 그에 대한 책임도 분명히 따른다는 것을 알게 해 주는 것을 말한다. 또 그에 대한 최종 결정권은 역시 엄마가 가지고 있어야 한다.

아이를 믿고 잘못을 용서하라고 하면 이를 이용해서 엄마의 머리 꼭대기에 올라서려고 할까봐 지레 겁먹거나 걱정이 앞선다고 하는 사람도 있다. 그렇지만 '아이를 용서하세요.'라는 나의 말은 그런 의도가 아니다. 아이들에게도 언제나 바르게 행동하고 싶은 생각이 있을 것이고 그 어떤 행동이 바른 것인지 이미 알고 있다.

다만 두뇌는 정서조절과 문제해결력을 담당하는 기능이 아직 충분히 발달하지 못했기에 정리가 잘 안 될 수가 있다. 고집을 피우거나 변덕을 부리는 것은 그러면 안 된다는 것을 알면서도 뭔가에 화가 나 있다는 표현일 수도 있다.

그렇지만 아이는 믿는 대로 자란다. 아이의 말을 충분히 들어주는 것만으로도 곧잘 해결하는 경우가 많다. 자기 문제를 엄마에게 말

하는 동안 스스로 그 문제에 대해 정리하고 해결의 동기부여까지 얻는 기회가 된다.

진짜 문제는 아이에게 생긴 문제가 아니다. 어떤 문제로 고민할 때 불안해져서 이를 해결해 줘야 한다는 강박이 생겼거나 그것도 빨라야 된다는 조바심이 생겼다는 것에서 더 큰 문제가 있다. 이렇게 되면 자기가 해결하고 극복하지 못할 것이라는 마음이 내면에 깔려 있어서 그럴 수 있으므로 이럴 때는 문제보다 불신부터 해결해야 한다.

엄마가 아이를 불신할수록 아이도 자신을 못 믿게 된다. 세상에 엄마들이 무한한 신뢰를 보낸다는 것은 하자는 대로 다 허용해 주는 방임이 아니다. 너를 믿는다는 말뿐인 믿음도 아니다. 엄마는 아이에게 자율권을 주는 동시에 책임감도 부여하여 자율권과 책임감 사이에서 균형을 맞추는 연습이 되어야 한다.

물론 그러다 보면 처음 생각한 것보다 잘 안 될 때도 있다. 그럴 경우에도 "거 봐라! 그럼 그렇지."라고 하면서 바로 개입해서 통제하려고 하지 말고 "나는 믿어. 네가 스스로 해낼 수 있다는 것을 말이야" 하면서 속는 셈치고 몇 번만 더 기회를 주는 거다. 이번에 속는다고 해서 반드시 손해 보는 것은 아니다. 아이를 믿는 것에 대한 훨씬 더 많은 이익이 따른다.

"미안하다. 너에게 믿는다고 했는데 결과는 너를 힘들게만 했구나. 네가 그렇게 괴로운 줄 몰랐어. 네 마음을 몰라주고 그냥 몰아붙이기만 한 것 같아 미안하다. 그런데 엄마는 얼마나 잘못했는지를 잘 모르겠구나. 이야기해 줄래? 엄마에게 솔직하게 말해주고 엄마가 너를 도와줄 수 있게 해 주렴."

이렇게 반응을 보였다면 어떻게 반응을 했을까? 사랑은 명사가 아니라 동사이다. 사랑도 표현하지 않으면 사랑이 아니다. 엄마의 사랑은 언제나 민감해야 하고 똑바로 반응을 해야 하고 일관성을 가지고 있을 때 제대로 반응을 하고 성장한다.

엄마와 오랫동안 이야기를 나누다 보면 바라보는 것이 다를 때가 있다. 그럴 때는 이렇게 말한다.

"어머님과 저와의 가장 큰 차이는 저는 아이가 좋아지는 것을 열심히 봤기에 믿음이 있고, 어머님은 그동안 아이가 힘들었던 장면만 보고 왔기에 믿음이 가지 않는 것뿐입니다. 지금부터라도 아이가 좋아진다고 믿어야 더 빨리 아이가 좋아집니다. 당장 아이를 믿지 않으면 또 무엇을 어떻게 할 수가 있습니까?

아이를 키울 때는 때로는 보이지 않는 것을 볼 수 있어야 합니다. 비록 지금은 빛이 없지만 빛이 올 것을 믿어야 합니다. 밭에 가서 생물을 혹시 키워보셨나요? 이 자리에 잎이 돋을 것이라고 믿고 바라보면 놀랍게도 그 자리에 잎이 돋을 때가 있듯이 아이의 머리에 있는 대뇌의 시냅스도 그래야 방향을 따라잡습니다.

시간에 쫓긴다고 식물의 뿌리를 잡아채면 어떻게 되겠습니까? 풀은 자라야지 뽑아서는 안 됩니다. 대뇌의 시냅스도 바라보고 있으면 그쪽으로 빛이 되어 강화가 됩니다. 대뇌는 거짓말을 하지 않습니다. 부정문을 모르니까요. 지금이라도 아이가 달라진다고 믿으십시오. 아이는 분명히 그쪽으로 갈 겁니다."

(4) 사랑과 규칙을 엄격하게 구분한다

마음에 상처를 입는 것과 몸에 병이 나는 것은 깊은 관계가 있다.

의사이자 정신분석학자였던 '플랜더스 던바'는 야심이 강하고 경쟁심이 심하고 적대적인 사람은 심장마비에 잘 걸리고 감정표현에 서툴고 내성적이며 완벽주의를 추구하는 사람은 암에 잘 걸린다고 했다. 이렇듯 인간은 태어나서 어떤 환경을 만들면서 사는가에 따라 영향을 받고, 생후 3년간의 경험이 아이의 성격을 결정하는데 중요한 요소가 된다. 이와 연관해서 소아정신과 노경선은 "엄마와 잘 싸우는 아이들은 내면에 남다른 두려움과 불안을 함께 가지고 자란다"라고 말한다.

이런 아이들이 가지는 공포는 다음과 같다. 첫째, 죽음에 대한 공포 즉, 자신이 사라져버릴 것 같은 두려움을 말한다. 모든 생명체와 마찬가지로 아이도 죽음에 대한 공포를 그 어떤 공포보다 가장 크게 느낄 수가 있다. 둘째, 엄마와 떨어지는 공포를 말하며, 세 번째는 엄마의 사랑을 잃어버리는 것에 대한 공포를 말한다. 넷째, 물리적인 힘에 대한 공포를 말하는데 '너 혼난다! 그러면 때릴 거야!'라고 말을 할 때 아이들은 두려움을 크게 느끼게 된다. 다섯째, 비난에 대한 공포를 말하는데 '너는 못된 아이야! 나쁜 녀석.'이라고 말을 할 때 두려움을 느끼게 된다. 마지막으로는 실제 공포상황에서 느끼는 두려움을 말한다. 이토록 엄마의 보살핌이 아이의 생존의 주요한 조건인데 세 살 이하의 아이가 엄마와 떨어지는 것, 사랑을 잃어버리는 것은 죽음에 대한 두려움 다음으로 가장 큰 공포라고 한다.

어떤 엄마는 '너 언제 철들래.' '너 어디서 그 따위를 배웠어.' '너 버릇없이 그렇게 굴래.' 이렇게 얘기해서 아이의 입을 통째로 봉쇄하기도 한다. 그러지 말고 이렇게 해 보는 것을 권한다.

"자, 이제까지 너의 이야기를 다 들어주었으니 이제 내 말을 잘 들어봐! 네가 자꾸 고집을 피우는데 그게 아니라는 것을 이 엄마가 오래 살아보니까 그렇게 느껴지더라는 거야."

"그렇게 생각하면 안 되지. 그건 네가 지금까지 잘못 생각하고 있는 거야."

"말을 잘 알아듣네. 그래야지 착한 우리 아이지."

아이의 투정을 참고 잘 들었다고 해도 이것을 가지고 아이와 소통을 잘했다고 말할 수가 없다. 아이에 대하여 그 어떤 이해와 명약이 되는 조언을 쏟아냈다고 해도 명령식으로 주고받았다면 이것은 제대로 이해해주었다고 볼 수가 없다. 엄마의 입장을 앞세운 훈계에 불과할 뿐이다.

아이는 대화를 통해서 진심으로 이해를 받았다고 느낄 수 있을 때 진정으로 '이해'가 된다. 아무리 좋은 조언도 그리고 옳고 바른 말로 감동시킬 수도 그리고 움직일 수도 없다. 마음을 움직이는 것은 논리적이고 효율적인 말이 아니라 정서적 교감이다. 자기 말을 알아준다는 것을 아이가 느끼지 못하면 엄마의 어떠한 말에도 감동하지도 않고 수용하지 않는다.

자기의 말에 공감을 받았다는 느낌 없이는 간섭이며 통제일 뿐이다. 이처럼 아이의 입장은 엄마와 다를 수 있다. 엄마의 작은 조언에도 '내가 알아서 할게.' '내 생각과 다르네.'라는 말을 아이는 한다. 그럴 때마다 반항한다고 느끼고 이를 당장 바꾸고 싶어지겠지만 그러면 그럴수록 대화는 단절된다.

곡해를 따지거나 하면서 엄마의 입장을 이해시키려 하기보다는 아이가 그렇게 받아들였다는데 집중해야 한다. 상담을 할 때도 내담자가 깊은 교감을 이루면 뇌가 달라진다고 한다. 흥미롭게도 그 어떤 문제를 해결한 내담자의 뇌는 변하기 마련이다. 물론 이때 상담자의 뇌도 달라진다.

이렇게 아이가 깊은 교감을 느끼면 양육자인 엄마의 뇌도 바뀐다. 이렇게 엄마가 발전하듯 아이를 키우면서 엄마가 다른 사람이 돼가면서 항상 염두에 두어야 한다. 아이와 엄마사이는 일생에 단 한번뿐이다. 이 기회를 함부로 하거나 놓치게 되면 평생 후회할 일만 남게된다.

(5) 부모가 힘을 합해야 한다

국수를 삶을 때 일정한 시간이 지나면 물이 끓어오른다. 그때 찬물을 부으면 끓던 물이 가라앉고 면이 더욱 쫄깃하게 잘 익는다. 하지만 시기를 놓치면 물이 넘쳐 불이 꺼지거나 면이 분다. 아이를 키우는것도 마찬가지다. 그래서 모든 것은 시기가 아주 중요하다.

양육자가 아이를 키우다보면 어떤 아이는 일찍 말을 배우고 어떤 아이는 늦다. 성장하는 시기도 대체로 빠른 아이가 있는가 하면 또 어떤 아이는 대기만성이라고 성장이 늦은 아이도 있다. 그것을 양육자인 엄마가 기다리지 못하고 독촉을 하면 아이의 마음에 필요 이상의 상처를 줄 수 있다.

아이만 이런 것이 아니라 사시사철 피는 꽃도 다르지 않은가? 어떤 꽃은 음지에 잘 자라지만 어떤 꽃은 양지에 잘 자라고 꽃을 피우는속도도 제 각각이다. 또 어떤 꽃은 일찍 지고 어떤 꽃은 늦게 진다. 이처럼 자라는 속도가 다르듯이 양육자인 엄마는 가만히 지켜보는 여유도 있어야 한다.

인류의 스승이자 우리들의 정신적 지주인 달라이 라마가 이렇게 훌륭하게 성장하는 데는 엄마의 영향이 가장 컸다고 한다. 그렇다면 어떻게 성장했는지 알아보자.

"언젠가 중국에 혹독한 기근이 발생한 적이 있었다. 그 당시 가난한 중국인이 먹을 것을 찾아 국경을 넘어왔는데, 하루는 어떤 중국인 부부가 죽은 아이를 안고 우리 집에 나타났다. 그들은 어머니에게 먹을 것을 구걸했고 어머니는 그들에게 아이를 매장하는데 도움이 필요한지 물었다. 그들은 어머니의 말을 알아듣고 고개를 저으며 배가 고파서 곧 아이를 먹을 예정이라는 몸짓을 해 보였다. 깜짝 놀란 어머니는 바로 그들을 안으로 들어오게 해서 곳간에 있던 것을 몽땅 털어 주어 보냈다. 그녀는 식량을 모두 남에게 내줘 가족이 굶주리게 된다 하더라도 결코 거지를 빈손으로 보낼 분이 아니었다."

이 말은 〈달라이 라마〉가 어릴 때 봤던 어머니를 회상하며 쓴 글이다. 어머니는 누구보다 따뜻한 사랑을 실천한 사람이었다. 중요한 건 아들인 〈달라이 라마〉도 어머니를 그렇게 기억하고 있다는 사실이다.

"어머니는 세상에서 가장 친절한 분이셨다. 나는 그렇게 단언할 수 있다. 정말 훌륭한 분이셨다. 아마 어머니는 당신을 아는 모든 이로부터 사랑받았을 것이다."

이 글은 모든 세상의 엄마들은 아이를 가르치는 것보다는 그 앞에서 모범을 보이는 것이 중요하다는 것을 보여주는 대목이다. 훌륭한 어머니를 본 받아서 달라이 라마는 모든 사람들이 우러러보는 사람이 되었다. 엄마가 아무리 속으로 자식을 사랑했다고 해도 그 사랑을 아이가 모른다면 엄마의 사랑은 아무것도 아니다.

(6) 아이는 엄마가 믿는 대로 자란다

데니얼 길버트Daniel Todd Gilbert. 1957는 "인간의 뇌는 모든 경험을 완벽하게 기억하지 못하고 대신 몇 가지 맥락으로 저장한다. 그러면서 우리의 뇌는 현실을 해석할 뿐이다."라고 말했다. 이 말의 중요성은 어린 시절을 보낸 사람이라면 누구나 공감할 것이다.

아무리 좋은 가정에 자랐어도 한두 가지 크는 과정에 왜곡된 기억이 없는 사람이 몇이나 될까? 아마 없을 것이다. 부모의 양육패턴이 아이에게 대물림된다는 실증적 연구가 1985년 미국 버클리 대학에서 메리 메인이라는 교수에 의해서 이루어졌다.

성인을 대상으로 엄마와의 관계가 어떠했는지 광범위하게 파악했고 그 결과 엄마와 어떤 관계를 맺었는지를 살펴보는 과정에서 엄마의 태도가 아이의 양육에 영향을 주었다. 특히 만 3세 이전 아이는 어린 시절 부모와 상호작용한 경험을 기억으로 저장하고 있으며 이를 바탕으로 애착패턴을 형성하게 되는데 12개월 무렵부터 시작된 애착패턴은 만 3세 전후로 고정된다. 이때 고정된 애착패턴은 다른 사람을 대할 때마다 작동해서 행동에 곧바로 나타나게 된다.

이 연구에 의하면 80-90%의 사람들이 이때 만들어진 패턴을 가지고 평생을 살아간다고 했다. 그렇게 본다면 엄마의 애착패턴도 할아버지 할머니에게 물려 받은 것이라고 할 수 있다. 어쩌다 운이 좋아서 편안한 성격의 엄마 밑에서 자랐다면 나 또한 아이를 그렇게 키울 것이지만 이와 반대되는 엄마 밑에서 자란 경우라면 성격적으로 힘들고 불편한 점을 가지고 있으므로 좋은 습관과 모습을 아이에게 물려주기 위해서는 뼈를 깎는 각고의 노력이 필요할 것이다.

아이에게 소리 지르고 야단치는 엄마 밑에서 힘들게 컸고, 내 아이만큼은 그렇게 키우지 않겠다고 큰 결심을 했다면 키운 방식을 자세히 살펴서 아이에게 어떤 영향을 줄 것인지를 생각해야 한다. 그렇게 해서 잘못된 곳이 있다고 재빨리 알아차리고 바꾸어야 한다. 그렇게 평생을 조심하고 살았다면 내가 자라온 것과는 다른 방식으로 자랄 것이지만 이와 반대로 키웠다면 아이는 본능적으로 사랑받고 싶다는 욕구를 가질 수 있다.

그래서 자기가 어떻게 행동할 때 엄마가 기뻐하고 즐거워하는지를 알기에 진짜 마음을 숨긴 채 엄마가 가지고 있는 그 어떤 기대에 맞추려고 온 신경을 쓸 것이다. 또 무슨 일을 하더라도 속으로는 무척 힘이 들고 고되면서도 힘들지 않다고 하는 그 말속에는 엄마에게 칭찬받고 싶은 욕구가 같이 숨겨있을 수 있다.

가끔 또래에 비해서 훨씬 의젓하게 보이는 아이의 내면에는 그 어떤 막연한 불안과 강박을 가지고 있을 수 있다. 아이는 성인이 아니므로 자연스럽게 성장단계에 맞게 크는 것이 가장 바람직하다. 그런데 엄마가 무엇을 시켜도 잘 따라하는 것을 좋아하면 그 어떤 힘든 일이 있어도 아이는 제대로 말하기가 두려워진다.

그러니 양육자인 엄마는 아이의 얼굴빛, 한숨, 자유롭게 감정을 표현하는 능력 등에 나타나는 작은 신호들을 재빨리 알아차려야 한다. 그 어떤 말에도 토 달지 않고 순응하고 잘 따라온다고 무작정 엄마가 좋아하거나 기뻐해서는 안 된다.

아이가 '저를 사랑해주세요.'라는 말을 직접 나타내지 않는 내면에는 오히려 분노의 형태로 표출될 수도 있다. 이럴 때 분노는 '사랑받고 싶어요.'라는 욕구를 거절당한 데 대한 좌절감일 수도 있다. 그렇다면 과거 엄마가 나를 혼냈듯이 나도 아이를 혼내고 있다면 어떻게 하겠는가?

하지만 오히려 정반대의 길을 가는 경우도 있다. 미국의 방송인 윈프리의 사례를 보면 미혼모의 딸로 태어나 어릴 때 친척에게 성폭행을 당하는 등 불우한 어린 시절을 보냈지만 오히려 남에게 베풀고 포용하는 방송인으로 사는 것을 우리가 실제로 봤고, 우리 주위에 심리치료나 아동복지에 봉사하는 사람들 중에서 자기의 불우했던 어린 시절을 생각하면서 당시 받았던 상처를 사회를 위해서 베풀고 살아가는 사람도 있다.

어린 시절 자신이 겪었던 엄마와 다른 엄마가 된다는 것은 결코 쉬운 일이 아니다. 하지만 이것이 성공한다면 후세만 좋은 것이 아니라 나 자신의 상처를 치유하는데 가장 좋은 방법일 수가 있다. 심리를 연구하는 사람에 따르면 싫어하는 엄마의 모습을 그대로 답습하는 사람과 그렇지 않은 사람 사이에는 '내면의 주체성'에 차이가 있다고 했다.

주체성이 강해 자신이 누구인지 어떤 사람인지 계속 고민하며 자란 아이는 엄마와 다른 길을 선택하는 경우가 너무나 많다. 그렇지만 아무 생각 없이 그저 고생을 견디며 겪어낸 아이는 자신이 싫어했던 모습을 그대로 본떠 행동하기가 쉽다. 그렇다면 왜 자신에게 고통을 준 사람을 그대로 답습하는 걸까?

그것은 불안감과 공포 때문이다. 이 말은 해석하기가 어려울 수가 있다. 왜냐하면 이런 엄마와 이야기를 나누다보면 이해가 빠르다. 예컨대 어떤 엄마가 귀신이 무서웠다. 그런데 어느 날부터 귀신이 무서워지지 않는다는 것이다. 그 이유를 물었더니 자기도 귀신이라고 생각하니 하나도 무섭지 않더라고 했다.

이 엄마의 말에도 일리가 있다. 정말 두려운 대상이 있을 때 그것을 자신과 동일시하면 실제로 공포가 사라진다. 왜냐하면 귀신이 귀신을 해치는 일은 없을 테니까 말이다. 이처럼 어릴 때 엄마에게 가혹한 대우를 받았던 아이는 커서도 어린 시절의 엄마로부터 받은 괴롭힘이 생길 수 있다.

즉, '너는 왜 그것밖에 못하니!' '너는 왜 그렇게 사니?' 등 이렇게 끊임없이 힐난을 당하면 너무 불안하고 무서워지는데, 이때 자신도 욕하는 엄마와 같은 사람이라고 생각해 '엄마처럼 똑같이 행동을 하면 그때부터 괴로움이 줄어들게 돼요.'라고 말을 하면서 이런 방식으로 불안과 공포를 다루고 있었다고 한다.

이것은 우리의 무의식이 그렇게 작동을 하고 있다는 것을 염두에 두고 말하는 것이며, 이렇듯 엄마가 가는 길도 어렵지만 아이가 어른이 되는 것도 쉽지가 않다. 위의 사례에서 엄마가 자기가 엄마에게 받은 상처를 대물림 해야만 불안과 공포가 사라지는 것을 보면서 자기가 그 길로 가고 있다고 생각하면 엄마의 마음이 과연 어떨까?

이것을 놓고 심리학적으로 뭐라고 말하든 대를 끊어야 한다. 아이가 하는 일시적인 행동만 보고 그대로 따라가지 말고 세심한 주의와 관찰이 필요하다. 아이는 엄마에게 사랑받고 싶어서 하는 행동인데 아이가 아무렇지 않다고 가정하고 그대로 모든 행동이나 태도를 이어간다면 아이는 앞으로 어떻게 되겠는가?

결국 아이는 어느 날부터 분노를 느낀다. 그러면 그 분노의 이면에 숨겨진 진짜 아이의 욕구와 두려움을 무엇일까? 그것을 알지 못하고 평소와 같이 엄마가 아이를 대하면 이 아이는 '적대적 반항 장애'를 일으키게 된다.

예컨대 어느 순간부터 무슨 일에도 자주 흥분하거나 쉽게 화를 내며, 따지기 좋아하고 규칙을 거부하면서, 잘못을 다른 사람 탓으로 돌리거나 매사에 악의적이면서, 작은 일에도 보복적인 태도를 보이는 것을 말하며, 이것을 지속적인 행동장애라고 부르는 것이다.

이유야 어떻든 엄마는 아이의 사랑받고 싶어 하는 겉모습과 위장된 행동만 보고서 가볍게 추측하고 판단해서 해석하지 말아야 한다. 언제나 내 아이가 왜, 그러는지 정확하게 이해하려는 모습을 보여야 먼 훗날 아이를 잘 키웠다는 소리를 듣는다.

06
엄마는 아이의 거울이다

애착관계는 양육자인 엄마의 무의식에 결정된다. 아이는 엄마의 무의식을 받아들이는 경험이 중요하다. 인간은 경험한 만큼 성장한다고 했다. 그것은 경험한 것만큼 뇌의 신경계가 자라기 때문이다. 이런 현상을 놓고 '신경 가소성'이라고 한다. 그러나 신경계가 자랄 때까지 기다리기만 하다가는 주어진 기회를 놓칠 수가 있으니 신경계가 문제가 있으면 상담을 해야 한다.

물론 신경정신과에서 주는 투약도 상담만큼이나 필요하다. 투약으로 신경계가 성숙한 것 같은 효과를 줄 수 있다. 그렇다면 신경계를 어떻게 분류할까? 신경계를 좌지우지하는 것은 정신이고 이 정신은 의식과 무의식으로 크게 나뉜다. 의식은 내가 통제할 수 있는 에너지로 자율신경계, 심장, 허파 등 생명의 핵심장기에 퍼져 있고 신경계와 연관돼 있다. 그러나 양육자인 엄마로 인하여 애착관계에 문제가 생기면 의식으로 먼저 대처하게 된다. 그렇지만 의식으로 처리하기에 한계가 있는 것에서는 무의식이 대처한다.

무의식은 자율신경계와 연관이 되어 있어서 무리하게 끌어올리면 자율적인 리듬이 흔들리면서 온갖 신체증상이 나타난다. 이러한 증상은 신체가 망가져서 아픈 게 아니라 자율 신경계 혼란으로 아플 수가 있다. 그러나 이런 경우 심리검사 및 상담에서도 나타나지 않을 수 있다.

이때는 스트레스로 봐야 한다. 인간은 사회적 동물이다. 그래서 양육자인 엄마와 눈짓과 사랑을 나누면 나눌수록 신경망의 연결이 많아지는데 서로 웃고 배려하고 또는 이해하고 아이를 존중하면 여러 가지 신경계와 연결을 주도하게 된다. 그러나 그 반대가 되면 연결이 사라지게 될 것이고 아이는 원시적인 연결만 남는다.

원시적인 연결은 두 가지로 나눈다. 이를테면 서로 만나면 애써 싸우거나 도망치는 것뿐이다. 이런 삶은 마치 아프리카 야생동물과 같은 삶을 이어가는 것과 같다. 양육자인 엄마와 쫓고 쫓기며, 미워하고 싫어지게 되는 신경의 연결만 남는 것이다.

그렇게 되면 비록 한 가족이 되어 살아도 아이의 생각은 원시인처럼 된다. 마음속에는 원시적인 본능이 투사되어서 누구를 만나도 불안을 느끼게 된다. 그러면 아이가 누구를 만나도 불안이 온다. 동물의 마음처럼 언제 어디서 누가 갑자기 튀어나와 나를 공격할지도 모른다는 생각이 지배적이다.

나는 이런 아이에게 밖에 나갔을 때 두렵거나 불안한 것이 있는지를 물어보는데, 아이는 그렇다는 답변을 한다. 하지만 누가 아이를 때리겠는가? 이 세상에는 아이를 때리거나 두렵게 할 것이 없을 텐데 아이는 항상 조마조마한 상태라고 얘기한다.

이렇듯 애착관계에서 문제가 되는 아이 즉, 애착 관련 회피형이나 불안형이나 혼합형들은 마음속으로 공포 속에서 살아가고 있다. 아이들에게는 어디를 가도 안전한 곳이 없다. 언제 사자나, 호랑이, 표범 등이 튀어나올지, 물가에 가면 악어가 나올 것 같고, 나무 위에선 원숭이들이 놀릴 것 같고 하늘에서는 독수리들이 빙빙 돌면서 나를 노릴 것 같다고 느낀다.

아이는 어디에서 편하겠는가. 이런 아이가 자라면 누구를 만나는 것 자체가 두렵고 불안하니 아예 자기 방에 꽉 틀어 박혀 있는 것을 최우선으로 한다. 아무도 만나지 않으니 불안이 줄어들어서 좋은 것이다. 하지만 하루 이틀이야 괜찮겠지만 아이가 다른 사람을 만나지 않으면 대뇌에 신경연결이 생겨나지 않고 그러다가 나중에는 기존의 연결도 점점 약화되어 간다.

그리고 뇌 기능이 사라지게 되면서 몸의 기운도 떨어지게 되고 결국 정신병이 찾아오게 된다. 우리 몸은 신경으로 연결이 돼 있고 신경은 전기선 같은 것으로 얽혀 있는데 충분한 전기를 온몸에 제대로 공급하지 못하니 어느 날부터 힘이 빠지게 되고 스트레스가 찾아온다.

일시적인 스트레스나 우울감은 스스로 기운을 복 돋으면 되돌릴 수 있지만 일정기간이 지나면 아무리 노력을 해도 회복되지 않는 것이 문제이다. 아이가 아무리 노력을 해도 안 되는데 양육자인 엄마가 무조건 일어나라고 하니 죽을 맛이다. 이것은 비유하면 걷지도 못하는 아이에게 양육자인 엄마가 마라톤을 하라는 것과 같다.

(1) 엄마의 무의식이 중요하다

애착관계를 이끌어가는 것은 엄마의 무의식이라고 하는데 그렇다면 의식과 무의식은 뭘까? 프로이트의 지정학적 가설은 양육자인 엄마의 무의식을 알 수 있다. 그렇다면 양육자인 엄마의 무의식은 아이에게 어떠한 역할을 하는가? 콕 집어서 말하면 엄마의 무의식은 아이를 잘 키우기도 하고 못 키울 수도 있다.

프로이트는 지도의 경계선처럼 인간의 정신을 의식, 전의식, 무의식으로 삼등분하였고, 이를 '지정학적 가설'이라고 붙였다. 이 개념을 알면 엄마의 무의식이 어떻게 우리 아이에게 영향을 끼치는지 알 수가 있다.

'지리학적 가설'은 앞서 얘기한 것처럼 인간 정신을 삼등분하고, 이를 빙산에 빗댄다. 그중 누구도 볼 수 있고 알 수 있는 부분인 물위에 떠 있는 빙산 부분을 의식이라고 한다. 그리고 빙상에서 바다 속을 들여다봤을 때 보이는 부분 다시 말해, 그 밑에 있는 것을 전의식이라 말한다. 마지막으로 무의식은 전의식보다 더 깊은 곳에 있어서 아예 보이지 않는다.

의식은 지금 말하고 있는 상태처럼, 의식하고 있는 부분을 말한다. 그렇다면 전의식은 뭘까? 의식처럼 환하게 보이는 것은 아니지만 보려고 하면 보일 수도 있고 그렇지 않을 수 있는 부분이다. 예컨대 '어제 당신은 점심을 무엇을 먹었는가?'라고 물었을 때 생각해보면 메뉴가 떠오를 것인데, 그것은 전의식에 해당한다. 다시 말해 묻기 전에는 떠오르지 않겠지만 생각을 하면 알게 되는 것처럼 무엇을 먹었는지 생각을 하고 떠올랐다면 이는 전의식이라고 할 수가 있다.

이제 심층적으로 숨어 있는 양육자인 엄마의 무의식에 대해서 말할 차례이다. 무의식은 내 안에 숨어 있으면서 행동할 때 직간접으로 나타나거나 양육자인 엄마가 아이에게 영향을 주고 있는 것을 말한다. 누가 "당신은 태어난 당시를 기억할 수 있어요?"라고 묻는다면 어떻게 대답을 할 것인가? 대부분 위 질문을 들었을 때, 아무도 대답을 할 사람이 없을 것이다. 아무도 이것을 기억하려고 하지도 않기 때문이다.

하지만 이 기억나지 않을 것이 최면을 하면 떠오른다. 뱃속에 있었던 열 달에 대해서도 알 수가 있고 전생에 대해서도 알 수가 있다. 이것에 대해서는 2부에서 다시 설명하기로 한다.

다시 전의식과 무의식에 대해서 조금 더 살펴보자. 내가 묻는다. "영화 〈미나리〉의 주연 여배우의 이름이 뭐지?" 이렇게 물으면 워낙 유명한 여배우여서 얼굴은 떠오르는데 이름이 가물가물하다. 그러면 다음의 기억을 보탤 수 있다. "그래! 그 노래 잘하는 조영남의 옛날 와이프이였던 사람. 아, 이러니 생각이 날 듯 날 듯 하네." 그래도 기억이 나지 않는다면 이것이 무의식에 해당한다. 그런데 어느 순간 이름이 떠올랐다. "아! 그렇지 윤 여정!" 이렇게 되었다면 아마 이것은 무의식과 전의식의 경계일 것이다. 만약 최면에 들어갔다면 금방 알 수 있겠지만, 끝까지 엄마의 무의식에 있었다고 한다면 여배우의 이름은 기억해내지 못했을 것이다.

그렇다고 엄마의 무의식이 기억만을 의미하지 않는다. 엄마의 무의식 속에는 기억만이 아니라 드러나면 안 되는 우리의 감정이나 욕망도 같이 섞여있다.

이제 처음으로 돌아가서 우리의 정신은 의식만이 아니라 전의식, 무의식으로 함께 복합적으로 이루어져 있다. 이것을 다중인격으로 분류하는 것인지 묻는 사람도 있지만 그것과는 좀 다르다. 하지만 가장 중요한 건 정신의 전체라고 알고 있는 의식이 사실은 전체의 정신세계로 보면 빙산의 일각에 지나지 않을 것이며 이것은 프로이트가 말하는 7%정도에 지나지 않는다고 보면 된다.

이처럼 우리의 정신세계는 의식보다는 전의식과 무의식의 영역이 더 크다. 누구나 내가 지금까지 가지고 있는 내 정신을 바탕으로 살아온 것으로 알겠지만 사실은 일부분만 나의 정신으로 살았고 훨씬 더 큰 부분을 전의식과 무의식을 통해서 살아왔다.

그렇다면 이런 무의식을 혼자 노력해서 찾아낼 수가 있는가? 그것은 사실 어렵다. 그 속에는 내가 의식적으로 아는 사실과 일치하는 것도 있을 수 있고 반대로 생각하는 것도 있다. 내가 인식이 잘못돼서 7살에 엄마가 나를 밖으로 쫓아냈다는 사실 하나만으로 불안이라는 병을 얻은 사람이 있다면 그 당시로 찾아가서 당시의 내면아이와 통찰하면 불안증이 해소될 수 있다.

그런데 이런 불안이 어릴 때 생긴 것인지 아니면 언제 생긴 것인지 잘 모르니까 그것을 없애기 위해서는 당시의 기억을 찾는 최면에 가서 알 수 있다. 이처럼 전의식을 본다는 것은 내 마음을 이제부터 들여다보는 것이고 나를 통찰하기 위한 것이다.

이제부터 엄마가 아이를 진정으로 위한다면 양육자인 엄마는 전의식을 바라보는 훈련을 해야 한다. 지금 내 아이가 잘하는가? 아니면 기대에 미치지 못하는가를 살피기 전에 아이를 바라보고 있는 양육자인 나를 살피는 것이 더 중요하다.

양육자인 엄마가 아이를 어떻게 보고 있는지? 아이에게 어떤 마음을 가지고 있는지 알아차리는 훈련이 필요하다는 것이다. 거듭 말하지만 양육자인 엄마의 무의식이 아이를 키운다.

(2) 엄마의 몸 안에는 세 사람이 살고 있다

'나는 어떤 엄마일까?'를 알기 위해서 프로이트의 구조이론을 알아보면, 엄마의 몸속에는 한 사람이 사는 것이 아니라 세 사람이 살고 있다. 겉으로 한 사람이라고 해서 단순하게 생각하면 안 된다. 그 몸에 어떤 사람이 숨어서 살고 있는지를 알아야 결국 그 양육자의 엄마의 실체를 알 수가 있다.

지정학적 가설에서 덧붙여 구조 이론structural theory을 연결해 보자. 이게 심리학을 이해할 수 있는 핵심이론이며 인간정신을 이해하는데 가장 중심이론이 된다. 이 구조이론을 모른다면 지정학적 가설을 아무리 말해도 더 이상의 가치는 없다.

왜, 구조이론이라는 이름을 붙였을까? 그 이유는 지정학적 가설이 2차원이라면 이 이론은 3차원이다. 지정학적인 이론이 평면이라고 했다면 구조이론은 말 그대로 입체적 구조다. 이론에 등장하는 세 가지 정신 요소가 역동적으로 상호작용을 하는데 어느 한쪽이 강하거나 약하면 병이 된다.

그래서 중요한 단어인 초자아, 자아, 이드이다. 여기 이글을 쓰고 있는 백형진이라는 사람이 있다고 하자. 프로이트의 주장에 따르면 백형진은 한 사람이 아니라 세 사람이라고 하는데 그것을 믿어야 한다. 왜냐하면 겉으로 보면 한 사람이지만 실상 내 정신 속에는 초자아인 백형진이 한 사람 있고, 자아인 내가 있고, 마지막으로 이드인 내가 있어 백형진이라는 사람은 모두 세 사람이 된다.

그중에 한 사람인 초자아를 가진 나는 착함과 올바름을 추구하는 중심적 기능이다. 우리가 가끔 욕망을 통제하라. 이웃에게 해를 끼치지 말라. 착한 사람이 돼라. 이런 것들을 말하는 것이 바로 '초자아'이다.

이것은 대체로 본능과 욕망을 억제하고 선을 추구하는 것을 말한다. 초자아를 '마음속의 성찰'이라고 이름을 붙이기도 한다. 생각해 보자. 경찰이 없으면 이 사회는 무법천지가 되듯이 나에게 초자아가 없으면 내 안의 동물적 욕망이 멋대로 날뛰게 되는데 초자아가 있어서 어느 정도는 제제를 하고 또한 내가 살기에 아주 좋은 성숙한 사회로 만들고 이것이 기초가 돼서 문화나 문명을 발전시키고, 사회를 유지하는데 힘을 쏟는다. 이처럼 초자아는 가장 필수정신기능인 것이다.

이런 초자아superego는 두 가지 속성을 가지고 있는데 그 하나는 '도덕과 윤리'이며 또 하나는 '자아이상'이다. 여기서 말하는 도덕과 윤리라는 것은 내 머릿속에 들어있는 개념을 말하는데 즉, 악을 멀리하고 선을 추구하는 기능을 말하고 있다. 그런데 자아 이상은 '나는 이정도의 사람은 되어야 한다.'라는 그 사람 나름대로의 이상적인 자기를 추구하는 기능일 것이다.

초자아는 벌을 주는 역할도 한다. 도덕과 윤리를 어기거나 자아이상에 못 미치면 자아를 벌하게 된다. 그 다음으로 이드id는 프로이트가 만든 용어인데 동물적 본능, 욕망을 의미한다. 이를테면 우리가 먹고 자고 마시고 섹스를 하는 원초적 본능을 두고 말한다. 한 마디로 인간에 깃든 동물적 욕망을 모두 말하고 있는데 이것은 조금 더 이기적이고 자기중심적인 성향을 가지고 있다.

마지막으로 설명할 자아인데 이는 나의 본체이고 또 자아란 그냥 '나'라고 생각하면 된다. 지금 이야기를 듣고 있는 나를 자아라고 생각하면 된다는 뜻이다. 이를 영어 그대로 말해서 에고ego라고 쓰고 있다. 지금부터 어떤 일을 할 것인가? 아니면 하지 말 것인가를 선택하는 것은 바로 그 주체가 나이다.

그런데 결정권자라고 해서 좋을 것은 없다. 무엇이든지 이렇게 할 것인가, 저렇게 할 것인가 판단하는 결정은 힘이 많이 든다. 자아는 항상 이드와 초자아 사이에서 어느 한편의 손을 들어주는 역할로서 연속적으로 갈등한다. 만약 우리가 매번 정신적 갈등에 휩쓸리게 되면 이때 이드와 초자아에 끼어 '자아의 갈등'을 일으키게 된다. 이렇게 해서 초자아, 이드, 자아를 설명하였다. 나라는 한 사람 앞에는 세 사람이 있다고 알면 설명은 끝난다. 살아서 숨 쉬고 있는 이 순간에는 항상 혼자 있는 것 같아도 매번 세 사람이 타협을 이루거나 함께 살고 있는 것을 잊으면 안 된다.

몸은 하나일지는 모르지만 매번 우리의 마음은 하나일 때는 결코 없다. 오늘도 건강한 자아는 뛰어난 외교술을 이용해서 이드와 초자아를 적절하게 배합하면서 살아가고 있는 것인데 양육자인 엄마가 아이를 키우는데도 무의식에 놓인 이드와 초자아의 관계에서 아이가 유지되고 있는지 그렇지 않은지 항상 생각하고 있어야 한다. 왜냐하면 그 엄마가 초자아에 얼마나 익숙한가에 따라서 아이의 삶도 그렇게 이루어지기 때문이다.

(3) 투사는 투사로 끝난다

양육자인 엄마가 현명하려면 과연 어떤 엄마여야 할까? 누구나 자기 성찰을 잘하는 엄마라고 생각할 수가 있다. 그렇다면 어떻게 하면 그렇게 될까? 그것은 투사이다. 투사는 던지고 쏜다는 뜻을 가지고 있는데, 이를 심리학적으로 보면 자신의 생각이나 감정 또는 문제점을 상대방에게 던지는 것을 말한다.

심리학에서 말하는 방어기제 중에서 양육자인 엄마가 알아야 할 것이 바로 투사이다. 예를 들면 양육자인 엄마에게 아이가 새벽 5시에 깨워달라고 하고 잠자리에 들었다. 엄마가 그 시간에 일어나서 아이를 깨웠더니 꿈쩍도 하지 않는다. 아무리 흔들어도 안 일어나서 결국 늦게 학교에 갔다.

그날 집에 돌아온 아이가 투덜댄다. "엄마가 늦게 깨워서 오늘 시험 망치고 말았잖아!" 이런 말을 듣고 있으니 엄마가 은근히 화가 났다. 그렇게 깨웠는데도 꿈쩍도 하지 않아놓고 이제 와서 늦게 일어나서는 시험 못 본 책임을 덮어씌우는 거다. 이것이 투사다.

자기 문제를 다른 사람에게 '던지고' 잘못이 없다고 한다. 그런데 단순한 투사는 핑계에 해당한다. '나는 잘못 없다. 네가 잘못해서 그런다' 남을 탓하고 핑계 대는 것이 제일 낮은 투사이고 그런데 투사인지 아닌지 잘 모르는 고도의 높은 투사가 있다.

아내가 바람피운다고 의심하는 남편이 있다. 의심의 눈초리로 아내를 보고 항상 어디를 다녀왔느냐고 묻는다. 그러면 아내는 왜, 나를 못 믿느냐고 항변한다. 이 남성의 심리는 바람을 피우고 싶은 무의식의 욕망이 몸 안에 숨어 있었다. 그 욕망을 아내에게 투사하는 것이다. 바람피우고 싶은 욕망이 내게 있는 것이 아니라 아내에게 있다고 던져 버리는 거다.

이를 양육자와 아이의 경우로 보면, 양육자인 내가 아이를 별로 좋아하지 않는데 그 애가 나를 싫어하는 것처럼 느끼는 것을 말한다. '내가 아이를 싫어하는 게 아니라 아이가 나를 싫어하는 거다.'라는 것처럼 그 아이를 싫어하는 마음을 투사해 그 아이가 나를 싫어하는 것처럼 만든다는 것이다. 이렇게 강도가 높은 투사는 투사가 일상이 돼서 투사인지 아닌지 모르는 것을 말한다.

요즘 TV에 자주 나오는 가수 중에서 누가 좋은가? 내 여자 친구는 임영웅의 열렬한 팬이다. 엄마가 일찍 남편을 잃고 오직 미장원에 매달려 임영웅을 키운 것이 좋단다. 그런데 다른 한 사람은 그가 싫단다. 왜일까? 이렇게 찬반이 나오는 것을 놓고도 그 사람 나름대로의 취향인데 이것도 투사다.

통통한 여자가 있다. 어떤 사람은 그를 보고 좋다고 하고 또 어떤 사람은 밥맛이라고 한다. 이렇게 똑같은 사람을 놓고 다른 평가와 감정을 갖는다. 만약에 통통한 아내를 가진 남자는 통통한 여자를 싫다고 하지 않을 것이다. 그런데 몸이 비쩍 마른 남자는 어떻게 생각할까?

이 모든 것도 투사이다. 내가 어떤 스타일을 좋아하고 싶어 하는 것도 살아온 경험이 만든 무의식에 들어있는 색안경이다. 투사는 영어로는 프로젝션이라고 한다. 이 말은 영화필름을 돌리는 영사기와 관련이 있다. 영사기를 통해서 하얀 스크린에 영상이 비친다. 그 영상을 만든 건 영사기 안에 들어 있는 필름이다.

필름이 빨간색이면 스크린도 빨갛다. 필름이 노란색이면 스크린에 비친 세상도 노란색이다. 인간의 정신세계도 영사기와 다를 바 없다. 내 머릿속에 원판 필름이 들어 있다. 그 머릿속 필름이 빨강이면 세상이 빨갛게 보일 것이고 노랑 필름이면 세상이 노랗게 보인다. 색안경이 머릿속에 들어 있는 것이다.

색안경을 눈에 걸치고 있으면 내가 색안경을 쓰고 있구나하고 쉽게 알 수가 있겠지만 머릿속에 들어 있으니 색안경을 쓰고 있는지 어쩐지 알 수가 없다. 내가 지금 내 아이를 놓고 이렇다 저렇다 보는 판단이 모두 투사일 수가 있다. 이제 내 아이를 어떻게 보고 있는지를 알아보기 위해서 투사가 어디까지 가고 있는지를 알아보는 것이다.

좋은 엄마가 좋은 아이를 만드는 것은 누구나 알 것이다. 엄마와 가정, 학교와 친구, 국가와 문화, 사고와 재난, 인터넷과 스마트폰 등과 연결된 모든 것들이 어디에 영향을 주고 있는가?

어느 날 어떤 엄마가 자기 아들에 대해서 푸념을 틀어놓는다. 이유는 아들이 초등학생 저학년인데 무슨 일이든 곧이곧대로 한다. 한마디로 엄마가 보면 융통성이 없다. 집에 오면 숙제하고 밥 먹는 시간을 기다리고 아들이 시간을 잘 지킨다. 어디 가자고 하면 미리 옷 입고 대문 앞에서 기다리고 있다.

매사에 꼭 정해놓고 그에 맞춰서 해달란다. 그게 좋을 때는 좋은데 너무 그러니까 엄마가 부담스러울 때도 많다. 너무 그러지 말라고 하면 오히려 아이가 짜증을 낸다. 엄마가 속상해서 가까운 친구들에게 이런 이야기하면 친구들은 아들 자랑을 나와서 하냐고 오히려 책망을 한다.

그러면서 그런 아들과 같이 살아봤으면 한이 없겠다고 오히려 윽박지른다. 이렇게 되면 이야기를 꺼낸 엄마가 머쓱해진다. 남들은 내 아이를 보고 칭찬 받을 아이라고 하는데 나는 왜 마음에 안 들까? 그렇게 곰곰이 생각하다가 얼마 전에 돌아가신 아버지의 얼굴이 떠올랐다.

"그렇구나! 내 아들이 돌아가신 아버지의 모습을 닮았었구나!"

얼마 전 돌아가신 아버지는 평소 무척 꼼꼼하고 빈틈이 없는 분이셨다. 약속시간은 꼭 지켜야 하고 할 일이 있으면 미리 해야 직성이 풀리는 분이었다. 그러나 엄마는 무엇이든지 대충하고 어영부영한 성격이라 아버지와 평소에 다툼이 많았다.

아버지 같은 사람과는 절대 결혼을 하지 않겠다고 다짐을 했었다. 그런데 이제 엄마가 그런 모습을 이제 아들에게서 본 것이다. 엄마는 이제까지 아들이 아버지를 닮았다고 생각을 못하고 살았다. 그저 아들이 못마땅했었다. 그런데 문득 아버지를 떠올리고 나서야 깨달음이 나온 것이다.

아들 속에서 아버지를 보고 있다는 것을 알게 되었다. 이런 경우가 의외로 많다. 무엇이든 곧이곧대로 사는 아들이 다른 집에 태어났다면 무척 칭찬을 많이 받고 자랄 수도 있었을 것이라는 생각을 할 수가 있다. 똑같은 아이라도 어떤 엄마 밑에 자라는가에 따라 인생이나 삶이 달라질 수도 있다.

내 아들딸을 있는 대로 순수하게 보고 있다고 생각을 하지만 사실은 그렇지 못하다. 자기 아이 속에 집안에 있는 누구를 투사해놓고 아이를 보고 있다. 그 아이 속에는 자신, 남편, 아니면 다른 가족 구성원이 들어갈 수 있다.

이게 세상을 바라보는 엄마의 안경이고 투사이다. 아이는 그냥 아이일 뿐인데 엄마는 아이 속에 들어 있는 소심한 게으른 누구를 함께 가지고 있다. 그러면서도 자기는 그것을 못 본다. 화를 내고 질투를 내고 상대를 업신여기기도 한다.

　이렇게 투사는 우리를 힘들게 한다. 그렇다면 이런 힘 드는 것을 어떻게 해야 할까? 양육자인 엄마는 한 번쯤은 아이를 위해 걱정을 해 봐야 한다.

(4) 아이를 잘 키우려면 '교육철학'이 있다

　투사에 대해서 이야기를 했으니, 좋은 양육자는 아이를 어떻게 키우는 지에 대해서 모범적인 투사 사례로 한 인물을 소개한다. 그는 여섯 아이를 하버드 대학과 예일 대학에 보냈을 뿐만 아니라, 미국 주류 사회의 유명인사로 키운 어머니인 전혜성 박사이다.

　전혜성 박사 사례와 연관돼 따라 다니는 말이 있다. "그런 사람은 머리가 좋아서 그렇게 된 것이지 우리 같은 사람이야 꿈도 꿀 일이 아니야."라고 말할 수도 있다. 그렇지만 조그만 나라에서 한국의 한 엄마가 여섯 명의 아이를 하버드 대학이나 예일 대학에 입학시킨다는 건 누가 생각해도 불가능에 가깝다.

　이렇게 모범이 되고 훌륭한 엄마가 되려면 엄마 자신의 삶이나 건강, 친구, 행복 등을 포기하고 남편과 떨어져 아이들과 함께 미국으로 가서 발 벗고 전업에 나서야 가능할 것이라고 생각된다. 그렇지만 전혜성 박사가 아이들을 훌륭하게 키울 수 있었던 이유는 아이들에게 공부하는 모습을 보인 것이다.

　아니 정확하게 더 말하면 아이들이 엄마의 공부하는 모습을 보고 실천한 것이 아닐까? 여기에 더 중요한 것은 전혜성 박사가 아이들에게 공부하는 모습을 보이려고 일부러 공부를 한 것이 아니라는 것이다. 그저 짬을 내서 공부를 열심히 했을 뿐이니 전혜성 박사의 자녀교육은 서로에게 본보기가 되어서 가능한 일이었다.

(5) 독이 되는 엄마는 어떤 엄마일까?

양육자인 엄마가 아이에게 부정적인 영향을 주는 것으로 어떤 것이 있을까에 대하여 수잔 포워드Susan Forward는 말했다.

첫째, 신처럼 군림하는 부모이다. 즉, 신과 같이 양육자인 엄마 나름대로 규칙을 정하고 그에 따르라고 강요함으로써 상처를 주는 사람이다.

둘째, 의미를 다하지 않는 무능한 엄마다. 예컨대 끊임없이 자신들의 문제에만 얽매여 있고 마치 아이를 축소판 어른으로 생각하여 양육자인 엄마로서 마땅히 해야 할 역할을 다하지 않는 엄마이다.

셋째, 아이를 조종하는 엄마이다. 아이의 인생을 좌지우지하기 위해서 아이에게 죄책감을 느끼게 하거나 아이를 과도하게 보호함으로써 아이를 양육자인 엄마의 손아귀에 넣고 조정하는 엄마이다.

넷째, 잔인한 말로 상처를 주는 엄마를 말하며, 아이에게 인격을 깎아 내리는 말을 하거나 얕잡아보는 투의 비난으로 아이로 하여금 극도로 부정적인 자아상을 만들어주는 엄마이다.

다섯째, 폭력을 휘두르는 엄마로서 양육자인 자신에게 깊이 내재된 분노를 조절하지 못하고 신체적·성적으로 폭력을 휘두르는 엄마를 말한다.

여섯째, 알코올 중독자 엄마로서 자신의 혼란스러운 감정을 다스리지 못하고 그 사실을 숨기기 위해 술을 마시느라 엄마노릇을 제대로 하지 못하는 엄마이다.

아이들은 엄마의 장난감이 아니다. 엄마아빠의 씨앗이 아니라 신이 주신 씨앗에서 비롯된 것이다. 이 광활한 우주의 부름을 받고 엄마 아빠의 몸으로 태어난 것이라면 엄마는 훌륭한 정원사로서 그 씨앗이 튼튼한 식물로 자랄 때까지 물을 주고 잡초를 뽑고 비료를 주고 그 가치를 언제까지나 알아봐주고 감사한 마음으로 아이에게 지지를 보내야 한다.

07

아이는 말과 행동에 보인다

"나는 못하겠는데요." 이 한 마디를 위해서 아이는 얼마나 많이 성장해야 할까? 나는 정신분석학을 배우고 내담자를 만나면서 그들과 많은 대화를 주고받지만 아이가 자기가 하고 싶은 말을 제대로 밝히는 것을 보기가 쉽지 않았다.

그러니 아이의 심리를 모르고 살아온 엄마였다면 아이의 신호를 알아듣는 것이 얼마나 힘들었을까? 어느 날 아이가 갑자기 엄마와 대화를 거부하거나 투정을 부리거나 소통이 안 된다고 생각할 때는 과연 어떤 마음일까? 아이가 대뇌의 긍정적 시냅스를 갖고 사느냐 아니면 반대로 부정적 시냅스를 연결하느냐는 3세 이전에서도 큰 역할을 하지만 14에서 20세에 가서는 핵심신념이나 정체성에 연결이 된다.

행동치료의 선구자인 파블로프는 개에게 음식을 주고 그에 따라 종소리를 들려주었을 때 입안에 침이 고이는 것을 통해서 시냅스가 어떻게 강화되는지를 밝혀내었다. 아이의 부적응적인 시냅스도 이런 과정을 통해서 심하게 강화된다면 양육자인 엄마는 앞으로 어떻게 지도를 해야 할까?

대뇌에는 뉴런이 1,000억 개이고 그에 따른 시냅스가 100조 개가 된다. 그 부정적인 시냅스를 제대로 바꾸려고 한다면 과연 어떤 방법이 있을까? 어떻게 해야 할 것인지에 대해서 여러 가지 방법을 통해 생각해볼 수가 있겠지만 나는 물동이에 고인 흙물을 맑은 물로 교체하는 방법을 생각했다.

부정적인 물이 대뇌에 잔뜩 고여 있다면 그것을 물동이에 물을 바꾸듯이 쉽게 바꿀 수는 없을 것이다. 그래서 물동이에 물을 쉽게 비워버리고 다른 맑은 물을 채울 수 없다면 대뇌에 있는 시냅스를 조금씩 바꾸는 방법을 생각할 수 있을 것이다.

이것은 〈생각 바꾸기〉를 통해서 가능할 것이다. 예컨대 인지 및 행동치료는 상담실에서 자주 사용하는 치료기법의 하나이다. 다른 치료도 마찬가지지만 인지치료는 논리적이어야 한다. 그렇게 해야만 듣는 사람이 공감을 가지게 된다. 하지만 결과적으로는 의식의 문제이지 결코 논리가 전부일 수는 없다.

이것은 의식적 확장을 말하는 것인데 이때 상담을 하는 사람은 깨어 있어야 한다. 깨어있으면서 인지 및 행동치료를 이어가는 기법을 통해서 가능할 것이다. 기법으로 상담사가 가장 많이 사용하는 것으로 '일반화, 왜곡, 삭제'이다.

첫 번째로 일반화는 하나의 일을 두고 전체로 일반화한다는 것을 말하는데 예를 들면 남자친구에게 한 여성이 데이트 폭력을 당했다고 한다면 그 남자친구만 나쁜 것이지 세상 모든 남자를 혐오스럽지는 않는데도 불구하고 모든 남자친구를 나쁘다고 말한다.

두 번째로 왜곡은 있는 말 그대로를 받아들이지 않는다는 것을 말한다. 친한 친구에게 배신을 당한 적이 있다면 누군가 나에게 잘해

줄 때 그 사람이 나에게 무슨 불순한 목적이 있어서 잘해준다고 생각하는 것을 말한다. 이런 사람은 있는 그대로 받아들이지 못한다.

마지막으로 삭제는 정보를 온전히 받아들이거나 전달하지 않고 자기 입맛대로 받아들이면서 남에게 전달하는 경우를 두고 말한다. 예를 들어 누군가의 갈등이 생기면 내가 잘못한 부분을 삭제하고 상대방이 잘못한 부분만 제외하고 말한다거나 어떤 정보를 들으면 자기 마음대로 받아들이고 싶은 것만 받아들이는 것을 말한다.

그래서 우리가 대화를 할 때에는 어느 순간에 일반화, 왜곡, 삭제가 일어나는지 알아채는 것이 중요하다. 나는 내담자를 만나면 먼저 SCT검사지문장완성검사를 주고 파악하는 과정을 가지게 된다. 다음으로 life스타일을 통해서 내담자가 말하는 문제의 사건사고에 대해서 인지 및 행동을 알아차리고 여러 가지 부속적인 도구를 통해서 상담을 이어가게 된다.

예컨대 '엄마에게 폭언과 폭행을 하는 것이 맞는가?'라고 질문을 했을 때 '내 정체성에 잘 맞다.'라고 하는 아이가 있다면 어떤 부분에서 왜곡, 일반화, 삭제가 일어나는지를 찾는 것부터 상담이 시작된다. 그렇지만 어떤 경우라도 아이에게 명령을 하거나 가르치려는 태도를 취하려고 해서는 안 된다.

가능하면 대화를 하면서 후속적으로 일어나는 문제가 있는가를 살피는 것이 필요하다. 첫째, 〈흑백논리〉는 이분법적 사고나 절대적 사고라고도 우리가 말한다. 일상생활에서 '흑 아니면 백' 혹은 '모 아니면 도'라고 하는 것을 말하는데 중간은 없고 양 갈래를 두고 말한다.

둘째, 〈과일반화〉는 특정한 경험으로부터 얻은 결론에 관련된 상황에 적용하는 것을 두고 말하는데 이른바 일반화가 충분한 증거나 논리가 부족한 상태에서 과도하게 이루어지는 것을 말한다.

셋째, 〈독심술사고〉는 현실적이고 객관적인 증거를 별로 고려하지 않고 다른 사람의 마음을 자신이 아는 것처럼 생각하거나 판단하는 사고방식을 말한다. 자신의 판단을 지지하는 증거가 없으면서 또 주변 정황이 그 판단과 배치되는데도 불구하고 독심술사고를 하는 경우도 있는데 이는 투사projection가 독심술사고에 속하는 것으로 볼 수 있다.

넷째, 〈확대 – 축소〉는 어떤 현상의 중요성이나 정도를 심하게 왜곡해서 평가하는 것으로 한 측면은 확대하고 다른 측면은 축소하는 것을 말한다. 기억이나 추론 등에서도 특정한 기억이나 추론을 더 많이 하고 다른 기억이나 추론은 더 적게 한다면 이것도 역시 확대 – 축소에 해당될 것이다.

우리의 의식을 무대에 비교하면 의식의 무한대는 좁아서 한 번에 장치를 할 수 있는 사물 수나 들어올 수 있는 사람 수가 제한되어 있다. 이런 의식의 무대를 작업 기억working memory 또는 단기 기억이라고도 하는데 심리학에서는 크기가 7±2라고 말한다. 7개 정도의 정보단위가 들어오면 더 들어올 수 없다.

따라서 대뇌에서 가지고 있는 트라우마는 거의가 7세 이전에 생긴 것이 많아서 아이가 잠복기를 거쳐서 정신적인 문제를 만드는 요인이 되고 있다. 심리학자에 의해서 수많은 심리요법이 만들어졌지만 그것을 생각나누기로 살펴보면 행동치료, 정서치료, 인지치료로 구분할 수 있을 것이다.

행동치료는 행동을 바꾸는 사람이 달라진다는 전제로 진행하는 것을 말하는데 이는 직접 움직여서 경험을 통해 문제를 해결하는 것이다. 즉, '해보면 알 수 있어!'라고 말하는 것이 여기에 속한다.

다음은 정서치료인데 사람의 마음이 바뀌면 사람이 달라진다는 원리이다. 우리는 마음을 안정시키면서 힘을 주는 방식이 있다. '너의 마음이 그랬겠구나!'라면서 아이에게 안심과 용기를 주는 것을 말한다.

인지치료는 '생각이 바뀌면 사람이 달라진다.'라고 할 수 있는데 이론적으로 옳고 그름을 판단하도록 해서 변화를 유도하는 것이다. '그래! 내 생각이 틀린 것 같아'라고 하면서 마음을 바꾸는 것을 말한다.

이 세 가지 요법에서 어느 것을 활용하는지에 따라서 색다른 효과가 나타나게 되며, 이는 우리들의 몸, 마음, 생각 중에 어디에 중점을 두고 치료를 하느냐를 두고 말하는 것이다.

예컨대 엄마가 아이를 데리고 대공원에 갔다. 거기서 엄마가 아이에게 병아리가 있는 곳으로 가게 되었다. 그때 엄마가 아이에게 말했다.

"수진아, 병아리가 예쁘지."

"…."

아이가 무서워서 엄마의 치마폭을 끌어당긴다.

"아이, 수진이는 병아리가 무서운가봐!"정서치료

"괜찮아, 겁먹지 않아도 돼. 저것 봐! 무섭지 않잖아."인지치료

"자, 엄마와 같이 만져보자."

엄마가 아이의 손을 잡고 병아리를 만진다행동치료.

이렇게 양육자인 엄마가 아이에게 하는 행동을 나누어 생각해 볼수가 있다. 그런데 이 방법이 모든 아이들에게 효과가 있을 때도 있지만 그렇지 않고 부작용을 만들 때도 있다. 아이는 엄마가 생각하듯이 큰 사건에만 문제가 생기는 것이 아니라 아주 작은 행동에도 큰 영향을 줄 수가 있다.

아이의 기질은 다르다. 어떤 아이는 모험에 빠르게 대처하는 애가 있을 수 있고 어떤 애는 느린 애가 있다. 똑같은 일과 행동을 한다고 해도 당시에 적절할 타이밍인가를 살펴야 한다. 어떤 아이는 호기심을 가지고 뭐든지 하는 아이가 있는가 하면 어떤 아이는 눈치만 보고 엄마의 치마폭 뒤에 숨는 아이도 있다.

이렇게 타고난 기질만 다른 것이 아니라 아이의 행동이 익숙해지는 시기도 다를 수 있다. 말을 일찍 배우는 아이가 있는가 하면 늦은 아이도 있다. 기질과 성격에 따라서 아이를 다양하게 살피는 것이 양육자인 엄마가 아이를 키우는 상식일 것이다. 아주 작은 일에도 아이의 기질과 성향에 따라서 가장 적정한 타이밍을 맞추지 않으면 아이가 스트레스를 받을 수 있다.

(1) 왜, 스트레스가 아이에게 약할까?

『미국에 아주 가난한 아이가 있었습니다. 그는 비가 줄줄 새는 통나무집에서 살았는데 제대로 된 직업도 없는 부모님과 열 몇 명이 넘는 형제들 사이에서 정말 어렵게 자랐습니다. 학교도 다닐 수 없었지요. 네 살 때 어린 동생이 죽었고, 아홉 살이 되었을 때는 어머니가 돌아가셨습니다. 그러나 그는 타고난 성실함과 부지런함으로 열심히 생활한 덕에 한 여성을 만나 약혼을 했지만, 그 약혼자마저 죽었습니다. 그 후 어찌어찌해서 결혼을 하고 아들 둘을 낳았습니다. 그런데 그 아들이 둘 다 죽고 맙니다. 그 충격으로 아내까지 정신 이상자가 되어 버렸지요. 그러다 이 사람이 정치에 뜻을 품고 정치판에 뛰어들었는데, 딱 한 번 하원의원으로 당선된 것 외에 선거마다 번번이 떨어졌습니다. 이 사람이 누구일까요? 훗날 그는 미국 대통령 선거에 출마해 당선되었고 바로 이 사람이 에이브러햄 링컨 대통령입니다. 미국 역사상 가장 유능한 대통령으로 알고 있는 링컨 대통령의 화려한 명성 뒤에는 이렇게 여러 가지로 절망과 크고 작은 난관이 있었습니다. 그런 난관들을 잘 극복했기에 오늘날 이처럼 많은 사람들에게 존경을 받는 것인지도 모르겠습니다.』

이 이야기는 그 유명한 링컨의 이야기다. 세상에 그 어떤 스트레스를 이야기하려면 이보다 더 본보기가 될까? 어릴 때 받는 다양한 스트레스도 아이의 성향과 기질에 따라서 다르다고 하는데 링컨처럼 어려운 환경 속에서도 굽히지 않고 이겨서 대통령이 된 아이도 있을 것이고 아주 작은 상처에도 트라우마로 기억되어 힘들게 사는 아이도 있을 수 있다. 스트레스를 받으면 어떤 형태를 취할 것인가를 놓고 소아 정신과 전문의 노경선은 '엄마의 양육패턴은 아이를 통해서 연속적으로 이어진다. 엄마인 내가 아이를 키우는 방식은 대부분 엄마가 나를 키운 방식을 답습하기 때문이다. 평소 아이와 편안한 대화를 나눌 수 있는 좋은 사이였다면 나도 아이와 사이가 좋고 편안할 것이다. 그러나 엄마가 나를 힘들게 했다면 나 또한 아이를 힘들게 하고 있을 수 있다.'라고 말했다.

엄마의 양육패턴이 자식에게 대물림된다는 실증적 연구가 1985년 미국 버클리 대학에서 메리 메인이라는 애착연구가에 의해 밝혀졌다. 성인을 대상으로 엄마와의 관계에 어떠했는지 심층 인터뷰를 통해 광범위하게 파악을 하였는데 그 결과 엄마와 어떤 관계를 맺었는지가 현재 아이의 양육태도에 커다란 영향을 준다는 사실을 증명되었다.

그러나 대부분의 아이들은 어린 시절 특히 만 3세 이전 엄마와 상호작용을 경험을 기억으로 저장하고 이를 바탕으로 애착패턴을 형성하게 되는데 12개월 무렵부터 시작된 애착패턴은 만 3세 전후로 고정된다. 이때 고정된 아이의 애착 패턴은 다른 사람을 대할 때마다 작동되어 그대로 행동으로 나타났다.

연구에 의하면 80-90%의 사람들이 고정된 애착패턴을 간직한 채 그대로 살아간다고 말한다. 이와 마찬가지로 엄마의 애착패턴도 할아버지 할머니에게 물려 받은 것일 수 있다. 아이가 만약 소리 지르고 야단치는 엄마 때문에 힘들게 커서 자식만큼은 그렇게 키우지 않겠다고 결심했다면 내가 성장해 온 방식을 제대로 살펴서 아이에게 어떤 문제가 생길 것인지 미리 알아차리고 그에 대하여 만반의 준비를 해야 한다.

만약에 아이에게서 자기가 해왔던 패턴이 그대로 나타나면 다시 나타나지 않도록 해야 할 것이며 문제에 대해서 항상 의식하고 있어야 한다. 어릴 때 엄마로부터 과잉보호를 받았다면 내 아이를 과잉보호할 가능성이 거의 80%일 것이고, 엄마가 나를 소리 지르고 때리면서 키웠다면 내 아이에게 소리를 지르면서 키울 가능성이 80%라고 할 수 있다.

그렇다면 내가 어떻게 아이를 키워야 할까? 나를 키운 엄마에 대해서 제대로 깨우쳐야 아이를 제대로 키울 수가 있다. 엄마에 대해서 알아본다는 것은 나와 엄마와의 사이에 어떤 일이 있었나를 살피는 것이다.

양육자인 엄마로부터 받은 경험을 구체적으로 떠올려서 과거에 나는 어떤 기억이 대뇌에 남아 있는지 혹은 엄마가 겪었던 과거의 경험이 현재의 나에게 어떤 영향을 주었는지를 살피는 것이 내가 아이를 제대로 키우기 위한 시작점이 된다. 그렇게 하려면 우선 첫 번째로 내가 할 일은 어떻게 키워왔는가? 나를 키운 방식에 내가 만족하고 있었는가? 엄마에 대한 지금의 감정은 어떠하고 관계는 지금도 좋은 생각으로 가득한 것인가를 살펴야 한다.

이런 과정을 쭉 거쳤다면 구체적으로 무슨 일이 있었는지를 기억할 수 있는 가장 어릴 때의 일부터 샅샅이 살펴 나가야 한다. 예컨대 아버지와의 재미있던 경험, 아버지가 든든하다고 생각했을 때, 아버지가 싫고 무서웠을 때를 알아본다. 부모 중에 나와 관계가 좋았던 분은 누구였고 왜, 그랬는지도 알아보거나 엄마와의 경험이 현재 나의 성격에 어떻게 영향을 주고 있는지 살피게 된다.

나의 성격발달에 어떤 영향을 끼쳤는가? 그래서 나쁜 영향을 끼친 엄마와의 경험은 무엇이었는지를 떠올려 보고 보고 느낀 것이 있다면 그것이 무엇인지, 그 경험들 중에서 어떤 것이 들려주고 싶은 것이 있는지 또한 물려주고 싶지 않은 것이 무엇이 있는지 살펴보고 나를 통해서 아이가 어떤 사람으로 자라기를 바라는지 알아보게 된다.

이런 과정을 통해서 꼭 살펴봐야 할 것은 아이의 생후 첫 3년, 초등학교 입학전후6-7세, 그리고 12－ 13세까지를 엄마 또한 주 양육자에 대해서 알아보는 과정이 중요하다. 그런 과정을 살피면서 아이가 스트레스를 받으면 과연 어떤 신호를 엄마에게 보이게 되는지 그것도 알아내는 것이 필요하다.

주로 아이가 엄마에게 보내는 신호는 모호하거나 반어적이며 가끔은 아예 신호를 보내지 않을 때도 있을 수 있다. 그럴 때 부모가 가져야 하는 소양은 어떤 것일까? 아이가 울고 있다고 할 때 다가가서 얼른 안아주거나 달래 주는 것을 반응성이라고 한다면, 우는 원인을 알아서 빨리 해결해 주는 것을 민감성이라고 부르고, 아이가 울 때마다 똑같이 사랑과 온정을 넣어서 반응하는 것을 놓고 일관성이라고 말하며, 이것이 갖는 의미에 대해서 알아야 한다.

내 아이가 커가면서 보내는 신호는 가장 많은 것이 울음이라는 형태일 것인데 이것이 자라면서 여러 가지 형태로 바뀔 뿐 아이에게 대응하는 엄마의 태도는 늘 같아야 한다.

양육자인 엄마는 아이가 엄마로부터 충분히 신뢰를 받고 있다는 확신을 갖게 하기 위해서 원칙을 가지고 대응해야 한다. 아이는 자기 감정을 적절하게 표현하고 싶을 때나 어떤 나름대로의 도움이 필요할 때, 언제든지 요청만 하면 양육자인 엄마가 당장 해결할 수 있다는 것을 알게 된다면 확신을 가지게 된다.

⑵ 엄마는 아이에게 모범이 되어야 한다

『내 자식인데 아이가 너무 밉고 싫어요. 내가 왜 이럴까요? 여섯 살 난 아이가 너무 싫어요. 첫 아이라 정성을 쏟으며 나름대로 최선을 다해왔는데 언제부턴가 자꾸 지쳐요. 아이는 "싫어." "안 해."라는 말을 입에 달고 짜증을 내요. 매사에 나에게 예민하게 굴고 툭하면 울고, 잠도 잘 자지 않아요. 어린이 집에서 아이가 돌아오는 시간이 되면 나도 모르게 화가 나고 "엄마는 너랑 살기 싫어. 같이 있지 말자." 등 엄마로서 해서는 안 되는 말이 입에서 나도 모르게 툭 튀어 나온답니다. 제발 나는 어떻게 해야 하는 건지 알려 주세요. 요즘 너무 힘들어요.』

아이랑 지내다보니 너무 힘들고, 그러다 보니 아이에게 모질게 굴고 또 모질게 구는 나 자신이 싫어지고 이런 악순환이 이어지는 것이 현재 양육자인 엄마의 마음인 것 같다. 그런데 그 정도로 너무 심하지 않아 가볍게 지나가면 다행일 텐데 그보다 몇 배 더 심한 엄마가 있어서 문제이다. 중요한 것은 어떤 경우든 엄마와 아이 관계에서의 문제가 풀리지 않는다면 그 원인은 셋 중 하나일 것이다. 첫째는 아이, 둘째는 부모, 셋째는 상황이다.

어떤 경우에는 원래 힘이 많이 드는 아이도 있다. 그러면 엄마가 어떻게 해야 할까? 키우기가 힘들다고 막상 다른 방법이 있을까? 일반적으로 아이들은 엄마에게 사랑을 끌어내려고 엄마를 괴롭힌다. 즉, 아이가 엄마의 사랑을 갈구한다고 생각하고 좀 더 다가가고 안아주고 눈을 맞추어 주면서 사랑을 주면 좋아질 수도 있다.

가끔 양육자인 엄마가 아닌데도 말을 하지 않으려는 아이가 있다. 수줍음과 낯가림이 있어서 말을 해야 하는 상황이 생겨도 불안감을 가지면서 말을 하지 않거나 회피한다. 그러다가 성격에 변화가 생겨서 화를 내거나 일상에 영향을 줄 정도로 문제를 일으키는데 이런 경우는 불안, 좌절, 공포 등이 있을 수 있으니 그 이유를 찾아서 대응해야 한다.

그렇지 않으면 아이가 더 이상 상처받기 싫어서 어떤 식으로든지 양육자인 엄마에게 선제공격을 할 수 있으며 심할 때는 대들거나 정도를 떠나서 폭언과 폭행까지 생긴다. 그렇지만 숙제를 하지 않으려고 핑계를 되는 경우도 있는데 이런 것은 큰 문제가 되지 않는다. 아무튼 그 외에 어떤 문제가 된 행동을 보일 때마다 하고 싶은 대로 묵인하거나 방치하지 말고 엄마에 대한 보상작용이 될 수 있으므로 상황에 따라 적절한 조치를 해야 하는데 가정에 있는 규칙에 따라서 행하는 것이 가장 필요하다.

(3) 아이에게 제어능력을 심어주어라

『초등학교 저학년인 아들이 하나있어요. 어느 날 갑자기 다니던 학원을 그만두겠다고 해요. 학원이라고 해봐야 매일 가는 피아노 학원과 태권도장, 일주일에 두 번 가는 수학학원이 전부예요. 억지로 떠밀려서 다닌 것도 아니고 지금까지 즐겁게 수업을 받았는데 갑자기 공부가 싫어졌다고 하네요. 이유를 물어보아도 그냥 싫다고만 해요. 그래서 공부를 해야 하는 이유를 자세하게 설명해주면 자신도 안다고 하면서 그냥 거부해요. 최근에는 반항적인 말이나 행동이 늘었어요. 방에 앉아서 컴퓨터로 게임 같은 것을 좋아하고요. 어쩌다 나무라면 잘못했다고 울지만 그때뿐이에요. 무엇을 하던지 집중력이 부족한 것 같아요. 전 어떻게 해야 될까요?』

인내와 집중력은 좋아하는 일에만 있는 것이 아니고 지루하고 싫은 일에도 참고 견디는 힘을 말한다. 학령기에 아이들은 집중해야 할 일이 생기면 최소 40분 정도는 집중할 수 있어야 한다. 이에 대해서 학령전기에 있는 아이들의 집중력은 대부분 15－20분 정도라고 하는데 자기가 할 일이 있는데도 그 일에 집중하지 못하고 싫증을 느끼거나 할일을 해내지 못한다면 그것은 아이의 잘못이 아닐 수 있다.

그렇게 되는 데는 합당한 이유가 있을 것인데 그 원인을 알아내서 도와주어야 한다. 오늘 날은 온갖 것들이 널려있다. 먹고 자는 것은 기본적이고 따뜻하고 시원한 전기도 그대로 들어오고 인터넷이나 스마트폰이 있어서 무엇을 하려고 마음만 먹으면 가능하다.

그것뿐이 아니다. TV나 드라마, 영화를 언제든지 볼 수가 있으며 마음만 먹으면 성인 동영상도 마음껏 볼 수가 있으니 이렇게 좋은 세상이 어디에 있겠는가? 비록 아이가 저학년이라고 하지만 주위에 나쁜 아이를 만났을 수도 있을 것이며 양육자가 잘 모르는 세계에 심취했을 수도 있다. 실망하지 말고 아이의 주위에 일어나는 행동이나 동태를 살피고 그에 맞는 합당한 방법을 찾는 것이 먼저일 것이다.

(4) 아이에게 환경에 적응하기

『초등학교 2, 5학년 남매를 둔 엄마입니다. 저희 부부는 사교육을 시키고 싶지가 않아 직접 공부를 가르쳤습니다. 엄마 아빠가 공부하는 모습을 보이면 좋다기에 의도적으로 책 읽는 모습도 보여 주었어요. 시험 때면 함께 공부하고 성적이 오르면 용돈을 더 주거나 상을 주는 식으로 동기부여에도 신경을 썼고요. 아이들도 이렇게 노력하는 엄마아빠를 잘 따라 해서 학교 성적도 올랐고 영어도 학원을 다닌 또래 친구들보다 잘했어요. 그런데 아이들이 새 학기가 되면서부터 공부에 흥미를 잃어가고 있습니다. 보상도 아무런 효과가 없고 책을 펼치고 있어도 마음은 딴 데가 있습니다. 사교육을 시키지 않아서 그런 것 같기도 하고 엄마가 공부를 못했는데 나를 닮아서 그런 것이 아닌가 하는 생각도 들어요. 아이들을 어떻게 하면 달라지게 할 수가 있을까요. 신학기 스트레스가 이렇게 오래가나요?』

신학기가 되면 새로 만난 친구에 대한 스트레스와 시험에 대한 스트레스를 누구나 가지는 것이지만 유독 힘들어하는 아이가 있을 수 있다. 그러면 머리나 배가 아프다고 할 때가 있는데 자연스럽게 그것을 해소할 수 없기 때문에 일어나는 현상일 수가 있다.

새로운 환경에 부딪히거나 할 때 종종 생기는 여러 가지 현상들은 스스로 극복할 능력이 있어도 짜증을 내거나 엄마에게 함부로 말을 할 수가 있다. 이런 경우는 친구관계나 교우관계를 신속히 알아보고 빠르게 대처해야 한다. 중요한 것은 이렇게 된 배경과 상황 등을 살피는 것이 필요하다. 아이가 힘들어 한다면 지켜주는 엄마가 되어야 한다.

아무리 양육자인 엄마의 사랑을 많이 받아도 아이의 마음에는 한계가 있다. 의식은 7%의 미만이지만 무의식은 93%의 이상을 가지고 있다. 그래서 마음속에서는 엄마의 사랑을 품고 산다. 그래서 새로운 환경에 부딪히면 힘들고 외롭고 무서울 수가 있어서 엄마의 도움이 필요할 수가 있다.

그런데 낯선 친구에게 무슨 일이 생기면 힘들 수가 있다. 무의식에 있는 것이 상처가 되어서 자신의 몸과 마음을 압박하니까 힘에 부칠 수 있다. 아이가 적응할 수 있을 때까지 자연스럽게 행동할 수 있도록 지켜보도록 하자.

(5) 아이가 감정조절이 어려울 때

『열 살인 아들은 매일 시계추마냥 학교와 집만 오갑니다. 또래 남자아이들은 학교가 파하면 놀이터에 친구와 돌다가 오거나 하는데 저희 아이는 곧바로 집으로 돌아와 개하고만 놀아요. 어느 날 길가에 걸어가다가 애견집 앞에서 오랫동안 노는 것을 보고 아이가 졸라서 사주었어요. 그런데 처음에는 아주 친하게 잘 놀았는데 요즘은 강아지를 때리거나 심하게 욕설을 하는 것도 보았어요. 그래서 아이에게 무슨 일이 일어난 것 같아 친구를 초대해서 같이 노는 것이 어떠냐고 했더니 단칼에 거절입니다. 매사에 자신감도 없어 보이고 살도 많이 쪘습니다. 감정기복도 심한데 금방 읽은 지문도 기억을 못할 정도로 집중력도 떨어진 것 같아요. 뭐라고 조금 야단을 치면 금방 울어요. 이런 아이를 어떻게 해야 하나요?』

아이가 다른 사람이나 동물에 대하여 감정을 조절 못할 때가 있으면 나쁜 장애로 진행될 가능성이 많으므로 빨리 대처하는 것이 좋다. 특히 청소년기에는 우울증이 품행장애로 나타나서 '가면 우울증'의 증상을 보이므로 동물에게 잔인한 행동을 보이거나 다른 사람에게 거짓된 행동을 보이면 빨리 가정 내의 규칙에 따라서 신속하게 대응해야한다.

아이가 감정조절이 어려워서 자주 원하는 것이 많을 때나 양육자인 엄마가 아이의 요구를 들어 줄 수가 없을 때 무조건 나무라거나 반대하지만 하지 말고 "야, 그거 괜찮은 생각인데"라고 말을 해주면서 아이가 적응할 수 있도록 살펴야 한다.

아이는 엄마가 볼 때 가끔 현실적이지 않는 요구를 할 때가 있다. 그럴 때는 들어 줄 수 없는 이유를 말을 하면서 당황하지 않도록 해야 한다. 아이가 잔소리로 들리도록 해서는 안 된다. 나는 오랫동안 상담을 하였다. 그러나 내담자의 마음을 내 맘대로 바꿀 수 없는 것은 마음은 다른 사람이 억지로 뜯어 고칠 수 있는 것이 아니다.

아이나 어른이나 마음은 깨달음으로 바뀐다. 깨달음은 스스로 구해야 얻는다. 스님이 화두를 잡고 오랜 공부를 해야 가능하듯이 정신치료는 구할 때 구하는 것만큼만 주는 게 최선이다. 그 이상을 주면 본능적으로 외면하거나 피하게 된다. 그래서 정신치료는 결국 본인에게 달렸다. 상담을 하는 사람이나 의사는 그저 곁에 있어 줄 뿐이다.

우리의 행복도, 불행도, 삶도, 죽음도 그리고 천국도, 지옥도 자기의 깨달음에 달려있다. 엄마가 아이의 삶을 세밀히 살피고 그래서 도와 줄 수가 있다면 아이도 엄마를 향해서 뭐든지 손을 벌릴 것이다. 그때를 놓치지 말고 받아줄 준비를 하고 있어야 한다.

(6) 아이가 혼자 있기를 좋아할 때

『우리 아이가 언제부터인지 밖에 나가지 않고 컴퓨터에만 집중해요. 자기 방에서 문을 잠겨놓고 누가 들어오기를 싫어해요. 어릴 때는 공부도 잘하고 엄마랑 이야기도 조곤조곤 잘했는데 언제부터 이렇게 되었는지 모르겠어요. 아이에게 다가가려고 해도 화만 자꾸 내요. 그렇다고 직장 일에 바쁜 남편에게 말하기도 무서워요. 집에서 아이 하나도 못 챙기느냐고 화를 낼까봐 겁이 나요. 전 앞으로 어떻게 해야 되나요?』

아이가 사람을 만나지 않고 혼자서 컴퓨터나 게임에 지나치게 몰두하거나 집착할 때는 왜 그러는지를 살펴야 한다. 지나친 은둔성 행동을 하면서 일상에 적응하지 못한다면 엄마와의 갈등이 깊어서 생길수가 있으므로 그 이유를 알아내고 그것이 엄마와의 관계가 아니라면자기 조절능력이 부족하거나 또 다른 불안감이 있을 수 있을 것이므로 그 이유를 살펴야 한다.

이때 아이에게 잘못 접근하면 아이와의 사이가 멀어질 수가 있다. 만약에 이것이 엄마의 잘못이라면 이유를 반드시 알아내고 그 경중에 따라서 아이가 충분히 이해가 되도록 시간을 만들어야 한다. 가끔 남에게는 잘해주면서 아이에게는 잘해주지 않는 엄마가 있다.

남의 아이에게 자주 짓는 웃음을 아이에게는 잘 주지 않는 엄마일 것인데 이런 엄마 밑에 아이가 자라게 되면 멀지 않아 둘의 사이는 타인보다 더 못한 사이가 될 수 있다.

(7) 아이가 갑자기 충격적인 사건을 당할 때

『10살 딸이 짜증 섞인 말투, 공격적인 행동을 자주 보여요. 배가아프다는 말도 종종하고요. 요즘 시험기간이라 공부를 하라고 하자 불같이 화를 내요. 너무 당황했어요. 그렇게 큰 소리로 엄마에게 대드는것을 본 적이 없거든요. 맞서 소리를 지르니 이 광경을 지켜보던 아빠가 드디어 폭발해서 학습지며 학원을 모두 끊었어요. 저 역시 아이에게 거짓협박과 회유로 공부를 시키느니 안하는 것이 낫다고 생각해서다 끊고 말았어요. 아이와 기 싸움을 해서라도 공부를 시켜야 하나요.이대로 두는 것이 좋은가요?』

아이가 갑자기 충격적인 일을 당했거나 정신적으로 어려움을 가지게 되었다면 엄마가 힘이 너무 많이 들 수가 있다. 그렇게 되면 심한 외상을 입을 수도 있는데 이런 일들을 통해서 아이에게 가정폭력으로 번질 수가 있다. 하지만 가정폭력은 절대 안 된다. 아이가 갑자기 이렇게 달라진 원인에는 그에 따른 합당한 이유가 있을 수 있을 것인데 예컨대 학교 폭력 및 친구의 따돌림, 신체학대 및 사고와 질병 등을 당할 수가 있을 수 있으므로 아이의 주변을 잘 감시하거나 이유를 알아내는 것이 좋다.

지금까지 아이가 부모의 말을 잘 따라왔다면 아이의 주변 환경에 큰 변화가 있을 수가 있다. 반드시 찾아내도록 해야 하고 그렇지 못하면 아이에게 다가가서 물어볼 수도 있을 것이다. 이럴 때 아이가 하는 행동이 부적절하다는 것을 알았다면 이에 대한 대처도 가장 빠를수록 좋다. 그렇다고 아이의 잘못된 행동에 대해 체벌 등으로 대가를 치르게 하거나 두려움을 가지게 하는 것은 엄마의 아동학대에 해당된다. 이 세상에 '사랑의 매'라는 말은 있을 수 없다는 것을 명심할 일이다.

⑻ 아이가 남과 시선을 의식할 때

『초등학교 저학년인 아들이 있어요. 그런데 어느 날부터 아침에 일어나지도 않고 학교에도 가지 않겠다고 그래요. 지금까지는 말도 잘 듣고 착하다고 생각했는데 갑자기 돌변하는 태도에 놀랐어요. 그렇잖아도 외동아들이라고 조부님이 극진히 아끼는 손자인데 언젠가 혼냈다가 꾸지람을 들었어요. 그렇다고 마냥 그냥 둘 수도 없고 어떻게 해야 할지를 모르겠어요. 남편은 그러다가 좋아질 거라고 하는데, 바늘 도둑이 소 도둑 된다고 버릇이 나빠지면 어떻게 해요. 전 요즘 그래서 잠도 제대로 잘 수가 없어요. 어떻게 하면 좋을까요?』

　아이가 갑자기 학교에 가지 않고 반항을 하거나 의외의 행동을 보이면 그 이유를 반드시 살펴야 한다. 무작정 이유를 알아보지도 않고 혼을 내면 오히려 역효과가 날 수가 있다. 아이는 엄마아빠가 모르는 나름대로의 불안이나 긴장을 느끼는 일이 있을 수 있으니 그에 합당한 이유를 살피고 대화로서 해결해야 한다. 그리고 사람은 경험한 만큼 성장한다. 경험한 만큼 신경계가 자라기 때문이다.

　비록 아이 적에 부적응적인 행동이 한다고 무조건 나쁜 것이 아니다. 우리가 산길을 가다가도 오르막과 내리막길에 따라서 정상에 오르지 않는가? 우선 아이가 반항을 한다고 놀라지 말고 아이를 잘 살피는 것이 양육자인 엄마의 할 일이다.

PART 02

아이들과 마주 앉은 시간

01
선택적 함구증

(1) 식구가 아니면 말을 안 하려는 아이

화창한 4월의 어느 날이었다. 반쯤 열린 창문으로 요란한 까치소리가 들려왔다. 내가 있는 아파트에서 창문을 열면 한 폭의 그림 같은 동작동의 풍경이 들어온다. 오늘은 따스한 햇볕을 쐬면서 장승배기역을 향해서 걸으니 코끝으로 들어오는 공기가 시원하다.

내가 있는 장승배기역에서 상담실까지는 지하철 5호선을 타야한다. 5호선을 타고 논현역에 내리면 에스컬레이터가 끝나기 전에 서울사회복지공제회 건물 2층이 한 눈에 들어온다. 지하철 계단을 밟고 올라가니 위층에 근무하는 여직원들이 쏟아져 나온다. 그들을 피해 사무실에 도착하니 한 재킷을 입은 한 여성이 기다리고 있었다.

"처음 뵙네요. 어떻게 오셨습니까?"
"아이가 말을 하지 않아서요."
"언제부터 그랬습니까?"
엄마와 같이 온 은주가 긴장한 모습으로 나를 보고 있었다. 아이가 쓴 '기초설문지'를 읽어보았다. 기초신상카드와 가족관계가 빼곡히 적혀 있었다. 엄마가 말을 했다.

"오래 전 일인 것 같네요. 원래는 이렇게 낯가림이 심한 아이가 아니었는데 유치원에서 작은 사건이 있었어요. 그때 유치원을 옮겼는데 아이는 말을 잘하지 않아요. 유치원 친구들은 은주가 말을 제대로 못하는 아이인줄 알고 있을 거예요."

엄마의 말은 작고 가늘었다. 나를 찾아오기 전부터 '맘카페'에서 아이의 문제를 올려놓고 조언을 구하기도 했고 나름대로 여기저기 알아보다가 그래도 차도가 없자 이렇게 해서는 안 되겠다고 생각하고 나를 찾아 온 것이다. 가족들 중에서 유독 할머니는 조금 있으면 은주가 좋아질 것이니 걱정을 하지 말라고 했다고 한다.

"지금도 친정엄마는요. 제가 어릴 때도 은주랑 똑같이 말을 늦게 했다고 하면서 너도 아무 문제없이 잘 컸고 그랬는데 은주도 차차 좋아질 거라고 하면서 걱정하지 말라고 해요. 병원에 갈 때마다 멀쩡한 아이를 환자로 만든다고 나무라요. 엄마 말도 맞긴 맞아요. 아이가 우리하고 있을 때는 말도 잘하고 공부도 잘하니 그렇게 생각을 할 수도 있을 거예요. 하지만 친구들은 아이가 벙어리라고 놀리니 그게 장차 문제가 되지 않겠어요. 그래서 이만저만 속이 상하는 게 아니에요."

말을 이어가면서 엄마는 약간 울먹였다. 그 옆에서 가만히 있는 은주를 데리고 나는 옆방으로 갔다.

"은주야 우리 '동그라미 가족화'를 한 번 그려볼래?"

"네."

아이는 비교적 내 말을 잘 따랐다. 종이와 연필을 아이에게 쥐어주고 그림을 그렸다. 아이는 동그라미가 그려진 흰 도화지에 아빠를 그리고 그 다음은 부엌에서 일하는 엄마를 그리더니 할머니, 할아버지를 맨 뒤에 그렸다. 그런 뒤 자신을 작게 그렸다.

"은주는 왜 늦게 그렸어?"

"⋯."

아이가 갑자기 말을 하지 않았다. 그러면 선택적 함구증을 보이는 것인가? 은주를 힐끗 봤다.

"엄마를 많이 좋아하나봐."

두 번째 묻는 말에도 아무 응답이 없었다. '아, 이래서 아이가 말을 하지 않는구나!'라는 생각을 하면서 은주를 데리고 엄마에게 갔다. 엄마에게 최면상담을 하고 싶어서이다.

"어머니, 은주를 최면상담을 해보고 싶은데요."

"최면상담이 뭔가요?"

"네. 최면이란 평소에 은주가 원하는 것을 향해서 암시를 예고하고 다음은 지시를 하고 암시대로 된 것을 확인하는 과정이라고 할 수가 있어요."

"예⋯."

"자, 아직 잘 이해가 안 되시지요."

은주 엄마는 날 주시했다.

"최면의 상태는 수면과 각성의 중간적 특징, 잠들 때의 상태와 비슷하지만 엄연히 수면은 아니지요. 의식, 기억, 상상, 사고, 감정 등의 여러 심리학적 활동을 말하는데 뇌파와 근전도, 위장, 순환기계, 자율신경계 등의 생리학적 활동의 변화를 볼 수 있을 겁니다. 우리는 최면을 유도하는 수단을 놓고 최면법이라 하는데 다른 사람에 의해 최면을 하게 되는 것을 타자최면, 자기 자신이 유도하는 것을 자기최면이라고 하지요."

"그럼 다른 사람들도 하나요? 전 처음이라서 겁이 나기도 하고요. 최면에 대해서 조금 더 말해주면 안될까요?"

"알겠습니다. 우리가 말하는 최면은 원시적으로, 종교적으로 오래 전에 이용되어 왔지요. 메스머와 브레이드에 의해 과학적으로 시작되었다고 하지만 최면을 우리는 '메스머리즘, 브레이디즘'이라고 부르기도 하고요. 브레이드는 이를 수면의 한 형태로 생각했기 때문에 잠을 의미하는 히프노(hypno)라는 말에서 따 온, 히프노리즘이라는 용어를 사용했었지요. 그렇지만 최면에 대한 반응은 이완, 감각, 시간의 경험, 자아 상태의 분리와 움직임을 통해 잊어진 기억들을 되찾게 되는 과정이라고 생각하면 아주 쉬워요. 좀 더 말씀을 드리면 최면과 텔레파시의 관계를 응용하여 정신 감응적 효과를 내는 아주 큰 장점을 갖고 있어요."

"네. 그랬었군요."

"궁금하면 앞으로 언제든지 말씀하세요. 지금 은주가 말을 하지 않는 것은 아마 최면에서는 말을 할 것으로 생각합니다. 왜냐하면 지금까지 '선택적 함구증'을 가진 일부 아이를 상담할 적에 최면에서는 말을 잘 하는 것을 보았습니다. 앞으로 의논할 상황이 있으면 말씀드리겠지만 은주를 통해서 오해된 부분이 있으면 그 문제를 하나씩 없애도록 할 것입니다. 걱정하지 마시고 저를 믿으시면 좋겠습니다. 거듭 말씀을 드리지만 최면은 암시에 의한 치료라고 알지만 그게 다는 아닙니다. 앞으로 암시가 중요한 작용을 하겠지만 은주에게 암시란 암암리에 혹은 은연중에 하라는 의견을 주거나 어떻게 될 것이라고 이야기해 주는 것 외에 다른 문제를 찾아볼 것입니다. 최면을 통하여 문제의 사건이 있으면 그 자체를 없애도록 하거나 통찰을 통해서 도움을 줄 생각입니다. 믿고 기다려주시기 바라요."

"네. 그렇군요. 그렇다면 언제 최면이 생겼을까요? 전 갈수록 궁금하네요."

"네. 그럴 겁니다. 제가 알고 있기에는 오스트리아의 의사인 '프란츠 안톤 메스머1738-1815'에 의해서 시작되었어요. 그래서 우리나라에서는 최면에 대한 보급이 다소 늦었지만 미국을 통한 일부국가에서는 보험으로 치료를 하고 있고요. 호주 및 국가에서는 맨탈 코칭으로 학교에서도 응용하고 있고요."

"네. 알겠습니다."

(2) 말하지 않는 것을 무기로 삼는 아이

은주처럼 가족들과는 말을 하지만 낯선 사람들이나 사회적 환경에서 선택적으로 말하지 않는 것을 보고 우리는 '선택적 함구증'이라고 한다. 이런 아이들을 기록에 의하면 인구 1만 명당 3명에서 1,000명당 5명 정도 생긴다. 1877년 독일 의사 아돌프 쿠스멀이 의도적으로 말을 하지 않는 것을 보고 '자발적 실어증'이라고 불렸다가 그 후부터 60년 후 '선택적 무언증'으로 이름이 바뀌게 되었고, 1994년에는 소아정신장애 중 하나로 '선택적 함구증'이라는 용어가 등장했다. 처음 이 병에 대한 인식은 상대를 조정하기 위해서나 혹은 반항하기 위해서 침묵한다는 뜻이 포함되었지만 20세기 말에는 이 병명에서 말을 하지 않는다는 의도성이 배제되면서 침묵이 선택적 상황에서 나타났다는데 초점이 맞추어졌다. 정신장애진단 및 통계편람에 따르면 '선택적 함구증'은 불안장애 중 하나로 분류하는데 의도적으로 침묵을 택하는 것이 아니라 말을 하고 싶어도 불안으로 인해서 말을 할 수 없는 상태에 이르는 것을 말한다.

얼마나 시간이 지난 뒤에 은주 엄마는 내게 들고 온 가방에서 스마트폰을 꺼내더니 가족들과 활발하게 노는 은주의 모습을 나에게 보여주었다. 이렇게 말을 잘하고 명랑한 은주가 왜, 저렇게 힘없이 있는지 모르겠다고 한다. 이런 모습은 담임선생의 얘기가 아니더라도 심각한 것이 분명했다. 보편적으로 우리가 성격을 놓고 말할 때 기질과 환경과는 복합체가 아닌가? 내가 은주 엄마에게 "이런 모습을 언제부터 보인건지 확실히 기억할 수 있나요?"라고 물었을 때 엄마는 몇 년 전 유치원에서 있었던 일이 마음에 걸린다고 말했다. 당시 수업 중에서 선생님이 손가락을 가리키면서 질문을 하였는데 은주가 다른 생각을 하고 있다가 전혀 엉뚱한 말을 했다고 한다. 그 때 반 아이들과 선생님들이 한바탕 크게 웃게 된 일이 있었는데 아마 지금 생각하니 그게 아이가 말을 하지 않는 계기가 된 것이 아닌가하고 의심이 간다고 하였다. 왜냐하면 그 일이 있은 뒤 아이가 그 유치원이 싫다고 해서 다른 유치원으로 옮겼고 그때부터 아이가 점차로 말이 없는 아이로 변했다고 생각이 된다는 것이다.

(3) 불안을 말하고 싶어도 말할 수 없어진다

은주가 말을 하지 않는 것은 진정 말을 하지 않는 것을 무기로 하는가 아니면 말을 하지 않다보니 그게 편해서 그렇게 되었는가? 이에 대해서 동물원에 갇힌 코끼리를 사례를 들어서 이야기를 해 보자.

140

아프리카에서 잡혀서 동물원으로 이송해 오기 전 만해도 코끼리는 평소 시속 30km를 달릴 수도 있고 웬만한 나무는 코로 뿌리째 뽑을 수 있는 아주 거대하고 막강한 힘을 갖고 있다. 만약 기분대로라면 뒷걸음질 한 번에도 얼마든지 묶인 말뚝을 뽑을 수 있는 큰 능력이 있을 것이다. 하지만 이런 코끼리를 동물원으로 옮기게 되면 처음에는 박힌 말뚝을 뽑으려고 온갖 안간힘을 쏟아내는데 이렇게 하루, 이틀, 사흘 시간이 지나면 묶인 밧줄을 풀어 놓아도 그 자리를 떠날 줄 모른다.

이런 은주와 '선택증 함구증'과도 연관이 있는 것인가? 이 증상을 가지면 처음부터 말을 하지 않은 것이 아니라 말을 하다가 무슨 이유로 말을 하지 않는 것으로 알려지고 있다. 그 이유가 뭘까? 아이마다 조금씩 다르긴 하겠지만 친구나 가까운 사람으로부터 상처를 받게 되면 그때부터 침묵을 하는 것이 보편적이라는 시각이다.

마틴 세리그만원저 1990은 낙관성 학습Learned Optimism을 주장한 미국의 심리학자인데 학습된 무기력, 낙관주의, 긍정심리학 등의 개념을 제시하면서 낙관론을 과학적으로 설명하였다. 그는 비관성과 낙관성, 학습된 무기력이 우울증을 만들게 되고 이것으로 인하여 한 개인의 행복과 성공에 영향을 미친다고 하였다.

즉, 자기는 아무것도 변화시킬 수 없다고 여기고 포기하거나 그로 인하여 자기 자신을 일정한 틀에 가두어버리는 것을 말한다. 이유야 어떻든 심리학적으로 행동주의에서 인지주의로 이행하는 시기를 중요한 시기라고 평가하였다. 이런 증상을 가진 아이는 말만 하지 않는 것이 아니라 우울증을 대부분 동반하게 되는데 프로이트는 우울증이 자신의 분노라고 설명하였으며 그와 함께하여 셀리그만은 이런 우울증을 동반한 경우에는 생각에 매몰되어 또 다른 영향을 받는다고 설명하였다.

그러면서 그들은 어느 범죄사건의 용의자에 대한 이야기를 덧붙여서 선택적 함구증을 설명하였다. 범죄사건에 용의자 신분이기만 했다가 피의자의 허위자백 때문에 누명을 쓰는 일이 종종 벌어지고 있다. 언뜻 생각하면 이해가 잘 가지 않을 것이다. 누구나 범죄에 연류가 되면 자기가 유리하도록 거짓말을 해서라도 죄를 감하려고 할 것인데 이상하게도 자기가 불리한 줄 뻔히 알면서도 오히려 불리하게끔 거짓말을 한다니 그게 말이 되겠느냐고 할 것이지만, 실제 이런 사건이 생겨서 전 세계인에게 충격을 주었던 일이 있었다.

당시 1990년 일본에서 실제 있었던 일이다. 네 살배기 여자아이를 살해한 범인으로 스기이라는 남자가 붙잡힌 사건이었다. 이 남자는 어찌어찌해서 17년 동안 복역을 한 후 2010년 최신 DNA감정에서 죄가 없는 무죄로 최종판결을 받게 되었다. 그가 최초 범인으로 지목되었을 때 경찰서에서 형사로부터 허위자백을 강요받았는데 이후 한 번도 허위자백을 번복하지 않았다.

일반인이라면 당연히 법정에서 '저는 살인을 하지 않았습니다. 강요당했습니다.'라고 범죄인으로 몰아세운 형사를 놓고 반박을 하겠지만 그는 아무 말도 하지 않고 감옥에서 17년이나 입을 닫고 살았다. 왜, 그런 시도조차 하지 않았을까? 우리는 의심이 될 것이다. 그런데 심리학 관점으로 보면 스사이는 '학습성 무기력' 상태였던 것 같다.

'안 했다.'라고 아무리 말해도 상대해 줄 사람이 없다는 것과 오히려 그로 인하여 수감 중에도 폭행을 당할지도 모른다는 생각이었을까? 짐작건대 절망과 무기력을 학습했을 것 같다. 그렇다면 '선택적 함구증'도 이와 비슷할까? 아니면 비슷한 감정을 가지게 된다는 것을 말하는 것일까? 이유야 어떻든 자신의 힘으로는 아무것도 바꿀 수 없다는 사실을 '경험'하게 되었을 것이다. 허위자백을 하는 것이 최선이라고 했을 수도 있을 것이다. 그렇다면 은주도 말을 하지 않는 것에 대한 이유와 환경은 다를지 모르지만 마음속에는 비슷한 상태가 있지는 않을까하는 마음이 든다. 그래서 학습성 무기력은 무서운 질병이다. 한 사람의 인생을 송두리째 뽑아 버릴 수 있는 질병이니 말이다. 우울증의 행동모델의 하나로 심리학에서도 크게 알려져 있다.

(4) 침묵 속으로 가라앉은 이유

18세기 프랑스의 사제이자 문필가였던 조제프 앙뚜앙 투생 디누아르 신부는 그의 저서 〈침묵의 기술〉에서 침묵의 14가지 원칙 중 하나로 "말을 하는 것보다 입을 닫는 것이 덜 위험하다."라고 말하였다. 은주처럼 '선택적 함구증'을 지니면 함구하는 것이 가장 덜 위험하고 안전하기에 생존을 위하여 침묵을 선택한다고 말하고 있다.

나는 은주에게 우선적으로 인지행동을 부모와 같이 시켰다. 언제까지나 침묵을 택할 경우 부모나 가족들이 불안하지 않기 위해서 가족 중 누가 대신해서 말을 해주거나 말을 하지 않는 것을 묵인하지 않도록 하는 것이다. 또한 가능하면 상황에 맞는 말을 할 수 있도록 기다리게 하였다. 그러다가 은주가 말을 하면 서툴거나 어눌해도 누구도 탓하지 않도록 하였다.

이것은 일종의 토큰방식으로 인지치료에서 자주 쓰이는 방식이지만 지금은 토큰이 없으니 이름만 그렇게 알고 오늘 날에 상응하는 것으로 대신하면 될 것이다. 은주에게 이렇게 '행동수정방식'을 활용하고 '선택적 함구의 부정적 강화회로'를 이어가던 중 한 회기씩 상담이 진행이 되는 동안 은주는 조금씩 달라졌다.

　노력한 보람이 있는 것인가? 침묵을 하는 것으로 이득을 얻지 못하게 되는 방법이 주효함을 알게 되면서 은주의 작은 반응에도 가족들의 태도도 조금씩 변화를 보였다. 은주가 일시적으로 대답을 하지 않거나 대답을 회피하는 모습에도 가족들 중 누구도 불안을 가지지 않도록 한 것이 주효한 것이다.

　이른바 '선택적 함구증'은 대부분 사회공포증을 수반하거나 우울증으로 이행될 수 있어서 이것이 지속되면 앞으로 대인관계에 어려움이 생길 수가 있다. 은주의 뇌는 불안이 생기면 일차적으로 생기는 것이 호르몬의 작용이다. 이때는 신경전달 물질인 가바GABA, 노르아드레날린, 아드레날린, 아세틸콜린, 글로타민산 등이 흥분, 긴장, 스트레스 등의 정서적 반응을 일으키면서 변연계에 영향을 끼치게 된다.

　그렇게 되면 내면의 두려움이나 불안감을 담당하는 측두엽 깊숙한 곳에 있는 아몬드 모양의 편두체를 중심으로 반응을 보이게 된다. 즉, 일상에서 위협을 느끼거나 하면 본능적으로 편도체가 활성화되어 맞서 싸우거나 혹은 회피하는 전략을 세우게 되는 것을 말한다.

　이때 은주처럼 어떤 사건이나 문제가 생겨서 불안이 올라오게 되면 갑자기 심장이 뛰거나 등에 식은땀이 나는 증상이 일어나는 것을 말하는데 이럴 때 올라오는 불안감의 정도가 크면 클수록 상대와 정면으로 맞서 싸우기 보다는 도망가는 전략을 세우는 경향이 많다. 은주 역시 누군가와 대답할 필요가 있을 때에 '침묵'이라는 회피행동을 통해 불안을 없애려고 했던 것으로 보인다.

그러나 그럴 때마다 옆에 있는 모든 가족들도 불안을 함께 느꼈을 것이다. 그리고 은주를 도우려고 가족들이 움직였을 것인데 이때 침묵의 결과로 은주는 불안을 제거하게 되는 저마다의 이득을 얻게 되므로 대답할 상황이 오면 침묵이라는 회피행동을 하였던 것으로 보인다.

이것을 사람들은 인지행동학적 관점으로 보면 '선택적 침묵강화'라고 부르고 있는데, 이는 은주가 말을 할 때까지 기다리는 상황을 말하는 것이다. 대체로 은주에 대한 정서의 생리적 표현은 편도체의 두려움과 분노에서 이루어진 것이다. 그래서 사건이나 사고 시 일어나는 정서의 경로를 살펴보면 이성적 표현이 이루어질 때는 지각이 되면 전두엽을 거쳐 편도체에 느리게 도달하는 것이 보통이지만 무슨 위험이나 두려움을 느끼거나 생기게 되면 사람들은 반사적으로 본능적으로 충동적으로 지각을 받아서 전두엽을 거치지 않고 똑바로 편도체에서 두려움과 분노를 느끼게 되는 현상을 일으킨다.

이것을 신경학자들은 신체의 스트레스 반응이라고 하며 즉, HPA축이라고 명명을 한다. 이때 H는 시상하부, P는 뇌하수체, A는 부신샘을 말하며, 가장 중요한 호르몬인 코티졸이 부신에서 올라와 도전, 도주반응을 일으키게 된다.

이는 분비되는 부신의 코티졸이 단기적일 때는 문제가 없으나 장기적일 때는 면역계와 해마에 큰 손상을 일으키게 된다. 그렇다면 은주가 지금까지 지속적으로 선택적 함구증을 이루고 있을 때마다 그냥 지나가는 것이 아니라 우울증을 동반하거나 이에 대하여 불편한 호르몬이 대뇌에 작용해서 오랫동안 이런 상황이 지속되었다고 가정한다면, 동물원의 코끼리처럼 앞으로 사회적으로나 심리적으로 큰 정신적 장애를 가질 수 밖에 없을 것이다.

(5) 엄마가 아이 대신 말해주지 않기

"선택적 함구증은 집안의 내력이야."와 같은 말은 아이에게 절대 해서는 안 된다. 왜냐하면 그러면 그 말이 맞던 틀리던 뇌에 인식이 뿌리를 내리게 되고, 그 상황을 벗어나기가 어렵게 된다. 이렇게 되면 이 증상을 없애는데 가장 큰 걸림돌이 될 수도 있다. 기억의 세포인 해마나 감정을 관장하는 편두체에서는 적시에 기록으로 채워질 수가 있기 때문이다.

만약 이런 말이 연속적으로 이어지게 된다면 은주에게 오랫동안 내면에 깊숙이 박혀서 무의식 속에서 깊이 작동되고, 또 다른 문제를 만들 수 있다. 예를 들면 "우리 식구들은 꽃가루 알레르기가 있어." "비만은 우리 집안의 내력이야."라고 하는 말 때문에 사람들은 스스로 마음의 병을 만들어 가고 있는 것과 동일하다.

지금으로서는 이런 말들이 몸과 마음에 안착되지 않게 하는 것이 가장 중요하다. 상담이 몇 회기가 지나면서 유치원에서 아이들에게 놀림을 받는 그 순간을 살폈다. 최면작업에 대한 횟수가 3회에 접어들면서 평소에서는 아무 말도 하지 않던 은주가 섬냄뷸리즘에 도달하기만 하면 말을 하였다. 왜 이렇게 할 말이 많은데 아무 말도 하지 않았나 하고 묻고 싶을 지경이었다.

최면작업이 깊어지면서 은주에게 시도했던 프로그램을 일부 소개하겠다.

"자, 이제부터 은주는 감정 브릿지를 연결합니다. 지금처럼 깊고 편안한 상태에서 이전에 잊고 있었던 것들을 떠올릴 수 있습니다. 우리의 무의식은 지나온 모든 정보와 경험들을 내 몸 안에 저장하고 있습니다. 그래서 그냥 지금처럼 충분히 이완하고 마음이 편안해지면 아주 어렸을 때의 일들을 마치 지금 처음 경험하는 것처럼 생생하게 다시 재경험 할 수가 있습니다. 뭐든 억지로 떠올릴 필요는 전혀 없습니다. 그냥 편안하게 마음을 가라앉히고 잠재의식에게 요청하시면 됩니다." 최면작업이 시작되기 전 은주의 〈라이프 검사〉에서는 트라우마가 아홉 살 이전으로 이어져 있었다. 나는 리그레션퇴행을 통해서 그 당시로 돌아가도록 하였다. 유치원에서 일어났던 사건 속에서 선생님과 친구들에 가졌던 부정적 감정을 알아보았다.

이때, 은주에게 리그레션을 통해 당시 가졌던 내면의 감정에 집중하고, 당장 생기는 내면의 문제와 관련된 감정을 일시적으로 떠오르도록 했다. 그리고 당시 문제에 대하여 어떤 감정과 사고를 찾아서 지금 일어나고 있는 일련의 사건사고에 대한 최초의 사건에 초점을 맞추도록 하였다. (사례에서 말했듯이) 지난날 선생님의 질문에 은주가 다른 생각을 하고 있다가 미처 대답을 잘 하지 못하고 어눌한 태도를 보인 것을 보고 아이들이 모두가 웃었던 그 기억이 된 사건이 장기기억이 되면서 그때의 무망감이 시간이 지날수록 아프게 되새겨졌다.

이렇게 그때 그 사건으로 인하여 대뇌에 깊이 각인된 것이고 아이들과 선생님을 통해서 고착화되자 해소할 수 없는 '선택적 함구증'이 생기는 결과를 만들었다. 은주는 그 뒤에도 억눌린 기억의 불안한 감정을 친구들에게서 보이지 않고 싶었으나 무시 및 모욕을 피하기 위해서 침묵을 택한 것으로 보인다.

이런 경우 리그레션을 통해서 당시 상황을 되돌리거나 역행을 시도해서 아픔과 고통을 생생하게 재현하고, 당시에 느꼈던 생각이나 느낌, 감정을 머릿속에서 지우거나 바꾸도록 하면서 스스로 깊이 통찰을 가지도록 하였다.

은주는 최초사건^{ise}을 다시 떠올리는데 많은 부담을 가지고 있었지만 곧이어 한편의 다큐멘터리처럼 스크린을 보듯이 영상화하게 되었다. 사람은 누구나 극도로 불안해지거나 다급해지면 심장이 빨리 뛰거나 식은땀이 나는 등의 신체반응을 일으킨다. 불안이 생각보다 큰 사람은 대체로 그 상황에 맞서 싸우기보다는 도망가기 전략을 통해 안전지대로 회피하려는 경향이 있는데 은주에게도 이와 유사한 특성이 있었다. 나는 그의 내면에서 어떤 현상이 일어나는지를 살피기 위해서 다음으로 세션을 진행했다.

"자, 지금부터 은주는 〈불안〉이 떠올랐던 당시의 감정과 집중하게 됩니다. 오늘 이곳에 온 것과 관련된 바로 그 감정입니다. 지금껏 은주는 스스로 그 어떤 것 즉, 문제에 대한 사건사고에 관해서 전혀 신경 쓰지 않으려고 노력을 해왔습니다. 그러나 마음대로 잘 되지 않았거나 여의치 않았을 수도 있었습니다. 그러나 이제부터 그 어느 것과도 관련된 막연한 불안감을 모두 해소하기 위해서 동일한 동작과 연결이 이어질 것입니다."

"…."

"자, 이제부터 제가 1부터 5까지 세는 동안 당시에 그랬던 것처럼 그리고 실제의 감정에서 있었던 것처럼 아주 강렬한 당시의 상황과 관련된 기분이나 느낌을 한꺼번에 떠올릴 것입니다. 아주 강렬하게 떠오를 것입니다. 자, 이제 시작합니다.

하나… 그 당시의 감정이 내면에서 솟아오릅니다.

둘… 더욱 더 떠오르고 있습니다.

셋… 이제 점점 더 강렬하게 떠 올라옵니다.

넷… 지금껏 경험했던 것보다 더욱 더 강해집니다.

다섯… 은주의 불안함이 거기에 있습니다. 이제 이 감정을 하나씩 따라가면 당시 나와 관계된 그 시점의 관계와 연결됩니다."

"…."

"자, 이제부터 내가 불안이 언제부터 시작되었는가를 알아보기 전에 최근에 불안이 있었던 그때의 감정을 떠올려 봅니다. 떠올렸으면 심상화를 통해서 다음과 같이 상상을 이어가도록 하세요. 자, 이제 제가 묻습니다. 오늘 이곳에 무엇 때문에 왔나요?"

"선택적 함구증을 없애고 싶었어요."

"자, 그럼 이제부터 은주가 어떤 사고생각을 가지고 있는가를 알아보도록 당시에 가졌던 불안을 똑같이 다시 한번 그대로 떠올려 볼 겁니다."

"네…."

"이제 불안이 점점 올라옵니다. 그리고 자꾸 커집니다. 그리고 최근에 가장 크게 불안을 느꼈던 그때를 다시 떠올리기 바랍니다. 어디일까요? 자, 이제 천천히 시작해보세요. 그리고 천천히 느껴 보세요. 천천히 감정이나 사고를 따라가면 이 공포감을 느꼈던 그곳으로 가게 될 겁니다. 자, 제가 5에서 1까지 거꾸로 세어가면서 불안이 최초로 느꼈던 그때로 갑니다."

나는 이렇게 해서 은주가 마음을 가라앉히고 트라우마가 있는 그 곳으로 갈 수 있도록 유도했다. 브릿지를 끝내고 나서 은주의 몸과 마음은 이완을 거쳐 당시 있었던 사건 사고를 만났다. 인간이라면 누구에게나 자기만이 가진 자신의 내면아이가 있다. 그것은 지금까지 은주를 힘들게 했던 친구들이나 세상에 있는 모든 사람이 아니라 이미 그 전에 가지고 있던 상처받은 내면아이도 마찬가지다. 은주가 가정에서 화를 내거나 투정을 부리는 것은 '현재의 감정'이 아니라 은주가 남에게 제대로 동의로 받지 못한 '어린 시절의 감정'이 나타났거나 그렇지 않으면 다른 감정과 연관이 있는 것이다. 당시 리그레션에서 있었던 사실을 공개한다면 이렇다.

"자, 이제 처음 은주를 선택적 함구증을 가지게 된 그 마음속으로 깊이 들어갑니다.

다섯. 이제, 그곳으로 갑니다.

넷. 그 장소로 갑니다.

셋. 둘, 하나, 최초의 그 장소에 있습니다."

(이후 은주에게 '무엇을 상상하셨나요? 그리고 무엇을 떠올렸을까요?'에 대한 질문을 했고, 은주는 대답을 했다.)

"자, 어둡습니까? 밝습니까?

"밝아요."

"집안입니까? 밖입니까?"

"안이에요."

"낮입니까? 밤입니까?"

"낮입니다."

"혼자입니까? 여럿입니까?"

"여럿입니다."   ·

"그럼 앉아 있습니까? 서있습니까? 누어있습니까?"

"서 있는데요."

"지금 무슨 일이 있습니까? 보이는 장소에서 천천히 진행해 보세요…."

당시의 상황과 접촉을 통해서 마음의 통찰을 이어갔다. 나는 최초사건을 찾아서 은주의 과거로 걸어 들어가도록 안내했다. 그리고 가능하면 은주가 편안하게 이야기를 하도록 위치를 바꾸어 주었다. 은주가 말을 하지 않던 그 순간을 찾아가는 것이지만 은주의 그동안의 힘듦도 짐작이 간다. 그는 무엇이든지 묻는 대로 말했다.

"자, 은주에게서 있었던 이제까지의 불안의 정도가 과연 내 몸 어디에 있었을까요? 가슴, 머리, 종아리, 복부 등 어디에 있나요? 자, 천천히 느껴 보세요. 어딘지 느꼈을까요?

"뇌에 있어요."

"뇌 속에 있었군요. 그러면 무슨 색깔일까요? 검은색일까요. 빨간색일까요? 노란색일까요?"

"검은색이에요."

"촉감은 있을까요?"

"특별한 촉감은 없는 것 같아요."

"네. 좋습니다. 그럼 이제부터 어떤 감정을 느끼는지 샅샅이 살펴볼까요?"

이렇게 해서 몸 전체를 스캔을 해서 몸속에 있는 불편한 기운을 밖으로 내보내게 하였다.

(6) 아이의 증상들

삶에서 가장 중요한 시점은 바로 어릴 때일 것이다. 나는 그 구체적인 시기가 사람에 따라 다소 차이가 있지만 9살 전후나 이전이라고 생각되고, 당시에 가졌던 삶의 방향이 일생을 통해서 이어진다고 생각된다. 마음이 바르고 좋은 아이는 당연히 좋은 어른으로 자랄 것이고 그렇지 않는 아이는 이어질 것이다. 자, 그렇다면 이 말의 근원은 이 시기에 엄마의 역할이 얼마나 어려운가를 알 수가 있을 것이다. 그래서 한 아이를 잘 키우는 것은 거의 기적에 가깝다고 생각이 된다. 내 아이가 자라면서 나름대로의 인생을, 삶을, 하나의 잣대에 올려놓고 또 멋진 세계를 펼치거나 안전하게 완성되는 모습을 바라보는 가족의 마음은 늘 행복할 것이다.

▶ 심리증상
자존심 하락 / 정체성 혼란 / 사회공포증 / 피해의식
피해망상 초기 / 친구 혐오

▶ 신체증상
사람들과 대화 시: 손 떨림 / 얼굴이 붉어짐 /
사람의 눈을 쳐다보는 것을 꺼림 / 온몸이 굳음

▶ 환경문제

아이들에 대한 피해의식

(7) 아이에게 해 줄 수 있는 한 마디

아이의 인생은 엄마에게서 배운다. 그래서 은주에게 시 한편^{매티}
^{스테파넥, 만약 내가 낫는다면}을 권한다. 내 아이가 고통을 받고 있다면 이 시
한편을 읽는 것만으로도 위안이 될 것이다. 이 시를 쓴 주인공은 놀랍
게도 어린아이다. 미국의 꼬마 시인인데 안타깝게도 근육에 힘이 빠져
죽음에 이르는 '근육성 이영양증'을 앓다가 열세 살에 세상을 떠났다.
이 소년은 태어날 때부터 휠체어와 인공호흡기를 달고 살았고 매주
한 차례 신장 투석을 받아야 했지만 마지막까지 용기와 희망을 잃지
않았다고 한다. 생전에 5권의 시집을 남겼는데 그 시집에서 남긴 문장
이 오랜 시간동안 많은 사람들에게 주목을 받고 있는데 바로 그 시를
통해서 은주에게 용기를 주고 싶었다. 그동안 엄마와 더불어 선택적
함구증을 없애려고 노력한 그 힘 말이다.

02
주의력 결핍과잉 행동장애(ADHD)

(1) 내 아이가 산만해서 마무리 하는 게 없다면

따뜻한 봄날이었다. 만물이 소생하기 위해서 우리의 마음을 훈훈하게 한다. 그동안 가지 못한 근처 장승배기공원을 한 바퀴 돌아서 집에 도착하니 그저께 예약했던 내담자가 조금 일찍 도착했다고 접수실 직원의 연락이 왔다. 원래는 이 분이 오늘 오후에 상담을 하자고 했는데 마침 예약된 사람이 있어서 안 된다고 했더니 직장에 조퇴를 하고 일찍 온 것이다.

나는 무슨 일이 그리 급했는가 싶었더니 자녀가 ADHD^{주의력 결핍}^{과잉행동장애}를 앓고 있었다. 자녀인 현식이가 초등학교에 입학한 후 얼마 안가서 학용품을 자주 잃어버리거나 숙제를 안 해서 나무라기는 했지만, 조금 더 자라면 좋아질 것이라고 믿었고 문제가 있는 아이라고는 전혀 생각하지 않았다고 한다. 그런데 갑자기 나를 찾아오게 된 것은 제주도에 여행에서의 일 때문이었다.

제주도에 도착한 첫날, 호텔 로비에서 현식이가 벽 옆에 있는 조형물에 부딪히면서 이마가 찢어졌다. 피를 흘려서 급히 119 구급차를 통해 병원으로 옮기게 되었다. 치료는 잘 끝냈으나 현식이 때문에 놀란 가족은 그날 제주 관광을 포기하고 집으로 돌아오고 말았다.

사고가 일어나기 전에는 조금 덤벙되거나 했지만 그렇게 문제가 될 것이라고는 예상하지 않았다고 한다. 그런데 여행에서 일어난 사고는 단순한 것이 아니었다. 잘못하면 목숨이 위태로울 정도로 크게 피를 흘렸고 이런 위험한 상황이 가족 앞에서 생긴 것이다.

그날 집에 돌아와서 엄마는 아이를 찬찬히 살펴보게 되었는데, 방학숙제도 하지 않은 것이 목격되었다. 아이에게 숙제를 하지 않은 이유를 물었더니 아이는 대수롭지 않게 한꺼번에 몰아서 하면 된다고 하였다. 그뿐만 아니라 날마다 하나뿐인 여동생 방에 들어가서 괴롭히는 것을 가장 재미있어 하는 것을 알게 되었다. 이런 상황은 단순한 사건으로 그치는 것이 아니라 이른바 부모들이 그냥 묵과해서는 안 된다는 상황이라는 것을 엄마는 깨우치게 된 것이다.

지금까지는 엄마와 아빠가 직장에 다니기 때문에 돌보미를 고용해서 아이를 지켜보게 한 것이 원인이 된 것이 아닌가 하고 후회가 되었지만 이제 와서 무엇을 원망한단 말인가? 아이는 좀처럼 나아지는 기색이 없었다. 심지어는 어디든지 마구 뛰어 다니는 것이나 함부로 하는 행동이 점점 많아지면서 금방 집안에 큰 사건이 생길지 모른다는 불안이 생기기 시작하였다.

현식이는 어디에서도 말이 많았고 주위의 사람을 피곤하게 했다. 그런 중에 담임 선생님으로부터 전화가 왔다. 점심시간에 현식이가 급식 줄을 서지 않다가 다른 아이들 틈에 끼어들면서 다툼이 생겨서 싸움이 생겼고 수업시간에 다른 친구에게 지우개를 던져서 또 말썽을 일으켰다고 말했다. 하루에도 여러 사건이 벌어지니 현식이 때문에 수업을 제대로 못하겠다고 하소연했다.

"어머니 정말 어떻게 해요. 이제 더 이상 견딜 수가 없어요."

이런 선생님의 목소리가 한두 번이 아니었다. 갈수록 심해서 병원을 찾아가서 진단을 받았더니 중증 ADHD의 진단이 내려졌다. 약물을 복용하고부터 약간의 변화의 조짐은 있었다. 그런데 병원에서 주는 리탈린의 효과는 충동적인 행동, 산만함, 집중력 저하 등이 저지될 뿐이지 다른 효과는 보이지 않았다.

현식이 엄마는 상담도 몇 군데 옮겨가면서 해보았지만 별다른 큰 도움이 되지 못했고 약물로서 아이가 좋아지기를 기다리는 것이 어려울 것 같아 걱정을 하니까 담당 신경정신과에서 이곳에 가서 최면 상담을 한번 해보는 것이 어떻겠냐고 해서 왔다고 한다. 최면상담이 ADHD에게 도움이 되는 것은 일반적으로 많이 알려진 상황이다. 나는 현식이 엄마에게 너무 걱정하지 말라고 안심을 시키면서 ADHD로 우리에게 많이 알려진 사람들을 알려주었다. 천재 화가 레오나르드 다빈치나 위대한 발명가 토머스 에디슨, 이론 물리학자 알베르트 아인슈타인, 정치인이자 작가이며 발명가였던 벤자민 프랭클린, 천재 화가 파블로 피카소도 ADHD를 앓았다는 것을 많은 사람들이 다 알고 있는 사실이다.

ADHD는 주로 6-12세 사이에 가장 많이 발생하며, 대표적으로 신경발달장애를 말하는 것으로 일반인에게 많이 소개가 되었다. 이 질병이 처음 세상에 알려지게 된 것은 1798년 스코틀랜드 의사인 알렉산더 크라이턴 박사가 지금의 ADHD와 유사한 사례를 보고하면서 부터였다. 초기에 ADHD는 학자들 사이에서도 희귀병으로 여겼고, 이 복잡한 질병에 어떤 이름을 붙여야 하는지조차 몰라서 초기에는 혼란을 겪었다고 한다. 또한 지금도 일반의들 중에서도 ADHD를 질병으로 보지 않는 의사가 많다고 알려지고 있는 실정이다.

미국의학진단체계에 공식적으로 병명이 도입된 것은 1968년이고, 이 병은 부주의와 과잉행동과 충동성을 지니고 있다고 보았다. 심리학계에서 초등학생들을 상대로 실험을 한 결과 학생 10명 중 1명 정도가 이 병과 관련이 있고 그중에 70%는 청소년기까지 지속되는데 50%는 성인기까지 이어질 수 있다고 한다.

미국에서는 주로 취학 연령의 3-5%, 그러니까 숫자로 따지면 14만-240만 명이 이 질병을 앓고 있다고 한다. 이 병에 대해서 진단을 받은 아이들 중에는 남자 아이가 여자 아이보다 많지만 전문가들은 증상이 눈에 잘 띄지 않는 여자 아이들이 분명 더 많을 것이라고 믿고 있다.

어쩌면 자신이 ADHD 환자인 줄도 모르고 지내는 것은 어쩌면 큰 비극이라고 할 수가 있을 것이다. 상담을 하면서 ADHD라는 것이 의심이 돼서 어떻게 지금까지 이렇게 살았냐고 물으면 어떤 아이는 "대부분의 사람들이 다 그렇게 사는 것이 아닌가요?"라고 반문하는 것을 볼 수가 있었다.

이제 수많은 학자들이 신경전달물질인 도파민의 활동을 감소시키는 특정 유전자가 ADHD들에게 흔히 나타난다는 것을 알아냈지만 '아이가 조금 산만하다고 해서 ADHD라는 진단을 쉽게 내리는 것은 아닐까? 그것도 아니라면 ADHD의 치료를 위한 리탈린 등의 약물은 과연 옳게 처방했을까? 내 아이가 다른 아이들에게 해를 끼치는 것이 아니라 단지 좀 더 활발한 것뿐인데 그런 약물을 권하는 것은 아닐까?'라는 의문을 가진 부모들도 주의에는 많을 것이다.

학교에 있는 선생이나 부모들 역시 아이를 변화시키는 것보다 약물로 치료하는 것이 훨씬 쉽기 때문에 그런 처방을 받아들이는 것은 아닐지 싶다. 리탈린은 1987년 스위스의 노바티스사에 의해 개발된 것인데 이 약은 대뇌의 전두엽을 자극, 활성화함으로써 집중력이 강화하는 것이 장점이다. 집중력을 강화시키기 때문에 공부 잘하는 약이라고 일반인들에게 흔히 알려지고 있고, 비만 환자의 다이어트용으로도 처방이 되기도 한다.

반대로 리탈린은 다양한 부작용이 있다. 식욕저하, 구역질, 불면증, 두통, 복통, 우울감 등의 부작용을 가지고 있고, 이 약을 복용하는 아이들이 우울증으로 잘 우는 모습도 보인다. 또한 리탈린의 과다복용 때문에 도파민이 활성화되면 환각상황도 발생하고 정상적인 사람들이 복용하면 도파민 과다현상이 일어날 수가 있다. 따라서 리탈린은 향정신성의약품으로써 규정되어 있는 상황이다.

이에 따라 리탈린은 의사의 처방 없이 복용하면 마약이 되고 처방을 받아서 먹으면 치료약이 되는 이중성을 가지고 있는데, 개인적으로 인간의 뇌에 작용하여 정신활동을 좌우하는 약물을 향정신약이라고 하는 것은 모호하다는 생각이 든다.

⑵ 부주의, 과잉행동 충동성을 일으키는 발달장애

ADHD의 진단을 받은 뒤에도 현식이와 엄마에게 인지 및 행동치료에 대한 교육을 시켰다. 아이의 엄마에게 가정 내에서 일어나는 크고 작은 문제와 아이의 행동에 대해서 어떻게 대처하는 것이 좋은지 설명하는 것은 나의 의무였다. 우선 현식이의 내적상태를 파악하기 위해서 '행동수정요법'을 시행했고, 이를 위해 일기를 써보라고 하였다.

일기를 쓰라고 한 것은 아이가 책상 앞에 앉아서 공책을 편 후 한 문장을 쓰기까지의 시간을 보는 것도 있고, 나아가 일기를 쓰기 위해 아이가 그날 겪었던 일을 다시 생각해보고, 그것을 좋았던 점과 나빴던 점으로 나눠서 되돌아 보게 하는데 주 목적이 있었다.

이렇게 해서 쓸 것이 정해지면 첫 문장을 시작하면서 일기쓰기까지의 과정을 아이에게만 맡기지 말고 엄마와 아이가 같이 나누면서 자기 행동을 스스로 되돌아보게 하였다. ADHD가 있는 아이는 어떤 숙제나 일기를 시작하기까지의 시간이 너무 오래 걸리고 그러다가 중간에 막히게 되면 다른 일로 주의가 분산되므로 이런 과정을 미리 연습을 시켜서 중도에 그만 두는 것을 없애도록 해야 한다.

또한 무슨 일이라도 아이가 잘한 행동에 대해서는 칭찬을 충분히 하고 만약 남에게 피해를 주는 행동을 했을 때 그것이 규칙이거나 미리 정한 불이익의 항목이 들어있으면 철저히 아이에게 불이익을 줘야 한다. 이때는 엄마나 가족의 행동이 일관성이 있어야 되고 그때마다 아이에 대한 반응도 즉각적이어야 한다.

아이에게 불이익을 줄 때는 충분히 마음만 먹으면 실행할 수 있는 것이 좋으며, 가능하면 상징적인 것이 좋을 것이다. 만약 '동생을 때렸을 때' 불이익을 받기로 약속했다면 지금까지 받았던 '칭찬스티커'를 하나 또는 두 개 정도를 없애거나 떼어내는 것으로 불이익을 대신하는 것도 좋다.

여기에서 중요한 핵심은 어떤 불이익이라도 물리적으로 고통을 주거나 아이가 분노를 일으킬 수 있는 것은 피해야 한다. 단지 문제의 행동에 대해서 반드시 손해가 따른다는 것을 인지하는 것이 좋다. 여기서 불이익이 수학문제 몇 장 더 풀기거나 피아노 연습을 더 하는 등의 공부나 과제를 벌칙으로 정하는 것은 그리 좋지 않다는 것도 명심하자.

이렇게 상담을 이어가는 도중 엄마는 아이가 약을 복용하는 것이 오히려 습관이 되는 것이 아닌지 걱정이라고 말했다. 그래서 조심스럽게 말했다.

"의사가 약을 복용하는 것이 좋다고 했으면 당장 그만두기보다는 그렇게 하는 것이 좋을 것 같네요."

"네. 하지만 대부분의 남자아이들은 어릴 때 조금은 이런 모습을 보이잖아요. 그래서 습관만 조금 바꾸면 되는 것을 약을 오랫동안 복용하게 해서 자기가 남들이 가지지 않는 병을 가지고 있다는 선입관을 가지게 될까봐 우려가 됩니다."

"그렇게 생각할 수도 있습니다. 하지만 일반아이들은 집중할 일이 생기면 흥미가 없어도 40분 정도는 집중을 할 수 있지만 현식이는 지금 사소한 자극에도 흐트러집니다. 이렇게 몇 분 못 버티는 것은 그냥 두고 볼 일이 아닙니다. 어떤 과제를 해결하는 것도 다른 아이들보다 아주 늦습니다. 그러다가 제 시간에 끝내지 못하는 것이 어디 한두

건 정도가 아니지 않습니까?"

"네. 그건 맞아요. 저도 그게 문제라고 생각하고 있어요."

"그렇습니다. 현식이 어머니, 생각해 보세요. 대부분의 아이들은 수업시간에 자기 연필을 떨어뜨렸을 때 급우들은 신경을 안 쓰지만 ADHD를 가진 아이들은 '저 연필이 어디로 갔을까?'에 대해 좀 더 길게 신경을 쓰게 되거든요. 보통 아이들은 이런 일을 가끔 겪게 되는 일이라고 생각하지만 ADHD를 가진 아이들은 반복적으로 생기고 집중력이 떨어지기 때문에 학교생활이나 교우관계도 원만하지 못한 것이 문제로 나타나고 있고 현식이도 비슷하지 않습니까?"

"네. 그건 그래요."

"그럼, 보세요. 이 부위가 사람의 실행 기능을 담당하는 전전두엽입니다. ADHD를 가지고 있는 아이들은 다른 또래의 아이들에 비해 좀 느리게 발달됩니다."

나는 뇌를 가리키면서 이야기를 이어갔다.

"네…."

"아이들에게 실행기능이라는 것은 계획세우기, 우선순위 정하기, 작업 기억력, 자기 객관화, 자기 조절능력을 포함하게 되는데 특히 작업 기억력은 일상생활에서 필요한 단기 기억력과 같은 것이지요. 작업 기억력이 저하되면 다음과 같은 일들이 벌어지게 됩니다."

"어떤 일들인가요?"

"현식이는 뇌 중에서도 중간뇌인 변연계에 문제를 일으키고 있어요. 여기에 대해서 말씀 드리면 그 안에 해마, 편두체, 시상하부를 포함한 뇌하수체가 있어요."

"기억도 거기서 관장하는지요?"

"네. 맞아요. 그것을 해마라고 하지요. 대부분의 아이들은 숙제를 하던 중 샤프심이 없어지면 주변을 두리번거리는 것이 맞지만 ADHD 를 가진 아이들은 샤프심을 찾으려 옆방에 있는 동생 방을 가는 거예요. 현식이도 그렇고요. 그러다가 동생이 인형이나 장난감을 가지고 놀면 어떻게 합니까? 그 순간부터 샤프심을 찾으러온 것을 잊어 버려요. 그리고는 동생이 하고 있는 일에 참견을 하게 되지요. 그러면 숙제는 말할 것도 없고 동생하고 싸우게 되잖아요."

"그건…, 그래요."

"이런 증상은 대뇌에 있는 호르몬의 흐름과도 밀접한 관계에 있어요. 예컨대 도파민이나 노르에피네프린 같은 신경전달물질이 수용체에 제대로 전달되지 않거나 전전두엽이 원활하게 작동하지 못해서 나타납니다. 유전적인 영향을 많이 받는 신경발달장애이므로 가족력도 점검해보는 것이 좋을 것 같습니다."

"그럼 유전력이 있다는 건가요?"

"그렇게 보는 것이 맞아요."

"이 증상을 가진 사람들 중에서 유명한 사람도 있고 성공한 사람도 많다는 이야기는 들었어요. 어떤 사람들인가요?"

"네. 맞아요. 국내외로 많은 학자나 의사들은 레오나르도 다빈치의 이야기를 많이 합니다. 그는 천재화가라고 하지만 일생동안 완성한 작품은 고작 20점을 넘기지 못한다고 합니다. 왜, 그렇게 미완성 작품이 많을까요? 이를 놓고 미국의 전기 작가인 월터 아이작슨은 말했어요. 레오나르도는 구상을 현실화하는 것보다는 미래를 위한 구상 자체를 좋아해서 현재에 집중하지 못하고 쉽게 산만해졌다고요. 그래서 인내심을 훈련받지 못한 천재였다고 말을 합니다."

"아, 네."

"그는 자기 작품을 마무리하지 못하고 중도 포기한 자신의 모습 때문에 괴로워했다는 기록도 있어요. 기록에 의하면, 새로운 펜촉을 시험하거나 무료한 시간을 보낼 때 '무엇이라도 완성된 것이 있는지 말해봐.'라는 문장을 반복해서 쓸 정도였다고 합니다. 주위에 많은 사람들이 그에게 많은 작품을 의뢰하려다가도 작품을 제대로 완성하지 못할 것이라는 의구심에 후원과 의뢰를 꺼리는 사람이 많았다고 기록에 남아있습니다."

"참 안타까운 일이었군요."

"그렇지요. 그가 천재임은 분명하지만 집중력과 끈기 부족으로 주변 사람들과 동료들에게 신뢰감을 주지 못한 것은 정말 애석한 일입니다. 그런 탓인지는 잘 모르지만 천재인 그에게도 경제적으로 어려움이 많았다고 알려지고 있어요."

"네. 그랬었군요."

"제가 처음 소원이 뭐냐고 물었을 때 현식이가 이렇게 말해서 그때의 말을 잊을 수가 없네요. '좀 더 내가 차분해지고 싶어요. 더는 사람들에게 혼나고 싶지 않아요. 저도 엄마에게 잘했다고 칭찬을 많이 받고 싶어요."라고 했어요. 엄마에게 지적을 받는 것이 무척 힘이 드는 것 같더군요. 그래서 심리적으로 뭔가 위축되고 마음속에 화도 쌓이고 그래서 우울증도 생기고 그러나 봐요."

그날 세션은 비교적 일찍 끝났다. 며칠이 지나서 밖에 비가 내리는 날이었다. 그날도 현식이는 엄마와 같이 왔다. 엄마의 말에는 아이가 그런대로 집에서 잘 지냈다고 한다. 현식이가 자꾸 친구들과 운동을 하겠다고 하는데 다른 아이들과 섞여서 노는 것이 괜찮겠냐고 말했다. 사뭇 걱정이 되는 눈치였다.

"어머니께서 지금까지 하신 말씀을 들어보면 현식이가 운동을 좋아해서 체육시간에는 집중력도 뛰어나다고 하셨는데 제 생각에는 앞으로 계속 운동을 해도 좋을 것 같은데요."

"글쎄. 괜찮을까요. 제주도에서 그런 일이 있고 나서부터는 도무지 마음이 놓이지 않아서 그래요."

"혹시 현식이가 또래와 노는 것이 싫다고 하던가요?"

"아니요. 남들과 어울리는 것이 싫지는 않다고 말했어요. 그리고 아이들과 같이 놀고 싶어서 돌아다니는 거라고 말을 했고요."

"그래요. 그 부분은 다행이네요. 아이들이라면 그렇게 어울려서 같이 다니는 것이 싫지 않겠지요. 다치는 것이 걱정이어서 자꾸 피하는 것은 현식이의 장래를 위해서도 좋지 않아요. 조심하라고 하면서 친구들과 놀라고 그러세요."

"그런데 아이들 중 비속어를 쓰는 아이가 있어서 가기 싫다는 얘기도 해요."

"어떤 비속어를 사용하던가요? 친구들이 비속어를 쓰면 그때마다 어떤 생각이 자꾸 든다고 했어요?"

"아이들의 입을 틀어막고 싶다고 했어요. 그리고 그들을 보면 화가 난다고도 하네요."

"그런 일이 있었군요. 전 그건 전혀 몰랐어요. 어릴 때부터 아이가 남보다 호기심이 많았던 것 같다고 하셨지요."

"네. 선생님, 최면상담을 해서 현식이가 왜 비속어를 그렇게 싫어하게 되었는지를 비롯해서 언제부터 ADHD 성향이 있었는지를 상세하게 알아보고 싶은데요."

"그래요. 그럼 집중력이 생기도록 최면상담과 연계해서 도움이 되도록 하겠어요."

"네. 고맙습니다."

(3) ADHD의 집중력과 아이

나는 현식이에게 암시에 대한 반응성을 높이고 집중력을 키우기 위해서 최면상담을 준비하였다. 심리적으로 이완하려는 시도와 신체 이완이 연합되어 시너지 효과가 나타나고, 이완을 위해서 호흡을 마실 때보다 내쉴 때 힘을 적게 사용하므로 현식이에게 내쉴 때 이완하라는 암시를 주었다. 이 작업은 자기용서를 통한 자기 자신과의 관계를 회복하는 작업을 하는 것을 첫 번째의 목표로 잡았다. 이어서 현식이가 허용할 수 있는 만큼 편안하고 최대한의 최면적 깊이를 강화하도록 하였다.

파츠 테라피라는 접근을 적용하고 싶었지만 이것은 첫 세션에서 적용하지 않는 기법이므로 심리적으로 편안하게 느낄 수 있도록 간략한 역행 작업이 포함된 파츠 테라피의 변형된 신체화 파츠 워크를 진행하도록 하였다. 최면에 대한 세션을 진행하기 위해서 초기사건(ISE) 즉, ADHD을 알아보기 위해서 인덕션을 하였다.

"자, 이제 내가 잠시 뒤 현식이의 어깨나 팔이나 이마를 터치할 것인데 괜찮겠니?"

이마에 터치를 하기 전에 물어보는 이유는 몸을 만지거나 터치를 하는 것을 싫어할 수가 있어서 미리 양해를 구하는 것이다. 특히 성별이 상담자와 내담자가 다를 때는 꼭 물어보는 것이 원칙이다. 자칫 '성추행'이라고 하는 오해의 소지가 있기 때문이다.

"…, 네."

현식이의 동의음이 떨어지자 이완을 시작했다.

"이제부터 내가 보내는 신호나 표시에 따라 호흡을 하게 됩니다. 크게 한 번 숨을 들어 마셨다가 밖으로 내쉬도록 하세요. (잠깐 여유를 준 뒤) 자, 다시 한번 더 크게 숨을 들어 마셨다가 숨을 밖으로 크게 내쉬세요. (이때는 현식이의 몸과 마음에서 호전 중인 에너지나 긴장감을 내보내도록 하였다. 그리고 나는 잠깐 여유를 준 뒤 다음 동작으로 방금 들어 마셨던 숨을 멈추었다가 크게 밖으로 내보내도록 지시하였다.) 자, 이제 나의 엄지손가락을 바라보게 될 겁니다."

나는 현식이에게 엄지손톱이 보이는 쪽을 현식이의 두 눈의 상위 지점 즉, 10~15cm에 갖다 놓고 한동안 똑바로 응시하도록 시켰다. 이 경우 끝이 둥글고 빨간 색이 들어 있는 '최면봉'을 사용하거나 손바닥에 까만 점을 찍어 놓고 그것을 오랫동안 바라보게 하는 방법을 사용하기도 한다.

"이제부터는 두 눈을 깜박거리지 말고 제 손톱을 바라봅니다. 그렇게 오래토록 바라보고 있으면 두 눈이 따끔거리거나 두 눈이 무거워서 눈을 감고 싶어질 것입니다. 그렇지만 '꾹' 참으셨다가 내가 잠시 뒤, 손을 아래로 내리면 그에 따라 눈을 감으시면 됩니다."

"네."

이 동작은 대부분 3~5분 동안 이어진다. 이런 전 과정이 끝나면 다음 동작으로 몸을 이완하게 된다.

"자, 이제 두 눈에 의식을 집중하세요. 제가 이완을 하라는 것은 몸과 마음에 힘을 모두 빼라는 겁니다. 그래서 스스로 몸과 마음에 힘을 뺐다는 확신이 들면 눈 주변에 있는 근육이나 위 눈썹과 아래 눈을 떠보려고 '움칠움칠' 시도는 해보겠지만 아마 눈이 뜨이지 않는 것을 곧 확인하게 될 겁니다. 그럼에도 스스로 눈을 떠보려고 '움칠움칠' 시도는 해보세요. 좋습니다. 하지만 두 눈을 그대로 두는 것이 훨씬 더 유리하다는 것을 알면 그대로 두시기 바랍니다."

현식이가 비교적 잘 따라와 주었다. 집중력이 부족한 이 아이가 잘해줄지 걱정을 했는데 꽤나 외외였다.

"으음…."

"이제 되었습니다. 아주 잘하고 있네요. 자, 그럼 이제부터 상상을 한 번 더 해볼 건데요. 내 두 눈과 눈꺼풀에서 이완된 느낌을 머리 꼭대기 백회가 있는 쪽으로 가져간다고 상상을 해보기 바랍니다. 우리 뇌는 실제와 상상을 잘 구분하지 못해서 내가 상상을 하면 그대로 따라 와 줄 겁니다."

조금 여유를 가지도록 기다린 뒤 다음 동작으로 이어졌다.

"자, 그럼 이제부터 온 몸에 힘이 빠졌다는 확신이 든다면 잠시 후, 내가 하나 둘 셋하고 엄지손가락을 튕기게 되면 두 눈과 눈썹 사이에 온전히 이완된 느낌이 머리 꼭대기에서 온몸으로 가져간다고 상상하기 바랍니다. 그래서 이제부터 그 모든 느낌을 다시 온 몸으로 흘러 보낸다고 상상하기 바랍니다. 그러면 이제보다 열 배나 더 크게 이완이 될 겁니다."

"네."

나는 현식이의 이완되는 과정을 천천히 지켜보았다. 그런 뒤 트랜스가 잘 유도되었다고 확신이 들었을 때 다음의 동작으로 이어지게 된다.

"좋습니다. 자, 얼굴에서 힘을 빼게 됩니다. 목 주위의 근육에 힘을 뺍니다. 양팔과 다리에 힘을 뺍니다. 어깨에서 팔꿈치로, 손목에서 손끝까지 힘을 뺍니다. 등 쪽의 근육에 힘을 뺍니다. 허리로 종아리까지 힘을 뺍니다. 허리에서 무릎과 발목에 힘을 뺍니다. 전신의 혈관 구석구석까지 이완이 됩니다."

"네."

이렇게 해서 이완훈련의 전 과정이 끝났다면 다시 한번 눈꺼풀을 붙이고 눈꺼풀 주위의 근육이 이완되었다는 확신이 들면 머리에서 온몸으로 이완을 시작하여 전회와 동일하게 세 번 이상을 반복하게 된다. 이렇게 모든 과정이 끝나고 나면 눈 떨림이나 미세한 몸의 느낌을 보고 이완이 되었다는 것이 확신이 들었다면 다음의 동작으로 이어지게 된다.

"자, 잘했습니다. 그렇게 하면 됩니다. 이제 곧 다음 동작으로 팔 떨어뜨리기를 할 것입니다. 지금처럼 마음을 편안하게 하면서 다음 동작을 잘 따라하면 됩니다. 잠시 후에 내가 오른쪽 팔을 들었다 놓을 것입니다. 그러면 지금까지 이완되었던 것보다 두 배 더 이상 깊이 이완이 되게 됩니다."

"네."

현식의 오른쪽 손목을 가볍게 쥐고 들었다가 놓는다. 이 동작을 왼쪽 오른쪽을 번갈아가면서 반응을 살핀 뒤 다음 동작이 이어지도록 한다. 이 과정을 위하여 세 번을 반복시킨다. 그리고 다음 동작으로 〈숫자 심화〉와 〈호흡 심화〉 등을 마치고 몸이 완전히 이완되는 과정을 지켜보았다면 첫 작업은 완료된다. 이렇게 의식을 이완하는 과정을 마치고 시간선 치료로 이어가게 하였다. 몸과 마음 즉, 의식을 이완하는 것을 마쳤을 때 이루어지는 것이 보통이지만 의외로 최면감수성이 높은 현식이는 더 이상의 강화는 필요치 않을 것 같았다. 그래서 시간선 치료를 하게 되었는데 이 시간적 치료는 부정적 정서, 제한적 신념 등을 드라마틱하게 변화시키며 NLP의 부정적 정서의 이득과 변화로 이어가게 된다.

현식이가 여행하는 첫날 겪은 부상과 관련된 사건이나 개학을 앞두고 숙제를 몰아서 하는 행위는, 어떤 모임이 있는 자리에 있으면 집중이 잘 되지 않으므로 일어나는 집중력 저하현상이나 언제 어디든지 뛰어 다녀야 직성이 풀리는 것과 비슷한 것이고, 이런 일들로 인해 발생할 수 있는 사건사고를 방지하고 집중력 강화를 위해서 숫자 심화를 진행해 나갔다. 이는 숫자를 세면 이완된다는 암시를 주는 방식을 말하는데 자가 호흡을 내쉴 때, 상담자가 숫자를 세주며, 세는 숫자 사이에 점점 더 이완된다는 등의 암시가 비교적 효과적으로 나타나게 되는 것을 말한다.

숫자세기는 보통 1-3, 1-5, 1-10을 사용하게 된다. 이때 10을 넘어가면 의식적 노력이 필요하기에 가능하면 10을 넘겨서는 잘 사용하지 않는다. 예컨대 상담자는 다음의 예시를 사용할 수 있다.

"자, 지금부터 숫자를 1부터 3까지 셀 것입니다. 매 숫자를 셀 때마다 두 배씩 이완하게 됩니다. 자, 하나… 이완이 두 배 됩니다. 둘… 더 편안하게 더 이완이 됩니다. 셋… 이완이 두 배씩 깊어집니다. (이런 식으로 진행이 이어진다.)"

숫자세기에서 보통 순방향으로 이완하는 것이 쉽다. 역방향으로 세는 것도 하나의 방법이지만 순방향으로 세는 것이 더 적은 노력이 든다. 그래서 이완을 유도하는 심화기법에 숫자를 순방향으로 세야 하는 이유를 말하는 사람도 있다. 이렇게 해서 내담자가 섬냄뷸리즘에 들었다고 확신이 들면 본격적으로 치료를 시작할 수가 있다.

"자, 이제 묻습니다. 현식이는 ADHD가 자신에게 어떤 영향을 준다고 생각합니까?"

최면에 들 때 의식이 있느냐 없느냐로 다툴 수가 있으므로 미리 말을 하자면 최면에 들어도 의식은 당연히 있다. 우리가 최면에 들면 잠자는 것처럼 아무것도 모르는 것으로 오해하기도 하지만 실제는 그렇지 않다. 정리하면 최면상태는 잠자는 것도 아니고 그렇다고 깨어있는 것도 아닌 그런 중간상태로 보면 된다.

"내가 집중력이 없다고 주목받는 건 정말 싫어요."

이제 남을 의식할 만큼 몸과 마음이 많이 지쳐 있었다.

"그래서 친구가 많이 떨어져 나갔구나. 늘 친구들과 다투었다는

데 어떻게 친구가 많겠어! 왜, 친구들과 다투었다고 생각하지?"

현식이가 이렇게 ADHD 성향을 가졌는데 집중력이 높다는 것은 아주 놀라운 사실이다.

"몇 년 전이에요."

"그럼 그때가 몇 살인지 기억이 나니?"

"7살인 것 같아요."

"좋아. 그럼 7살 때로 갑니다. 떠오르는 장소를 말해봐."

나는 중간마다 최면 브릿지를 사용해서 최면 심화를 이어갔다.

"외갓집이에요."

"어떤 일이 있었니?"

"외갓집에 있는 형이 때려요. 그래서 울고 있네요."

"왜 싸웠니?"

"딱지치기를 하다가 그랬어요."

"그럼 '놀이 = 다툼'이 되겠네. 그 상황이 느껴지나요?"

"내가 지는 것이 왜 싫은지 잘 모르겠어요. 이런 기분은 늘 나를 지옥으로 끌고 가요"

"좋아요. 지금부터 NLPNneuro-Linguistic Programming에서 행하는 시간선치료Time Line Thrapy를 할 겁니다. 지금 현식이는 하늘로 날아오릅니다. 그리고 그 상황을 위에서 내려다봐. 보이니?"

"네…."

"그럼 아주 작게 보일 거야. 자. 이제 하늘로 더 높이 날아올라봐! 이제 비행기만큼 날아오르세요. 좋아요. 더 높게 날아오릅니다. 아래를 내려다보면 이제 한국이 다 보일 정도로 높이 올라갈 겁니다. 그리고 우주까지 날아오르세요. 이제 지구가 농구공처럼 작아질 때까지 오르세요. 자, 좀 더 올라서 지구가 작은 점처럼 작아질 때까지 날아 갑니다. 자, 어때요. 이제 아래에 무엇이 보이죠."

"작은 점이요."

"그럼 그 어떤 상황도 이제 안 보이겠네요."

"네."

"그럼 싸우는 모습도 보이지 않고 지옥 같은 느낌도 들지 않고 놀이에서 다툼이라는 것도 보이지 않겠네."

"네. 안보여요. 아무것도 느껴지지도 않네요."

"이제 그 위치에서 호흡을 합니다. 우주의 시원한 에너지와 태양의 따뜻한 에너지를 온 몸으로 들어 들이세요. 가슴 가득히 마음이 뿌듯할 때까지 들어 마시고 호흡을 편안하게 내쉬세요. 몸과 마음이 아주 편안하죠. 그럼 좋습니다. 이제 떠오르는 대로 말해 보세요. 이제 어떻게 하면 놀이를 하다가 친구와 다투지 않게 될까요? 그리고 친구들과 사이가 좋아질까요?"

"이제 이기는데 신경을 쓰지 않고 사이좋게 노는데 신경을 쏟으면 될 것 같아요."

"이제 친구와 다툼에 대한 불만은 없나요?"

"모두가 다 사라졌어요."

"자, 그러면 친구들과는 이기는데 신경을 쓰는 것도 중요하지만 사이좋게 노는 것에 더 신경을 쓰게 된다는 것이지요. 그래서 친구와의 다툼을 없애고 사이좋게 노는 것에 신경을 크게 쓰게 되겠지요."

"네."

"잘했습니다. 이제 그 교훈을 가지고 과거 1년 전 우주 상공으로 이동할 겁니다. 6살 우주상공으로 갑니다. 6살 우주상공에 도착했다면 7살 사건을 바라보세요. 그 사건이 보이나요?"

"아니요. 보이지 않아요."

"그렇지요. 이렇게 높이, 이렇게 과거로 왔는데 보일 수가 없지요. 그럼 친구와 다툼에 관한 정서도 보이지 않을 거예요. 하지만 조금 전에 깨달은 교훈은 있을 겁니다. 그렇죠."

"네. 이제 마음이 아주 편해서 부정적인 정서는 생각이 나지 않고 교훈은 기억이 나요."

"그러면 그 교훈을 가지고 7살 사건으로 가면 그 장면이 다르게 보일 겁니다. 다시 그 사건 속으로 들어갑니다. 하나 둘 셋!"

나는 현식이의 의식이 집중되도록 두 손가락을 튕겼다.

"네. 아주 편안해요. 놀이를 하다가 다투는 모습이 다른 사람들의 모습처럼 느껴져요."

"자, 떠오르는 대로 말하세요."

"놀이, 다툼 어떤 느낌이 드나요?"

"아이들과 친하게 지내고 사이좋게 놀아요."

"이제 그 신념을 가지고 미래로 가보세요. 현식이가 원하는 결과를 얻은 미래를 떠올려 보세요. 지금부터 얼마 후인가요? 어떤 모습이 떠오릅니까?"

"2달 후 친구들과 운동장에서 야구놀이를 하고 있어요."

"어떻게 해서 친구들과 빨리 친하게 되었어요?"

"게임을 해도 이기려고만 애를 쓰지 않고 편하게 즐거운 마음으로 했어요. 물론 친구들의 마음을 헤아리려고 했고요. 공감과 배려를 잊지 않으려고 했어요."

"잘했어요. 최고예요. 멋져요. 이제 친구들과 다투지 않고 저 아이는 ADHD라는 말을 듣지 않아도 되겠지요."

"맞아요. 그동안 남들이 ADHD라고 해서 불편한 일도 많았지만 저대로 이득도 많았어요. 친구들에게 함부로 해도 대들지 않고 피하는 재미도 있었고요. 엄마와 아빠가 신경을 써주시고 평소 어림도 없던 것을 사주셔서 고마워요. 이제 착한 아이로 살 거예요. 전 이제 ADHD 아이가 아닌 것을 보여 드리겠어요."

"좋아요."

이렇게 해서 '놀이=다툼'은 친구들과 친하게 놀아야 된다는 신념으로 바뀌고 현식이는 이제 마음이 편안해졌다. 신념은 능력을 만들고, 능력은 행동을 결정하고 행동은 상황을 만든다.

(4) 산만한 충동적 행동에 가려지는 아이의 강점

현식이는 어린 나이인 6살 때부터 ADHD의 성향이 있었다. 그때부터 성격이 원만하지 못하고 무슨 일에도 산만하였고 충동성을 가졌다. 그러나 운동장에서는 뛰어난 집중력을 가졌으며 싫어하는 것은 비속어였다.

▶ 심리증상
불안증 / 강박증 / 자존감 하락 / 정체성 혼란
감정조절이 안 되는 문제 / 우울증

▶ 신체증상

아이를 보면 긴장됨

▶ 환경문제

가족이나 친구를 만나는 것이 싫음

(5) 내가 하고 싶은 한 마디

우리의 뇌 중에서 감정을 전담하는 곳은 중간에 있는 뇌이며 이를 일명 포유류의 뇌라고 말한다. 이곳은 사람의 기본적인 감정과 모성애 등의 본능, 얼마간의 학습과 기억을 담당하는 곳이다. 학교나 직장에서 왕따를 당했을 때 괴로운 건 이 부분에 경고등이 켜지기 때문이다. 이 중간 뇌는 무리지어 생활하는데 도움을 준다. 그렇다면 현식이가 ADHD를 극복하면서 내면의 힘을 키우는 방법이 뭐가 있을까? 있다면 과연 뭐가 될까? 그것은 부정적인 생각이 떠오르거나 부정적인 생각이 들 때 어느 쪽을 선택하는가에 따라서 달라진다는 것이다. 그렇다면 다음의 이야기를 신중하게 생각해 보자.

옛날 옛적에 인디안 어른 추장이 있었다. 추장은 어린 아이에게 말을 하였다.

"얘야, 우리의 마음 안에는 두 마리 늑대가 살고 있단다. 하나는 착한 늑대란다. 이 늑대는 용기, 희망, 자기 확신, 자신감, 신념 등을 먹고 산단다. 다른 늑대는 악한 늑대인데 악한 늑대는 분노, 좌절, 공포, 불안. 두려움 등을 먹고 산단다."

어린 아이가 물었다.

"할아버지 그럼 둘이 싸우면 누가 이기나요?"

그러자 어른 추장이 답했다.

"네가 먹이를 주는 쪽이 이긴단다."

03
무대공포증

(1) 남 앞에 서면 몸이 굳어지는 내 아이

공포증이라고 하면 우리가 막연하게 느끼는 두려움과 밀접한 관련이 있다. 두려움은 실제적 두려움authentic과 비실제적 두려움unreal으로 나눌 수 있는데 실제적 두려움은 현 순간에 즉각적인 발생하는 위험에서 생기는 것이고 비실체적 두려움은 앞으로 어떤 일이 일어날 것에 미리 대비하는 것을 말한다.

그렇다면 두려움을 만들어 내는 원인은 뭘까? 어떤 일이든 완벽해야 된다는 생각을 가졌다면 공포감이 많을 것이며 불안의 정도는 클 것이다. 사회적 통계에 따르면 사회불안장애를 가진 사람은 1,000명당 5명 정도로 발생한다고 하며, 특히 남성보다는 여성 쪽에서 많은데 왜, 아이들은 다른 사람들 앞에서 불안을 갖게 되는 것일까?

그것은 다른 정신과적 장애와 마찬가지로 사회적 불안장애는 그 사람이 가지고 있는 특징적인 기질 즉, 유전적인 특성과 환경적인 요인에 기인된다. 이런 사람은 어린 시절부터 다른 사람들 앞에서 당황스런 경험이 많았거나 일상 속에서 특정사건이나 문제로 인하여 불안을 경험한 경우도 있지만 공황장애를 앓은 적이 있는 부모에 대한 유전적 요인도 있다.

불안이 생기는 이유가 몸인가 마음인가에 대해서 한두 번 정도는 '심신 이완설'에 대해서 들었을 것이다. 인간은 외부에 무엇이 일어날 때 혹은 뭔가를 하려고 할 때 온몸으로 반응을 하게 된다. 누구나 이성적 사고만으로 일상 속에서 다양한 선택과 결정을 내리기는 사실 어렵다. 예컨대 몸을 근거로 하는 화학적 반응으로 인하여 일상에서 다양한 판단을 내릴 수 있다고 한 것이다.

그렇지만 우리의 감정이 의식을 바꾸어 놓는 것은 매사에 생각이나 행동을 느끼고 살기 때문이다. 그래서 이 일을 해서는 안 된다는 생각이 들지라도 그 사람에 대한 감정이 올라오거나 다른 생각이 나오면 우리는 어쩔 수 없이 감정이 의식의 형태를 넘어 설 때가 있다. 이것은 대뇌 중에서도 중간 뇌에 있는 감정의 뇌라고 해서 변연계 즉, 해마, 편두체, 뇌하수체와 시상하부가 감정의 영향을 받게 되는 것을 의미하며, 이를 통해 서양 철학자 데카르트, 아리스토텔레스, 칸트같은 철학자들이 말하는 철학의 과제가 우리의 의식을 지배해 온 근본적인 사상과 세계관을 창조하는 학문인 것이라는 것을 말하는 사실로도 볼 수 있다.

그래서 데카르트는 〈방법서설〉에서 모든 것의 존재를 의심하고 또 의심을 해봐도 의심하는 자신이 존재한다는 것은 확실하니 여기서부터 생각을 해 보자고 주장했다. 이는 당시 세계관이었던 기독교의 이념과 철학을 그가 싸워서 자기 것으로 만든 결과였다.

하지만 이에 대해서 뇌신경과학자 안토니오 다마지오Antonio

Damasio는 〈데카르트의 오류〉와 소매틱 마커 가설Somatic Markers Hypothesis을 통해 '가장 정교한 마음의 작용을 생물학적 유기체의 구조 및 작용과 분리하는 것이 문제'라고 하면서 '몸의 일부인 뇌는 컴퓨터이며 마음은 프로그램이라는 식'으로 둘을 구분한 데카르트의 심신이완설을 비판했다. 그렇다면 무대공포증이 그 사람의 마음의 문제인가 몸의 문제인가를 어떻게 따져 볼 수가 있을 것인가? 그리고 무대공포증을 가진 아이를 위해서는 몸을 다스려야 할까 아니면 마음을 다스려야 할까?

(2) 남 앞에 혼자서야 하는 두려움

아침에 일어나서 창문을 열고 밖을 내다보니 온 산과 들에 눈이 하얗게 내렸다. 얼마 만에 보는 눈인가? 사실 서울로 이사하기 전 부산에 있을 때는 눈 구경이 그리 쉽지가 않았다. 나는 오랜 만에 동심에 빠져 근처 병원 건물 뒤쪽을 바라보고 있는데 상담실에서 나를 부르는 소리가 들렸다.

"박사님! 손님 오셨어요."

내담자를 만나보니 엄마의 온몸이 물에 빠졌다가 금방 건져낸 생쥐처럼 얼어붙어 있었다. 순간적으로 '저 나이에 무슨 일로 저럴까? 그래 모르긴 해도 자식 일일 거야.'라고 추측한 내 예상은 아이 엄마와의 대화를 통해 맞았다는 것을 알게 되었다.

"선생님 어떻게 해요. 아이가 이제 곧 발표회 날짜가 닥쳤는데 애가 무대에 서지 못하겠다고 해요. 이번 발표를 잘못하면 큰일인데 어떻게 해요?"

아이가 쓴 SCT검사 및 인성 및 적성검사를 세밀히 살펴보았다. 영준이가 '무대공포증'을 시작한 것은 오래된 것은 아니었다. 그는 대중 앞에 서면 가슴이 두근거리고 땀이 나면서 호흡에 변화가 감지되는 것이다. 학교에 오기 전 초등학교 때부터 불안과 공포를 가지고 있어서 집 근처에 있는 몇 군데 치료를 했으나 일시적이어서 큰 도움이 되지 못했다.

그런 그가 이번에 학교 발표회를 며칠 앞두고 엄마와 같이 나를 찾아온 것이다. 아무리 마음을 굳게 먹고 생각을 바꾸려고 해도 불안이 가시지 않는다고 했다. 중요한 것은 영준이가 평소에도 무슨 일을 해도 완벽해야 된다는 강한 신념을 가지고 있었다.

앞서 이 증상을 갖는 원인과 사회불안장애를 가진 사람들은 1,000명당 5명 정도로 발생한다고 기록이 되어 있으며 그중에서 남성보다는 여성 쪽에서 많은 것으로 나타나고 있다고 했다. 특히 영준이와 같은 아이들의 불안의 정도가 심한 이유를 살펴보면 대체로 기질과 환경적인 요소가 연관되어 있다. 이런 아이들일수록 어린 시절에 다른 사람들 앞에서 당황스런 경험을 가지고 있거나 부모가 공황장애를 앓은 적이 있는 경우가 많았다.

영준이는 예술학교에 진학한 뒤부터는 남보다 더 잘해야 된다는 욕심이 컸다. 하지만 타고난 운동신경이 좋고 춤을 잘 추고 노래하는 것을 좋아해서 공포증이 있을 것이라고는 생각하지 못했다. 그런 그가 발표회를 하던 도중 대사를 잊어서 당황한 기억이 무대공포증을 가지게 된 것이다.

위와 같은 증상은 대부분의 아이들이 다른 사람들 앞에서 큰 실수를 하거나 당황한 일을 경험한 뒤에 나타나는데 특히 사회적 상황을 피하고자 하는 아이들이나 대인관계를 싫어하는 성격의 아이에게서 일어나는 것이 주증상에 해당한다. 이런 증상을 놓고 사람들은 수행불안, 무대공포증이라고 한다.

사회적 불안장애가 생기는 원인을 보면 첫째로 타인에 의해 주시되는 심리적 불안과 공포에 대해서 생기게 되고 둘째로는 자기행동에 대하여 부정적으로 평가를 내거나 자기불안의 정도가 타인에 노출될까 두려워서 생기게 된다.

이처럼 누구나 사회적 상황이 노출되면 불안이 조금씩 다른 방향으로 나타나겠지만 실제 위험의 정도를 훨씬 넘는 경우도 많으며 이런 불안이나 공포, 회피행동이 6개월 이상을 지속되었을 경우에 우리는 공포증이라는 말을 쓴다.

그렇다면 우리 주위에 이런 증상을 가진 사람들은 어떤 사람들일까? 알려진 바에 의하면 무대공포증을 가진 사람들을 찾아보면 그리스와 로마영웅들을 대상으로 다룬 명작인 〈플루타르크 영웅전〉에서 데모스데네스와 마르쿠스 툴리우스 키케로를 들 수가 있다. 그중 고대 그리스 최대 웅변가이자 정치가인 데모스테네스는 처음부터 웅변을 잘 하는 사람이 아니었다고 한다.

그는 언제나 연설 중에는 말을 심하게 더듬었고 긴장을 많이 해서 한쪽 어깨가 올라갔는데 그것을 과도하게 인식하게 되어 연설에 집중하지 못했다고 한다. 로마시대의 정치가이자 변호사인 웅변가인 키케로 역시 연설에 대한 공포가 있었고 미국의 저널리스트이자 불안장애 환자인 스콧 스토센은 저서 『나는 불안과 함께 살아간다.』에서 연설을 시작할 때마다 창백해지고 사지가 떨렸다고 한다.

　이렇게 예상외로 우리 주변에서 이런 공포증을 겪고 있는 사람들을 많이 찾아볼 수 있으며, 달리 말하면 누구나 한두 번 무대에 대한 공포를 느끼지 않은 사람은 없다고 할 수 있다. 물론 그런 사람들 중에서는 무대에 서는 것이 공포가 아니고 즐거움이라고 하는 사람도 있을 것이지만 그것은 무대에 적응을 하는 사람들의 각자의 특성에 따라서 조금씩 다를 뿐 공포증을 겪고 있는 사람은 많다고 봐야 한다.

(3) 죽음보다 깊은 공포증

　영준이 엄마는 아이가 이번 발표회를 무사히 넘길 수 있게 해달라고 거듭 부탁을 하였다. 나는 엄마와 같이 영준이에 대해서 여러 가지 검사를 해보았더니 MBTI에서는 INTP라고 해서 정형적으로 공감과 배려를 추구하는 유형이었다. TCI기질 및 성격검사에서도 자극추구도 크게 나타나고 위험회피도 높았다.

　이런 영준이는 무슨 일에도 관심도 높지만 상대적으로 걱정과 불안에 대한 염려도 많이 가지고 있었다. 발표날이 임박해 지면서 더욱 불안이 깊어지자 최면상담을 해보도록 했다. 엄마가 최면에 대하여 아는 것이 없다고 하면서 물었다.

　"제가 최면에 대해서 아는 것이 별로 없어요. 최면상담을 하면 무엇이 도움이 될지 또 어떻게 해야 되는지 몇 회가 좋을지 알려주시면 안 될까요?"

　"외국은 최면을 일부 대학에서 학과목으로 지정하고 있을 정도로 친숙한 존재입니다. 미국의 하버드 대학에서는 정규과목으로 하지요."

　"네. 그렇군요."

"우선 최면에 대해서 말씀드리지요. 최면의 정의는 현재의식의 비판력critical faculty를 우회bypass하여 선택된 사고selective thing를 확보하도록 하는 마음의 상태a sstate of mind라고 말합니다. 즉, 이 말은 현재의식의 비판력을 우회한다는데 그에 따른 선택적 사고를 확보한다는 말이며, 글자 그대로 보면 누구나 비판적 사고를 정면으로 부정하기가 쉽지가 않겠지만 최면에서는 그것을 쉽게 우회가 가능하다는 것이지요. 즉, 평소의 모든 감각기관의 창문을 완전히 닫아버리고 한 개의 감각기관의 창문만을 열어놓은 상태를 최면상태라고 말하는데 사람으로 바꾸어 말하면 그 사람에게 10개의 의식이 있다고 할 때 10개의 의식이 잠드는 것이 수면이라고 말한다면, 9개의 의식은 잠들게 하고 1개의 잠재의식이 깨어 있는 상태를 놓고 최면상태라고 말하지요."

"그럼 최면에 걸리지 않는 사람도 있나요?"

"많은 사람들이 최면에 걸렸다 아니면 최면에 걸리지 않았다는 말로 논쟁을 합니다. 그 이유는 사람들은 최면자의 능력에 따라 최면이 걸리는 것으로 알고 있기 때문인데 더 중요한 것은 최면에 들 수 있는 그 사람마다의 최면감수성이 더 중요하다고 보는게 맞습니다."

"최면 감수성이라는 것은?"

"사람마다의 감수성은 일반적으로 20%는 높게 나타나고 60%는 보통이고 20%는 낮게 나타나는 것으로 알려지고 있지요. 그렇다면 최면 감수성이 높은 사람은 어떤 사람일까요? 첫째로 감수성이 가장 높은 연령은 10~20세 전후라고 합니다. 그리고 여자가 대부분 남자보다 높게 나옵니다. 또한 지능지수가 높을수록 높게 나타나는데, 바보와 멍청이는 안 된다고 봐야겠지요. 8세에서 12세 이상이면 감수성이 높아서 어떤 최면치료에도 잘 사용이 되지요. 만약 '최면에 걸리지 않는 사람이 있을까요?'라고 질문을 한다면 '그런 사람은 없습니다.'라고 답변드리겠습니다. 가끔 최면상담을 마친 뒤에도 나는 걸리지 않았다고 우기는 사람이 있을 수 있습니다. 그것은 본인이 기대하고 있던 TV에서나 소설에서 묘사하는 최면과 달랐거나 다르게 생각하고 있었기에 그렇습니다. 자신의 의식이 몽롱하거나 이상한 의식으로 가는 것이 아니었음을 의심하면서 하는 말이겠지요.

그러나 가장 중요한 것은 최면은 받은 사람들의 체험에 따라 약간씩 다르거나 그런 느낌이 있어서 사람마다 다른 체험이 나올 수 있으므로 미리 그런 오해와 억지를 없애기 위해서 믿고 따르는 것이 좋을 것입니다."

"그러면 최면을 건다는 말은 오히려 맞지 않는 말이겠네요?"

"그렇습니다."

"저, 어디에선가 들은 내용입니다만 미국에서는 최면상담에 대해서 의료보험도 된다고 들었는데요. 그런가요?"

"네. 그렇습니다. 앞으로 우리나라도 그렇게 되겠지요. 최면을 하겠다는 사람이 해마다 늘어나고 있는 추세이니까요."

"그럼 우리나라는 언제 최면상담을 하게 되었나요?"

"제가 알기에는 1984년에 김병석 교수님이 서울대학교 정신과에서 전공의를 상대로 최면의학을 강의하셨다는 기록이 있고 또한 '의학최면전문가'의 유한평 선생님과 그 외의 교수님들도 서울대학교에서 최면에 대한 강의를 한 것으로 알려지고 있어요. 또 1987년 대한신경정신의학회의 정식분과학회로 대한최면치료학회를 설립되어서 지금에 이르고 있고요. 현재는 대한최면의학회로 개명되어서 관심을 가지고 있는 사람들이 해마다 늘어나고 있는 실정에 있습니다."

"그럼 우리 영준이는 언제부터 최면작업을 하실 건가요?"

"곧 진행할 생각입니다."

"저, 선생님 혹시 걱정이 되어서 묻는 건데요. 혹시 최면치료를 하다가 깨어나지 못하는 사람도 있나요."

"아니, 그건 걱정 마세요. 유사 이래 최면에서 깨어나지 못한 일은 없었고 앞으로도 없을 겁니다."

"네. 이제 안심이 되는군요."

사전면담에서 파츠 테라피Parts Therapy를 상용하기로 결정했고 관련 절차를 따라 진행하기로 하였다. 이는 5분 이내의 짧은 급속유도가 진행되는 것을 말하는 것이다. 영준이는 최면에 대한 나의 유도를 잘 이해하였고 순조롭게 따라와 주었다. 최면작업에 대한 충분한 깊이를 확보한 상태에서 무대에 대한 파트마음의 한 분야을 칭함를 불러냈고 그렇게 드러낸 마음의 파트는 왜 불안감이 몸과 마음에 올라왔는지를 말해주는 과정에서 끝을 맺었다.

이어서, 둘째 날이 되었다.

영준이는 〈엘먼인덕션〉을 시작으로 몸을 이완하는 과정이 모두 끝났다.

"자, 이제 최면에 대한 모든 작업이 원활하게 잘 되었어! 이렇게 해서 몸을 이완하는 모든 과정이 끝나고 이제부터 의식을 이완하는 방법을 가르쳐 줄게. 이 과정은 몸을 이완하는 방법보다 비교적 훨씬 쉬우니 잘 따라와 주었으면 해."

"네…."

"지금 이름은 무얼까?"

"영준입니다."

"알았어."

이름과 나이를 확인한 후 다음의 과정으로 이어지기 전에 이름과 나이를 묻는 것은 지금까지의 동작을 잘 따라하고 있다는 것을 확신시키는 과정도 되지만 상담자와 내담자에 대한 신뢰를 잘 이어지고 있다는 것을 확인하는 순서이기도 한다. 영준이에게 다음 세션을 위해서 말했다.

"자, 이제부터 의식을 이완하는 방법은 몸을 이완하는 것보다 아주 간단한데요. 그냥 숫자 1, 2, 3, 4, 5를 상상을 해서 머리로 떠올리는 겁니다. 그래서 1이 머리에 떠올랐다면 목소리에 힘을 주어서 1이라고 세어주세요. 그리고 잠시 기다렸다가 1이라는 숫자가 머리에서 사라지도록 내버려두세요. 그리고 나서 잠시 후, 다음 숫자 2가 머리에 떠오를 건데요. 그런데 이때 가장 중요한 것은 앞의 숫자 1의 크기나, 색깔이나, 모양의 진하기나, 선명도나, 또 에너지의 크기나 내 목소리의 크기가 앞의 숫자의 크기보다 절반씩 줄어든다는 것입니다. 그렇게 해서 그 크기가 머리에 떠오르면 그냥 2라고 세어주시면 되고요. 이렇게 해서 앞으로 숫자를 3, 4, 5를 반복해서 세어나가다 보면 어느새 숫자가 보이지 않게 될 겁니다. 이렇게 해서 머리에 남아있는 숫자가 보이지 않거나 머리에 아무것도 없이 텅 비게 되면 오른쪽 집게손가락을 살짝 들어서 저에게 표시를 하면 되는데요. 이때 중요한 것은 숫자를 세는 것에는 아무런 의미가 없다는 것입니다."

"네…."

"자, 이제 모든 준비가 되었을까요? 그러면 이제 천천히 숫자세기를 해 보시기 바랍니다."

이 모든 과정이 제대로 끝날 때까지 다음 세션을 위해서 잠시 기다린다. 영준이가 숫자세기를 하고 있는 동안, 다음의 동작을 위해서 천천히 그리고 마음이 평온해지도록 한 뒤 다음의 말이 이어지도록 하는 것이 좋다.

"자, 마음이 편안해지고 고요해집니다. 자, 더욱 더 점점 마음이 편안해집니다."

나는 영준이가 전 과정을 마칠 때까지 지켜보다가 오른쪽 손가락에 신호나 반응이 오게 되면 위의 세션에서 몸을 이완했던 방법과 똑같이 '팔 떨어뜨리기'나 '호흡하기나 숫자이어가기' 등의 강화를 한 두 번 더 한 뒤에 완전히 몸과 마음이 이완된 것을 확인하게 된다. 이렇게 전 과정을 마쳤다면 다음 과정으로 이어가도 좋지만 만약에 이완이 부족한 사람이 생기면 '눈 떴다 감기기'를 하거나 강화를 해서 다음 세션으로 이어가도록 한다.

"자. 이제까지 잘 따라 주었습니다. 지금부터 내가 인체에 전혀 해가 하나도 없는 이 세상에서 가장 강력한 본드를 하나를 머리에 떠올려 볼 건데요. 괜찮을까요?"

"네."

"자, 좋아요. 이제 이 세상에서 가장 강력한 본드를 떠올렸을까요? 그럼 이제부터 그 강력한 본드를 윗눈꺼풀과 아랫눈꺼풀에 바른다고 상상을 해보기 바랍니다. 좋습니다. 이제 이 세상에 가장 강력한 본드를 발랐을까요."

"네."

잠시 기다린다.

"자, 이 세상에서 가장 강력한 본드가 두 눈과 눈썹사이에 딱 달라붙었다는 상상을 하기 바랍니다."

"네."

"좋습니다. 내가 이제 숫자를 5부터 거꾸로 세어 나갈 겁니다. 거꾸로 숫자를 셀 때마다 방금 본드가 두 눈을 딱 달라붙게 할 겁니다. 자, 시작하겠습니다.

다섯, 눈꺼풀에 있는 본드가 점점 말라 들어갑니다.

넷, 눈꺼풀에 바른 본드가 아주 강력하고 타이트하게 붙습니다.

셋, 이제 윗눈꺼풀과 아랫눈꺼풀이 조여들기 시작합니다.

둘, 이제 완전히 붙었습니다.

하나, 이제 두 눈과 눈이 안전히 붙어서 눈을 떠보려고 할 때마다
        더 강력하게 붙습니다."

"네."

"자, 그러면 이제 눈을 떠보려고 다시 시도를 한 번 해보기 바랍니다. (움칠움칠) 그렇죠. 좋아요. 아주 잘하셨어요."

"…."

"자, 이제 강력한 본드가 딱 붙어서 떨어지지 않는다고 확신이 들었다면 그냥 그대로 가만 두기 바랍니다."

이렇게 눈에 바른 본드가 완전히 굳은 것을 확인했다면 이 강력한 본드를 깨끗하고 맑은 물로 씻게 된다.

"이제 잠시 뒤 내가 숫자를 하나 둘 셋하고 숫자를 센 뒤 손가락을 튕기면 이 세상에서 가장 맑고 깨끗한 물로 두 눈에 있는 본드를 깨끗이 닦아 내고 편안하게 둘 것입니다. 자, 이제 확인을 했나요?"

"네…."

이렇게 해서 모든 과정이 끝났다면 다음 동작으로 '확인하기'를 들어간다. 이 과정은 오른손의 팔을 어깨높이로 올려서 카탈렙시를 확인하는 과정이 된다.

"자, 이제 내가 오른 손을 들어 올린 뒤, 하나 둘 셋 숫자를 세고 나서 손가락을 튕기면 이제 곧 오른 팔이 석고처럼 굳어져서 카탈렙시를 이루게 될 겁니다. 그래서 오른쪽 어깨, 팔, 손목이 마치 나무 토막처럼, 굳어지게 될 겁니다."

이런 전 과정을 영준이가 잘 소화했다면 다음으로 리그레션을 통하여 공포를 느끼게 되었는지 이유를 알기 위해 전 과정을 살피게 된다. '우리의 무의식은 오롯이 우리를 위해 일하고 있으며 우리에게 어떤 이득을 주기 위해 일하는 중이다.'라는 말은 심리학에서나 NLP에서는 누구나 쉽게 알 수 있는 말이다.

무대에서의 공포증이나 우울증은 영준이의 무의식이 우울증의 형태로 이득을 주고 있다는 것을 의미한다. 그렇다면 공황장애란 무의식도 그 사람에게 이득을 주는 것을 말하고 있는 것이다. 이처럼 무의식은 우리에게 고통의 형태로 이득을 주게 되는 것인데 이를 다르게 말하면 그 사람이 고통에서 벗어나지 못하는 이유가 될 것이다.

여기서 이 말의 뜻을 잘 새기지 못하면 제각기 자기가 가지고 있는 무의식의 의미를 받아들이지 못할 것이다. 그렇지만 잘 생각해 보자. 내 몸이 나빠지는 것을 내가 모른다면 나는 초기에 병의 근원을 찾지 못해서 그게 큰 병이 되었거나 죽음에 임박했을 때 알게 될 것이다. 그런데 우리의 무의식은 나에게 언제나 시시각각으로 경고를 하거나 신호를 주게 된다. 이 신호는 아이가 엄마에게 하는 신호나 다를 것이 없을 것이다. '엄마! 나 요즘 힘들어. 친구들이 왕따를 시켜서 학교에 가기 싫어.'라는 신호도 아이가 주지 않는 다면 엄마는 아이에게 무엇을 알 수가 있겠는가?

이와 마찬가지다. 무의식은 항상 우리 각 개인에게 신호를 준다. 감기에 걸리려면 오한이 먼저 오거나, 위암에 걸리기 전에 먼저 속이 쓰리거나 하게 되는 것을 말한다. 그때를 위해서 우리는 빨리 병원에 가고 치료를 하듯이 우리의 무의식은 끊임없이 자신에게 신호를 보내게 된다. 그 신호가 무대공포증으로 나타나는 경우도 똑같은 맥락으로 보면 될 것이다.

이제 무의식이 하는 일을 좀 더 생각해 보자. 영준이의 무대공포증도 무의식이 고통을 주어서 이득을 주고 있다는 것은 앞서 언급했다. 그래서 나는 공포증을 무엇으로 치료를 할 것인가를 서둘기 위해 일단 상담사가 할 수 있는 일인 일차적 치료요법에서 망설이게 된다. 그래서 인지치료, 행동치료, NLP 중에서 어떤 것을 선택할 것인가를 놓고 고심하다가 최면작업을 진행하게 된 것이다.

마음의 역설을 바탕으로 무의식이 끊임없이 신호를 보내는 일, 그렇지만 영준이는 무의식이 보내는 신호 때문에 무대공포증을 앓고 있다. 그래서 무대에 대한 공포를 그만 보내달라고 의식으로 아무리 얘기해도 알아듣지 못하자 이제는 최면작업을 통해서 해보려는 것이다. 정확하게는 최면을 통해서 왜 무의식이 변화를 원하는지 그것을 깨우쳐서 다시는 신호를 보내지 않도록 하게 하는 것이다.

최면을 통해 영준이는 지금 내면에 있는 무의식이 자신에게 어떤 이득을 주기 위해서 공포증으로 오게 된 것이라는 것을 스스로 깨우치게 되고 그것을 깨우치게 되면 지금까지 가지고 있는 공포로 생긴 우울감, 외로움 등의 문제가 마치 마법으로 없어지게 사라지게 된다.

이것을 NLP의 미술관 기법을 통하여 통찰을 이루게 되면 몸과 마음을 바꿀 수 있게 된다. 그렇게 되면 삶의 방향, 목적, 수단도 함께 모두가 바뀔 수 있게 될 것이다. 이것은 마음의 역설을 통해서 무의식이 우리에게 주는 모든 증상이 진심이라는 것만 깨우치게 되어서 몸과 마음의 변화가 시작될 것이다. 그렇게 되면 지금까지 이목을 끌었던 알프레드 아들러의 목적론도 필요가 없어질 것이고 그렇게 되면 훨씬 뒤에 만들어진 NLP의 이득론도 힘을 쓸 수가 없게 된다.

그러면 지금까지 무대공포증으로 마음이 위축되었던 열등감도, 트라우마에 관한 모든 걱정도 아무 의미가 없게 될 것이다. 이처럼 이득론의 시각에서는 열등감도 무의식이라는 전제를 통해서 하나의 이득을 주기 위한 결과일 뿐이며, 증상에 관하여 원인이나 결과는 그리 중요치 않다. 이득론은 나에게 위로와 공감보다는 해결을 목적으로 가지고 있기 때문이다. 누구나 고통이 싫다고 하지만 고통을 지니게 되는 그 사람마다의 이유는 분명히 있다. 그 이유를 밝혀내기 위하여 무의식의 지층을 흔들게 된다.

무의식은 나에게 이득을 주기 위해 일하고 있다는 사실만이 중요한 것뿐인데, 이것은 '모든 증상에 감사하라.'는 것처럼 NLP치료의 주체에 해당한다. 다시 말해 NLP의 기반에 중심을 두고 철저하게 이득론에 입각하여 상담을 이루게 된다는 것을 내담자에게 알리는 것이다.

나에게 일어나는 모든 증상은 새로운 프레임을 규정하기에 고통을 주고 있는 이득을 분석해서 무대에 대한 두려움, 공포증도 내가 알아차리면 무엇도 부당한 어려움을 주지 못한다. 이것을 알아내는 과정은 개인마다 집요한 노력의 산물이 될 것이다. 그래서 거듭 밝히듯이 어떤 상담이론에서 찾아내지 못하는 이유를 무의식이나 잠재의식을 통해서 알아내는 과정이 필요한데 이것이 최면상담이 그 몫을 다하고 있다고 나는 생각한다.

그리고 어떤 이유로 고통에 벗어나지 못하는지 알게 되었고, 지금까지 제시한 아픔이나 고통과 두려움의 원인을 내면에서 확인하면서 그 고통에서 벗어나지 못하는 이유를 알아차리게 된다. 그러면 공포증에 대한 방향과 치료해야 될 비전이 보이게 될 것이고 이런 변화에 따라서 최면을 하게 되면 해결의 길이 훤하게 보일 것이다.

그렇게 만들어진 변화된 삶, 편안한 마음, 높은 자존감은 답을 알수가 있게 될 것이다. 자, 이제부터 무대공포증에게 풀리지 않는 문제가 있다면 그건 풀기 싫은 것이지 풀지 못할 것은 결코 아니라는 것을 알았을 것이다. 그렇다면 지금부터 당신의 증상에 스스로 질문을 해야한다. 어떻게 무의식이 나를 도와주고 있는가? 그리고 왜 나는 그것을 해결하지 못했는가를 살펴야 한다. 그 과정으로 최면상담을 하면 몇 회를 넘기지 않고 고통과 아픔은 완전히 해소할 수가 있게 될 것이다.

(4) 실수 없이 해야 한다는 압박감

나는 세션 중에서 영준이에게 〈미술관 치료기법〉을 하였다. 사람들 앞에 서면 가슴이 두근거리고 땀이 나고 호흡에 변화가 생기는 부정적인 감정을 제거하기 위해서였다. 초등학교 저학년 때부터 증상이 일부 있기는 했지만 정확하게 언제부터였는지는 알지 못하였다. 하는 수 없이 지금까지 무대에 서면 불안감이 올라오는 전 과정을 미술관에 걸려 있는 그림처럼 액자화 시켜서 사라지게 하였다.

영준이가 남 앞에 서면 불안과 공포를 가지고 있는 자신이 미술관의 주인공이라고 생각하고 가지고 있던 부정적 정서a, 이 문제가 되는 상황을 한 컷씩 상상으로 떠올리게 한 후 그때의 감정을 천천히 느끼도록 하였다.

이렇게 해서 무대공포증을 느끼게 된 최초 사건사고를 상상에서 나타나도록 한 뒤 당시의 불안이 어떤 것인지를 찾기 위해서 기억에서 가장 강력한 장면을 떠올리게 하였다. 그리고 그 기억이나 정서 속으로 깊이 들어가서 불안감을 없애도록 한 것이다. 당시의 감정, 있었던 누군가, 어떤 소리, 나아가 피부로 느꼈던 기억하고 싶지 않은 기억이나 상처가 있다면 천천히 심호흡을 하면서 머리에 떠올리게 하였다.

그런 뒤 당시의 문제의 첫 장면을 사진으로 찍어서 액자화 하도록 하였다. 만약 최면 속에서 카메라를 소지하지 못했으면 핸드폰으로 사용을 해도 무방할 것이다. 그래서 그 장면을 시각화했다면 미술관 사람들의 눈에 잘 띄는 곳에 걸어놓게 하였다. 그리고 난 다음 이번에는 가장 행복했던 순간이나 생각만 해도 기쁨이 충만했던 기억과 정서를 한 컷을 떠올리게 해서 그때의 감정을 충분히 경험을 한 후에 가장 좋았던 장면을 사진으로 찍어서[b], 또 액자화 시켰다.

물론 이때는 어떤 긍정적인 정서를 일으키는 것들이나 긍정적이면 무엇이든지 상관없을 것이다. 예컨대 좋아하는 사람이거나 감동을 주었던 영화의 한 장면이거나 들에 활짝 핀 꽃들이거나 내가 만들어낸 아름다운 추억들이라도 상관없다. 내가 좋아하는 것이라면 무엇이든지 액자화할 수가 있다.

이렇게 두 가지 준비가 갖추어졌다고 하면 이제부터는 미술관 안에 내가 있다고 상상을 해서 미술관 벽 앞에 서서 문제의 사진이 칼라가 없어지고 흑백사진으로 되었다고 상상을 하게 한다. 그런 다음 그 사진의 크기를 반으로 줄여서 더 작게 그 사진의 크기를 조금씩 줄여나가도록 하면 된다.

그런 다음에는 그 사진의 크기가 점점 작아져서 이제 아주 콩알만큼 작아졌다고 상상이 되었다면 다음으로 옮기면 된다. 이제 그 사진이 아주 콩알보다 더 작아져서 작은 점으로 만들어졌으면 그 점을 똑바로 바라보도록 최고의 상상력으로 접근을 한다. 그런 과정이 끝났다면 이제 잠시 뒤, 하나 둘 셋하는 소리와 함께 내가 엄지손가락을 튕기면 그 점을 입김으로 불어서 멀리 우주의 공간으로 날려버린다. 그리고는 그 점이 완전히 내 시야에 사라졌다고 상상을 하게 만드는 것이다.

그렇게 일 단계 모든 과정이 끝났다면 이제 바로 그 순간 옆의 벽에 걸려 있던 그 사진이 크게 확대되면서 처음 문제가 되었던 그 사진이 있던 그 자리까지 다 덮여 버렸다고 상상하도록 한다. 그리고 크게 확대된 그 사진이 있던 자리까지 완전히 다 덮여져 버렸다고 상상을 하게 하면 된다. 자, 이제 더 크게 확대된 두 번째 그 사진을 바라보면서 천천히 앞으로 나아가서 두 번째 그 사진 안으로 들어가는 것이다.

이런 모든 과정이 편안하게 이루어졌다면 사진 속에 있는 긍정적인 정서들을 대부분 충분히 경험을 하게 되고 온 몸으로 행복과 즐거움과 환희의 기쁨을 마음껏 느끼도록 하는 것이다.

이렇게 지금까지 맨 처음 느꼈던 무대공포에 대한 최초사건에서 부정적인 감정이 모두 없어졌는지 떠올려 보도록 하는 것이다. 이렇게 하면 이제 부정적인 사건이 완전히 마음속에서 사라졌을 것이다. 그러나 이런 과정을 충분히 소화했는데도 무대공포에 대한 최초사건이나 후속사건들이 남아 있다면 위의 과정을 다시 반복해서 없애면 된다. 즉, 불행한 것은 ᵃ이고, 행복한 것은 ᵇ이다.

(5) 영준이의 증상진단

어려서부터 '무대공포증'을 가지고 있었지만 그 대상을 없애기 위하여 최면상담을 했다.

▶ 심리증상

불안증 / 공포증 / 자존감 하락

무대에서의 활동이 제한되는 문제

▶ 신체증상

무대를 생각하면 두려움 생김

▶ 환경문제

학교에 가는 것에 대한 공포증 유발

(6) 한 마디 해 주고 싶은 글

어떤 엄마는 아이를 양육하다가 아주 힘이 들면 어떻게 해야 되는지 나에게 와서 방법을 묻는다. 그러면 나는 뭐라고 대답을 해야 될까? 그럴 때 나는 다시 되묻는다. 이 아이를 위해서 이 아이를 이 세상에서 가장 잘 아는 사람이 엄마 말고 또 누가 어디에 있을까요. 그런데도 또 묻는다면 나는 이렇게 말한다.

만약 아이가 제멋대로 굴어서 걱정이라면 옆에서 늘 부모가 지켜보고 있다는 사실을 아이에게 기억하게 하면 됩니다.

만약 아이가 책 읽는 것이 마음에 쓰인다면 옆에서 부모가 책을 읽는 것을 자주 보여 주고 아이도 책 읽는 모습을 엄마가 보고 있다는 사실을 기억하게 하면 됩니다. 이처럼 엄마는 늘 아이 앞에 거울이어야 합니다.

만약에 남들 앞에서나 윗사람을 보고도 제대로 인사하지 않는 내 아이가 걱정이라면, 무엇인가 새로운 것에 도전을 하지 않아서 걱정이라면, 아니면 뭔가 하고 싶은 일이 없어서 무엇도 추구하지 않아서 걱정이라면, 엄마가 늘 모범을 보여야 합니다. 아이에게는 엄마가 늘 거울이어야 합니다.

아이에게는 엄마가 바꿔야 할 대상이 아니라 스스로 바꾸는 삶의 주체라는 것임을 보여주어야 합니다. 그래서 내 아이를 뭔가 새롭게 바꾸려고 한다면 그것을 몸소 보여주거나 모범을 보이면 아이는 그 가치를 깨닫고 스스로 바뀔 것입니다.

좋은 것은 언제나 남에게 쉽게 보이는 법입니다. 엄마는 늘 아이에게 거울이 되도록 행동하길 바랍니다. 좋은 것을 가지라는 말만하지 말고 아이에게 언제나 좋은 것을 취하도록 엄마가 몸소 보여주면 됩니다. 내 아이는 언제나 엄마를 보고 그것을 글로 쓰지 않을 수가 없을 겁니다. 아이가 보는 엄마는 언제나 옳으니까요. 그래요. 아이도 좋은 게 뭔지 잘 알고 있을 겁니다.

몽유병과 야경증

(1) 한밤 중에 일어나는 수면문제에 대해

아이의 교육에 정답은 없다. 모든 상황에 따라서 다르고 아이마다 다르다. 아이를 가진 사람이라면 그것을 생각해야 한다. 다만 어떤 선택을 할 때 '왜, 이렇게 해야 하나?'라는 목적만큼은 명확하게 생각하고 있어야 한다. 만약에 내 아이가 훗날 자라서 어떤 사람이 되기를 바라는지가 분명하다면 아이의 교육의 방법을 찾기도 쉬워질 수가 있다.

그렇지만 아이 교육은 그때의 상황에 따라서 영향을 받게 된다. 똑같은 방법이라도 환경이나 성질에 따라 효과가 있을 수도 있고 그렇지 않을 수도 있다. 이 말은 아이에게 어떤 좋은 이야기라도 적절한 시기를 잡아서 해야 하는 것이 바로 그 때문이다. 그렇다면 엄마의 자질이라는 것이 뭐가 있을까? 어떤 사람은 부모에게서 엄마의 역할을 배운 사람도 있을 수 있겠지만 그렇다고 그런 엄마를 가진 사람들이 100% 좋은 엄마가 된다는 법도 없을 것이다.

시대가 워낙 빠르게 변한다고 말하기보다는 내가 자랄 때는 그게 가장 좋은 방법이었지만 지금 시점에는 맞지 않는다고 생각해야 한다. 첫 아이는 서울에서 양육했고, 직장 등 이유로 시골에 와서 막내를 낳아서 양육했는데 완전히 다른 것처럼 말이다.

지금 이런 이야기는 어떤 엄마들의 모임에서 나온 말들을 모은 것들이다. 이렇게 한 아이를 낳아서 기른다는 것이 이렇게 어려울 수도 있고 그래서 힘이 든다는 것이다. 그렇다고 맹자마냥 몇 번이나 환경을 바꿔 준다고 아이가 먼 훗날 성인이 되라는 법도 없을 것이며 한석봉의 어머니마냥 떡을 쓸 듯이 반듯하게 키운다고 모두가 성공한 아이로 자랄 것인가는 의문도 든다. 이렇게 아이를 키우는데 정확한 답은 존재하지도 않을 것이며 앞으로 수십 년이 흘러도 생겨날 것 같지가 않다.

그날은 코끝이 아릿하지만 기분 좋은 바람이 부는 가을의 어느 날이었다. 은행잎이 물든 거리를 이만큼 걸어가다가 속이 쓰려서 잘 먹지 않던 커피를 한 잔 마시면서 샛길로 난 산책길을 걷다가 집에 돌아왔다. 가을은 내담자가 많이 늘었다. 여름만 해도 날씨가 더워서인지 좀처럼 내담자의 발길이 줄었는데 날씨의 변화처럼 찾아오는 그들을 맞이하는 것이 기분이 좋았다. 그때였다. 가슴부위가 깊게 파인 한 여성이 하얀 드레스를 곱게 차려입고 찾아왔다.

그런데 그 여성 뒤에 마치 죄인처럼 쪼그리고 서 있는 아이를 발견하였다. 왜 저 아이가 저렇게 서 있을까? 나는 아이에게 가까이 다가가면서 작은 미소를 보였다. 그리고 천천히 엄마에게 어떻게 왔는지 물었다.

엄마는 비교적 말이 없고 온순한 성격을 가지고 있는 그런 여성이었다.

"이름을 적은 것을 보니 나미는 내년에 학교에 갈 나이가 되었네."

나는 뻔히 아는 말이지만 아이에게 말을 붙이기 위해 이름을 불러주었다. 아이는 기다렸다는 듯이 내 말이 떨어지기도 전에 '네.'라고 대답했다. 엄마의 모습과는 딴판으로 아이의 표정은 비교적 밝았다. 이런 아이를 왜, 데리고 왔을지 궁금했다. 엄마가 말을 거들었다.

"나미가 밤마다 일어나서 거실을 왔다 갔다 해요. 가끔 문 앞에 우두커니 서 있기도 하고 그런데 자고 나면 어젯밤에 자기가 돌아다닌 것을 전혀 몰라요."

'기초설문조사'를 살펴보는데, 거기에 없던 말이 쏟아져 나왔다. 언제부터 그런 증상을 보였는지 무척 궁금했다.

"나미가 이런 행동을 보이게 된 지 얼마나 되었을까요?"

"몇 달 되었어요. 이제 곧 들어갈 초등학교를 생각해서 미리 한글과 기타 학습지를 풀려고 학원에 등록을 시켰는데 그 무렵부터 문제가 생긴 것 같아요. 그래서 지금은 다니던 곳을 모두 그만두었고요."

나는 웃으면서 아이에게 다가가서 물었다.

"이제 나미도 학교에 가려면 무척 바쁘겠네."

나미의 엄마가 내 말을 이어가듯이 혼잣말처럼 말했다.

"선생님, 다들 이 정도는 누구나 엄마들이 아이에게 공부를 시키지 않나요? 그래야 다른 애들과 수준을 맞출 수 있을 것 같아서…?"

엄마는 나미를 이렇게 만든 것이 자기 책임이라고 추궁이라도 받게 되는 듯 몹시 걱정스런 말투였다. 나는 그냥 웃었다.

"나미가 잠이 든 후에 대략 얼마 지나면 일어나서 거실을 다니나요?"

"평소 보통 10시 반에 자게 되면 12시가 조금 지나서 그런 것 같아요. 한 5분 정도 돌아다니다가 그냥 잠자리로 들긴 해요."

"그러면 나미가 돌아다니다가 말을 걸면 무슨 반응을 보이나요?"

"제가 나미야! 왜, 일어났어. 화장실에 가고 싶어? 이렇게 물어도 아무런 대꾸가 없어요. 분명히 눈은 뜨고 있는데 사람을 쳐다보지 않고 전혀 나를 의식하지 않는 것 같았어요."

엄마는 어젯밤에도 그랬다고 하면서 당시의 기억을 찾거나 더듬고 있었다.

"아침에 나미를 붙잡고 어젯밤에 왜 돌아다녔느냐고 물으면 '내가 언제 그랬어!'라고 반문을 하는 거예요. 그리고는 믿지 못하겠다는 식으로 말을 해요. 그래서 돌아다니는 것을 핸드폰으로 찍어서 영상을 보여주었더니 나미가 마냥 울더라고요. 자기가 무슨 큰 병에 걸린 것이 아니냐고 하면서…?"

나미에게 동영상을 보여준 것을 엄마는 무척 미안해 했다.

"그래서 제가 나미야, 넌 무슨 큰 병이 걸린 것은 아니야. 걱정할 필요 없어 우선 나랑 선생님과 의논해 보자. 이렇게 말하고 여기까지 온 겁니다."

나는 나서서, 나미와 엄마에게 걱정하지 말라고 안심을 시킨 뒤 뇌파검사와 수면 다원검사를 의뢰해 보자고 했다. 그런 며칠 뒤 나미는 병원으로부터 몽유병으로 진단을 받았다. 몽유병은 수면 중 비렘수면 단계에서 불안정하게 깨어나는 일이 반복적으로 나타나는 현상을 두고 말하는데 공식적으로는 '비렘수면 각성장애'라고 부른다. 몽유병과 야경증은 엄밀하게 구분하는데 야경증은 잠을 자다가 갑자기 비명을 지르면서 깨어나는 일이 반복적으로 생기는 현상을 두고 말한다.

(2) 자면서 돌아다니는 아이

몽유병과 야경증의 차이는 모두 아이가 잠을 자면서 일어난다는 것이다. 여기서 비렘수면장애의 기준을 보면 잠자리에서 불안정하게 깨어나는 일이 반복적으로 일어나는 것을 말하는데 몽유병인 경우는 자다가 잠자리에서 일어나서 집안을 돌아다니는 것을 말하고 야경증은 자다가 놀라서 깨어나는 것을 말한다.

이들은 모두가 꿈 내용을 전혀 알지 못하거나 기억하지 못하는데, 이런 사실을 본인은 아무것도 모르고 자다가 일어난다. 이런 일은 아이뿐만 아니라 나이가 들어서도 생긴다. 보통 사회적, 직업적 혹은 다른 기억의 중요한 영역에서 말하는데, 임상적으로 어떤 고통을 야기하면서 비렘각성장애가 물질 등의 생리적인 효과에 기인하지 못하게 되면서 증상을 일으키게 되지만 아직도 정신적 장애에서도 명확하게 설명하지 못하고 있다.

렘수면의 증상을 가지고 있는 사람들 중에서 수면에 대한 이상증의 개념은 과연 어떻게 나오는 것인지에 대한 정확하게 나타난 학설은 없다. 단지 보통 수면상태에서 일어나는 비정상적인 행동이나 경험 때문에 잠을 취하지 못한 낮 시간에 졸리거나 피곤하면 잠깐 동안에 초래가 가능하다고 말할 뿐이다.

이런 유형은 비렘수면 각성장애, 악몽장애, 렘수면 행동장애 등의 여러 가지 증후군을 들 수가 있으며, 비렘수면 각성장애의 개념은 주된 수면시간의 첫 1/3기간에 수면에서 불안정하게 깨어나는 경험을 두고 반복하게 되는 것을 말한다. 이런 장애는 수면 중 보행 장애와 수면 중 경악장애로 분류하며 꿈의 내용 및 수면 중 보행이나 경악반 응 시에 나타나는 경험을 알지 못한다.

그렇다면 수면 중에 일어날 수 있는 몽유병의 특징은 뭘까? 야간 수면시간의 초기에 주로 발생해서 수면 중 잠자리에서 일어나 방안을 걸어 다니면서 멍하게 응시하는 얼굴표정을 보이기도 하고, 말을 거는 사람에게 반응을 하지 않는다.

대체로 가족들이 보행을 하고 있을 때 잠을 깨우는 것이 쉽지 않 겠지만 잠을 깨우게 되면 수분 동안 혼란한 상태가 계속되면서 보행 에 대한 기억이 없는데 그러는 동안 침대에 앉거나 주위를 둘러보는 등의 간단한 행동부터 갑자기 방을 나가거나 하는 등의 행동이 나타 난다. 하지만 대부분은 30분 이내에 종결된다.

이런 행동을 하는 아이가 아동일 경우의 약 10-30%는 한 번 이 상 자다가 보행을 하는 것으로 알려지고 있으며, 보통 4-8세에 시작 되어 12세 경 최고조에 이르렀다가 초기 청소년기에는 사라지게 된다. 그렇지만 성인의 경우는 증상의 약화와 호전이 반복되면서 만성적인 상태를 가진 사람도 있는데, 그렇다면 수면 중 보행 장애 즉, 몽유병 을 일으키는 원인은 과연 무엇일까?

주로 유전적 요인을 들 수 있는데 직계가족에서 많이 나타나는 것을 볼 수 있으며 스트레스가 원인인 아이는 신체적·정서적인 스트 레스 직후에 발생하는 경우를 말한다. 이때 아이가 일시적으로 부정적 인 감정의 억압으로 생기는 경우는 심한 적개심이나 분노 등의 감정을 억누르거나 심리적인 압박감을 나타내기도 한다.

그 외에 생기는 현상으로는 약물의 복용 및 자극으로 생기는 경우가 흔하며, 알코올이나 진정제의 복용이나 내적자극·팽창된 방관 등으로 외적자극이나 소음이 원인이 될 수가 있다. 그렇다면 수면 중 보행 장애인 몽유병의 치료는 어떻게 해야 할까?

일반적으로 벤조디아제핀과 같은 항불안제가 병의원에서 처방되며 이완치료나 최면상담이 사용되기도 한다. 다만, 주의해야 할 사항이 아동기에 발병할 경우에는 수면 중 보행으로 인해 신체적 손상을 입을 수 있으므로 잠잘 때는 주위의 창문을 닫아서 위험을 미연에 방지하는 것이 좋다. 그리고 수면 중 나미처럼 아이가 증상을 나타내면 당황하지 않도록 깨우지 말고 잠자리로 돌아가도록 옆에서 지켜보는 것이 좋다.

(3) 아이가 잠이 충분하지 못하면 생기는 일

인간의 수면은 주기를 가지고 있는데 렘수면과 비렘수면으로 나눌 수 있다. 렘수면은 빠른 안구의 움직임이 관찰되는 단계의 수면을 말하며, 미국 의대의 생리학자가 수면전문가인 너새니얼 클라이트먼 교수가 1953년 사이언스에 발표하면서 알려졌다. 렘수면에서는 꿈을 꾸며 정신의 피로를 회복하며 비렘수면 동안 낮에 쌓인 피로를 해소하고 상처의 뇌세포를 재생하며 성장호르몬도 분비된다. 렘수면 동안 뇌는 낮에 일어난 일을 복습하고 활성화하는 과정을 거치게 된다.

비수면은 전체 수면 중에서 약 80%를 차지하며 이는 신체적인 회복을 위해 꼭 필요하다. 비수면은 4단계로 나뉘어서 1-2단계는 얕은 수면이고 3-4단계는 수면 서파델타 수면가 발생하는 깊은 수면이다.

몽유병과 야경증은 바로 비렘수면 중 깊은 수면 단계이며 간밤에 일어난 일을 아침에 기억하지 못한다.

두 증상의 공통점은 증상이 공존하는 경우도 있으며, 수면 시간이 짧은 낮잠 시간에는 일어나지 않는다. 몽유병과 야경증은 병리적인 뇌기능의 문제 때문에 발생하는 것이 아니라 중추신경계의 활성 때문에 비렘수면과 렘수면 상태가 교란되어 생기는 것이다.

주로 4-8세 아동 중 10-30%가 경험할 정도로 흔하고 여자아이보다 남자아이에게 많지만 이러한 증상의 원인이 어디에 있는지 정확히 알려진 바가 없으나 유전적인 요인이 있는 것으로 알려지고 있으며 그 외에 신경계에 영향을 미칠 정도의 의학적 질환이나 수면 박탈, 정신적 스트레스에 의하여 발생하기도 한다.

나미의 경우에는 입학을 앞두고 학습에 대한 스트레스가 영향을 미쳤을 것으로 짐작이 된다. 수면을 충분히 취하지 못하면 전전두엽 피질의 기능에도 문제가 발생하고 수면양이 줄어들면서 뇌로 전달되는 포도당의 공급이 줄어드는데 전전두엽피질은 뇌 부위 중에서도 포도당이 가장 많이 필요로 한다.

전전두엽 피질은 문제를 해결하고 의사를 결정하며 감정을 조절하고 타인과 관계를 이어가는 등의 중요한 기능을 담당한다. 이 기능이 부족해지면 집중력과 행동조절 능력이 문제가 발생되면서 타인을 향하여 공격적인 행동을 보일 수가 있다. 연령에 따라 충분한 수면이 정신건강과 인지능력에 큰 영향을 미치게 되는데 6세는 11시간, 9세는 10시간, 13세는 9시간, 16세는 8시간으로 나타난다고 알려지고 있다.

나미는 충분히 수면을 잘 취할 수 있도록 환경을 조성하는 것이 좋을 것 같다고 판단되었다. 평소에 9시쯤이면 잠자리에 들었으나 초등학교 입학 준비를 하면서 10시 이후에 잠드는 경우가 많았고 아침에 유치원에 가기 위해서 일찍 일어나는 일이 많았다. 엄마는 나미가 유치원에서 친구들과 잘 지내고 선생님과도 사이가 좋아서 전혀 스트레스를 받을 것이라고는 지금까지 생각지 못했는데 무척 당황스럽게 생각을 하고 있었다.

나미는 전혀 문제가 없는 아이로 보였을 수도 있다. 그렇지만 상담이 길어지고 여러 가지 평가를 진행한 결과 다른 아이들보다 불안 성향이 높았고 성취 욕구도 강해서 완벽하려는 경향 때문에 문제가 생겼을 수 있다. 우선 나미에게 영어공부를 그만두게 하고 풀던 학습지도 낮에만 하도록 하였다. 이를 통해 수면시간을 10시간 이상 확보할 수 있었다. 이때 추가로 엄마가 당장 할 수 있는 일은 과연 어떤 것이 있을까? 엄마는 나미가 규칙적인 시간에 잠들게 하고 충분히 잘 수 있도록 낮 시간에 있을 어느 정도의 일정도 조정해 주었으며 수면 중에 돌아다니다가 다치기 쉬운 물건이나 깨지기 쉬운 것들 중에서 유리 같은 것을 없애고 문단속을 잘해줌으로써 나미의 수면에 도움을 주려고 했다.

(4) 수면을 잘 취할 수 있는 환경을 만들자

상담실에서 행하는 최면작업이 직접적으로 의료적인 질병을 놓고 직접 치료하는 곳은 아니므로 우선 의료기관을 거친 뒤 상담을 서둘러서 하도록 하였다. 그래서 나미의 상담에 앞서 해당 문제와 연관된 감정이나 심리적인 부분을 알아보기 위해서 일단은 보조적인 작업을 할 수 있음을 엄마와 충분히 논의를 거쳤고, 이에 따라 상담을 진행하였다.

나미가 음악을 좋아해서 〈음악치료기법〉을 사용하기로 했다. 평소 노래 부르는 것을 좋아하거나 청각이 발달된 사람에게는 적법한 프로그램이라고 생각된다. 불안이 생겼는지 원인을 찾기 위한 작업이므로 아이의 무의식은 어디에 역량을 두고 있는 것인지 알아보는데 초점을 맞추었다.

우선 증상의 원인을 알아보기 위해서 최초사건을 찾아가기로 하였다. 최면작업을 시작하기 전에 다음의 이야기를 주고받았다.

"어머니는 최면과 최면작업에 대해서 얼마나 알고 있을까요?"

"전 별로 아는 것이 없어요."

"그렇습니까? 무엇보다도 최면이란 암시가 강력하게 작용하는 마음의 상태입니다. 일상적인 상황에서보다 암시가 더 강력하며, 몇 십 배 깊이 내면에 작용할 수 있는 상태를 말합니다."

"암시라면 무엇을 가르키는 건가요?"

"네. 우선 우리에게 가장 많이 알려진 '에밀 쿠에'의 암시에 대해서 말씀을 드리지요. 최면에서의 자기암시는 인간이라면 누구나 태어나면서 가지고 있는 것으로 최면을 통하여 어떤 내면의 작업을 통하여 주어진 환경에서 최선의 결과를 낼 수 있는 것을 말합니다. 누구나 의식적으로 수행할 수 있는 자기 암시의 힘을 직간접적인 방법을 통해 깨닫게 되면 평소 좋지 않는 기운을 가지고 있었을 지라도 언제든지 긍정적인 기운으로 대처가 가능하게 됩니다. 예컨대 사람들은 자기도 모르게 자기 암시에 희생되는 경우가 많다고 합니다. 특히 신경질적인 사람에게는 정신 건강에서도 몸과 마음으로 큰 피해를 볼 수가 있어요. 다시 말씀을 드리면 무의식이 크게 우리의 몸의 각 부분의 기능을 지배함으로서 생각지도 않은 어려움을 겪는 경우가 많아 진다는 겁니다. 이를 테면 우리는 그 사람마다의 무의식의 작용을 상상이라고 부르는데 이것을 잘 활용하면 의외의 의식에서 감히 얻어낼 수 없는 큰 힘을 얻어 낼 수가 있어요. 그래서 암시를 놓고 말하기를 최면에서 가장 중요한 것이라고 말하는 사람도 있으며 또한 가끔 자기 암시를 어쩌면 최면과 동일한 것만큼 크게 취급하는 것이지요. 이것은 우리의 의지와 상상이 부딪히면 언제나 상상이 이긴다는 사실을 모르고 있기 때문이기도 하지요. 그래서 최면작업이 아니라도 우리가 살아가면서 앞으로 무슨 일을 당하든지 그냥 어렵다고 무작정 말하거나 생각하지 말라는 것이지요. 만약 쉽다고 생각하면 무엇이든지 해결할 수 있는 힘이 우리 내부의 상상이라는 것을 통해서 생기거나 알게 된다는 것을 높고 말하는 것입니다."

"아, 정말 놀라운 말씀을 지금 들었어요. 평소 상상의 힘이 크다는 것을 생각은 했지만 이렇게 강력할 줄은 정말 몰랐어요."

"그렇습니다. 암시는 그래서 최면에서 가장 강력하고 중요하다는 말을 할 만하지요. 또한 최면에서는 비관적이며 분석적인 마음의 작용은 줄어들고 반대로 집중력이 높아지면서 특정한 주제에 대한 각성 정도가 아주 높아지게 된다고 말을 합니다. 그래서 이러한 고도의 집중과 각성상태에서 주어지는 암시는 무의식의 마음에서보다 쉽게 작용하게 되지요. 즉, 암시가 아주 잘 수용되고 강력한 힘으로 작용하기 때문에 나미에 대해서도 아주 강력한 힘을 발휘하리라고 저는 굳게 믿습니다. 그래서 최면을 통하여 놀라운 결과를 볼 수가 있을 겁니다. 우리는 이것을 고도의 피암시상태라고 말을 하니까요."

나미에 대한 불안증상에 대하여 본격적으로 원인이 되었던 기억으로 찾아 갈 것을 최면을 통해서 알아보았다. 나는 나미가 최초에 있었던 사건의 그 장소와 당시의 기억을 살펴보도록 한 뒤 치료기법을 활용하기로 마음을 정했다. 우선 이 기법을 공중분리기법과 연계해서 새로운 세션을 하게 되었다. 만약 세션에 대한 시간이나 여유가 생긴다면 시간선 치료도 병행할 수가 있을 것이다.

"아이가, 정말 괜찮을까요."

엄마는 아직도 최면에 대해서 뭔가 불안한 생각이 가시지 않은 모양이다.

"네. 물론입니다. 어머님은 아이가 최면에 깨어나지 못할까봐 걱정을 하는 것 같은데 정말 걱정하지 않으셔도 됩니다."

"선생님. 그럼 최면 뒤에 후유증은 없을까요?"

"물론입니다. 오히려 집중력이 좋아지기 때문에 더 한층 도움이 될 것입니다."

"최면이 걸린다는 것이 어떤 것인지 들어도 마음이 놓이지 않네요."

"이해가 됩니다. 그게 엄마의 마음이지요. 그러니까 최면에 걸린다는 것은 마법에 걸리는 것 같아서 특수한 힘을 받는 것도 물리적인 힘을 받는 것도 아니고 단지 저와 말을 주고받는 사이에 아이의 마음에 변화가 온다는 것으로 알면 더 이상 걱정을 하지 않아도 될 것입니다."

"네…."

"음, 말하자면 최면은 마음에 작용을 가하는 기술인 것이고 그 의식이 변용된 상태가 최면에 걸린 상태입니다. 말하자면 최면작업인 상태 말입니다."

"그런가요. 마음에 작용을 가하는 기술이라는 것에 조금 이해가 되는 것 같네요."

"최면에 걸린 것이 매우 특수한 상태에 든 것 같은 인상을 갖게 될지도 모르지만 이와 같은 심리상태는 평소에도 누구나 조금씩 경험을 가지고 있는 것이지요. 텔레비전을 보면서 거기에 몰입하는 것도 그렇고 음악을 듣고 황홀함에 빠지는 상태도 그렇습니다. 이렇게 어떤 상황에 빠져서 시간가는 줄 몰랐다는 자체가 최면이라고 해도 될 것입니다. 흔히 지하철을 타고 가다가 무심히 내릴 곳을 잊고 지나친 적이 누구나 한두 번 정도는 있겠지요. 그런 상태라고 보면 되지요."

"그럼 잠들어버리는 것과 같은 것은 아니지요?"

"물론, 아니지요. 잠들어버리는 것은 수면이며 최면이 아니겠지요. 최면을 유도할 때 눈을 감고 행하는 것이 외견상 잠재우는 기술인 것처럼 보이지만 최면은 잠들어 버리는 것도 의식을 잃은 상태도 물론 아닙니다. 단지 마음을 편하게 하고 마음이 일시적으로 쉬어 가게 하고 있는 그런 상태라고 보면 될 겁니다."

"네…."

"좀 더 알기 쉽게 말씀드리지요. 최면작업은 모든 감각기관의 창문을 닫아버리고 오로지 하나의 감각기관의 창문만을 열어놓은 상태라고 보면 됩니다. 예컨대 사람에게 10개의 의식이 있다고 할 때 10개의 의식이 모두 잠드는 것이 수면이라고 한다면, 9개의 의식은 잠들고 1개의 의식이 깨어 있는 상태가 바로 최면작업 상태라고 보면 됩니다. 이것을 식수로 예를 든다면 식수가 나오는 수도꼭지 10개가 물이 나오고 있을 때 9개의 수도꼭지를 꽉 막아버린다면 1개의 수도꼭지에서는 얼마나 물의 힘이 강하게 나올 것인가는 상상해볼 수가 있겠지요. 이것이 바로 최면작업의 상태라고 보면 됩니다. 이처럼 모든 에너지를 하나의 자극대상에만 집중하도록 하는 상태가 최면작업 상태라고 보면 되겠지요. 거듭 말씀드리면 내담자의 감각이 최면자의 말에만 집중돼 있는 가장 깊은 최고의 상태라고 할 수가 있을 겁니다. 이제 곧 나미가 그런 상태에 있을 것이고요."

"네. 조금은 알 것 같네요."

"최면상태에서 1개의 의식을 제외한 모든 의식과 감각기관이 잠들어 있으므로 자신의 신체가 마치 남의 몸처럼 무감각하게 느껴진다고 할 수가 있을 것입니다. 생각해보세요. 나미가 감각을 못 느끼므로 몸이 붕 떠 있는 것처럼 느끼기도 할 겁니다. 그래서 이것이 한 개의 의식만 남고 나미가 가지고 있는 모든 근심, 걱정에 관련된 의식까지도 잠들게 되므로 아주 편안하고 황홀하면서 마음은 평화스럽게 느껴진다는 것이지요. 이런 상태를 최면작업 상태 혹은 트랜스 상태라고 말을 하게 됩니다."

"그럼 나미도 최면을 하고 나면 기분이 가뿐하게 되겠네요."

"물론이지요. 트랜스 상태에 들어가면 누구나 기분이 좋아지고 황홀한 기분을 맛볼 수 있어요. 아주 좋아하는 것을 한다거나 편안히 쉬고 있으면 기분이 좋은 상태가 되는 것처럼 말이죠. 이것도 트랜스 상태라고 알고 있으면 됩니다."

"알겠습니다. 그럼 이제 마음이 아주 놓입니다. 사실 최면작업을 한다고 해서 엄마마음이라서 그런지 조금은 불안했거든요."

"네. 마음을 푹 놓으시면 됩니다. 나미가 음악을 좋아한다고 했지요."

"네. 듣는 것을 아주 좋아해요."

"네. 알겠습니다."

최면작업을 시작하면서 선호표상 체계가 청각인 사람에게는 이 기법이 아주 도움이 되는 프로그램이다. 최근에 음악회에 다녀 온 사람이라면 더욱 좋을 것이다. 왜냐하면 다녀오면서 개인적으로 꼭 기억되는 곡이 하나 정도는 있을 것이기에 그렇다. 자, 그렇다면 그런 의미에서 이 주제음악기법을 다음과 같이 연계시키면서 다음을 알아두면 도움이 될 것이다.

첫 번째, 좋아하는 노래나 가수 한 명을 정하여 놓는데, 이왕이면 밝은 캐릭터의 가수의 노래나 또 음악이 좋을 수 있다.

두 번째, 지금까지 생활하면서 가졌던 부정적 정서나 평소 없애고 싶은 기억을 떠올리게 한 후에 그것을 한 가지로 정하게 한다. 그리고 당시의 감정과 상황을 실제처럼 떠올리게 한 뒤 충분히 경험하고 있는 자신의 상태를 상상으로 느끼도록 한다. 이때 최면 브릿지를 활용하면 도움이 크게 될 것이다.

세 번째, 공중으로 떠올라서 자신과 주변 상황을 객관적으로 내려다보도록 한다. 이것을 우리는 공중분리기법의 하나라고 한다. 그래서 가장 먼저, 천장에서 아래를 내려다보도록 하거나, 서울 여의도에 있는 63빌딩에서 밑으로 내려다보게 하거나, 또 구름 높이에서 아래로 내려다보게 해서 또한 더 높은 비행기 높이에서 아래를 내려다보도록 해서 감정과 느낌의 정도가 점차로 사라지는 것을 살피게 되는 것이다.

네 번째, 어떤 특정한 장면은 보이지 않겠지만 목소리는 생생히 들린다고 머리로 상상을 하도록 유도하게 된다. 그때 들리는 목소리가 좋아하는 가수의 목소리로 하는 것이 좋으며 만약 들리도록 만들거나 유도를 했다면 가능하면 지금도 생생하게 들려온다고 상상을 하는 것이 도움이 된다. 그렇지만 주위에 많은 사람들이 없고 나의 모습만 보인다면 내가 좋아하는 노래가 주변에서 주위로 요란하게 퍼진다고 상상을 하도록 하게 된다. 그렇게 하다보면 나의 모습은 잘 보이지 않겠지만 노래는 귓가에서 점차로 크게 확장 될 것이다. 그리고 그것이 천장 높이, 63빌딩 높이, 구름 높이, 비행기 높이로 점차로 올라가게 되고 더 올라갈 곳이 없게 된다면 마지막 우주로 올라가도록 한다. 거기에서는 신선하고 건강한 공기를 잔뜩 마시도록 하면서 평소 좋아하는 가수의 목소리가 더 크게 울리도록 상상을 하게 한다. 그렇게 되면 나의 기분을 한결 같이 더 좋게 만들어 주면서 노래가 우주의 모든 공간을 가득 채우게 한다. 그러면 노래의 볼륨을 더욱더 높아지도록 하면서 충분히 행복한 감정이 이어지도록 하는 것이 아주 좋은 방법이다. 이렇게 해서 모든 과정이 끝난다면 맨 처음에 문제가 되었던 그 사건사고의 장면으로 되돌아가서 처음에 보았던 그때의 감정과 지금의 기분이 어떻게 보이게 되는지 1~10까지 숫자로 표시를 하도록 시켜서 처음의 부정적 사고가 얼마나 사라졌는지 또한 기분이나 감정이 줄어들었는지 확인을 하도록 한다. 자, 이렇게 한 뒤 지금의 기분은 어떠한가? 그래도 아직도 부정적인 감정이나 생각이나 느낌이 머리에 남아 있다면 동일한 방법으로 영화필름을 반대로 돌리듯 장면을 되돌려서 좋아하는 노래가 다시 재생해서 생생하게 들리도록 만들면 좋을 것이다.

(5) 나미의 무의식 욕구에 대해서

최면에서는 평소의 나와 다르게 지혜롭고 현명하고 자신감이 넘치는 또 다른 내가 상처받은 나를 위로해 주는 것에 목적이 있다. 대부분의 사람들은 자신이 잘못된 행동하는 걸 부정적인 시각으로 바라보게 된다. 누구나 문제가 있다고 생각하거나 올바르지 않다고 보거나 하면 내면에 깊게 자리 잡은 '무의식의 욕구'는 다르게 나타날 수가 있다. 그렇지만 무의식의 욕구는 '긍정적 의도'가 있다. 내가 그렇게 해야만 살아갈 수 있다고 판단했기 때문이다. 그래서 내 몸 안에 있는 무의식은 언제나 힘들면 힘든 것을 의식을 통해서 알리고 그것을 두 번 다시 답습하지 않도록 신호를 통해서 나에게 보낸다.

나미도 낮 시간에 받았던 스트레스를 스스로 해결하기 어려워서 잠자는 시간을 통해서 주인인 나의 의식에게 알리려고 한 것뿐이다. 이것을 칭찬해야지 부정적인 시각으로 바라 볼 이유가 없다. 이를 다르게 말하면 엄마나 가족이 나를 위해서 도와주는 마음이나 무의식이 나를 도와주는 마음은 어쩌면 동일한 마음일 것이다.

이처럼 최면상담은 나미의 몸을 편하게 만들고 위안된 기분을 잘 활용해서 건강한 나를 지키게 되는데 본뜻이 들어 있다. 어떤 무의식도 주인인 나를 해치게 하기 위해서 행동을 하거나 신호를 보내지는 않는다. 모든 것이 긍정적으로 만들지만 그것을 받아들이는 내가 그것을 따르거나 이해하지 못해서 생긴 것이 무의식에 대한 나의 고통일 뿐이다.

그래서 사람은 사람마다 누구나 조금씩 다르다. 나미의 무의식이 잠자는 데까지 도와주려는 것에 대해 나미의 무의식을 나무랄 이유는 조금도 없다. 그러니 모든 사람은 사람마다 조금씩 다르다는 것을 깨우치면서 무의식은 충실한 종이라는 것을 마음에 새기며 살자.

(6) 증상과 진단은

자신의 감정을 어떻게 통제하느냐는 모두 자기 자신에게 달려있다. 그것이 비록 아이지만 어른이나 다를 바 없다. 나미는 최면작업을 통해서 새로운 것을 통찰하게 되었고 더 한층 성숙해졌을 것이다. 비록 공부에 대한 가치관이 엄마에게 온 것이라고 하더라도 그로 인하여 고심하거나 걱정할 것이 아니라는 것을 최면을 통해서 충분히 통찰하게 된 것이다.

▶ 심리증상
불안증
심리적으로 위축됨

▶ 신체증상
큰 병에 대한 두려움

▶ 환경문제
공부를 하는 것에 대한 스트레스
(평소 '억눌린 감정'이 수면으로 나타남)

(7) 내가 해주고 싶은 한 마디

나미는 앞으로 학교에 가서 공부를 해야 한다는 부담감과 엄마와 떨어지기 싫다는 스트레스가 나름대로의 질병을 가지고 오게 되었다. 그렇다면 이런 아이를 위한 자제력은 앞으로 어떻게 바꿔야 할까? 그건 엄마에게 달렸다. 걱정할 것도 걱정해야 될 것도 아님을 나미에게 주지시키고 마음을 편하게 해주면 모든 것은 극복될 것이다.

비록 아이이지만 자기 자신을 제어할 수 있는 능력은 자기 스스로 취득하는 것이지 남이 도와서 해주는 것은 아니다. 앞으로 나미에게 그가 앞으로 무엇을 하든 더 많은 것을 스스로 이루어 낼 수 있다는 자신감을 가지게 하는 것이다.

엄마는 아이가 지금까지 엄마와 가족의 품에서 살아왔던 것과 다른 환경이 찾아오면 앞으로 그 환경에 적응할 수 있는 능력을 천천히 밀도 있게 나아가도록 도와주어야 한다. 예를 들어서 "학교는 왜 가야 하는 거야"라고 물으면 "엄마와 아빠도 다 그런 과정을 익히고 배웠단다. 그래서 너도 훗날 성인이 되려면 이런 과정을 배워야하는 것이란다."라고 답을 주어야 한다.

또한 "너만 학교에 가는 것이 아니라 친구들도 다 그렇게 하지 않니?" 이렇게 충분히 이해가 되도록 말해주고 꼭 사랑스럽게 안아 주어야 한다. 아이는 많이 안아주고 내 편인 엄마와 아빠가 항상 옆에 있다는 것을 알게 되면 공부만이 아니라 그 무슨 어려움이 있어도 이겨낼 힘을 가질 것이다. 아이가 태어나서 누구를 보고 배워왔을까? 모두가 부모를 통해서 이루어지게 된다. 엄마로부터 웃는 모습, 우는 모습, 화내는 모습, 사랑하는 모습, 싫어하는 모습을 마냥 보게 될 것이고 그 안에서 모든 것을 기억하게 될 것이다.

05
신경성 식욕부진증(거식증)

심리학의 시조인 프로이트는 우리에게 의식과 무의식이라는 두 종류의 정신이 있다고 했다. 마음 깊은 곳에 숨어 있는 무의식적 영혼은 성적이고 파괴적이며 충동과 욕구를 포함한다고 하면서 일반인은 두 정신을 조화시킬 수 있지만 신경증을 가진 사람은 둘 사이의 균형을 잃어 질병이 든 상태라고 말했다.

우리는 행동주의와 정신분석을 물과 기름이라는 말로 표현하고 있지만 인간의 생후경험, 환경을 중시한다는 면에서는 서로가 벗어나려고 해도 벗어날 수가 없을 것이다. 정신과 의사였던 프로이트는 신경증 치료에 특히 관심이 많았다. 착오 행위나 꿈에 주목한 것도 신경증을 위한 이해와 치료 때문일 것이다.

그렇다면 신경증 증상을 보이는 식욕부진증을 가진 자신이 영양실조에 빠져 있는지 알지 못하고 있으며 심지어 그런 사실까지 부정하는 경우가 많은데 이는 마르기 위해 심리적·정신적·사회적 장애를 보이는 것으로 일종의 섭식장애이다. 이 증상을 가지고 있는 사람은 전체 숫자의 90% 이상은 젊은 여성이지만 남성도 일부 보이고 있다.

거식증은 식욕이나 음식에 대한 생각은 있지만 적극적으로 억제하는 것인데 그 원인에 대해서 아직도 정확한 학설은 밝혀내지 못하고 있으며 단지 유전적 요인과 환경적 요인으로 나누고 있을 뿐이다. 청소년기나 성인기의 초기에 있을 체중관리에 대한 강박관념 등의 원인이 주로 많이 나타나고 있는데 거식증은 우울증이나 불안장애와 같은 정신적 장애의 또 다른 모습으로 보일 수도 있으며 체중이 줄어드는 것으로 부적절한 식이행동을 하게 된다.

이 병에 걸리면 밥을 먹는 것을 꺼려해서 설사제, 이뇨제를 복용하기도 하며 체중을 줄이는 방법으로 운동을 심하게 한다. 자신이 배고픔을 일부 느끼고는 있지만 먹어서는 안 된다는 강박감 때문에 감정의 기복이 아주 심하고 집중력도 많이 떨어진 상태에 있다. 이 증상이 심해지면 체중감소 및 영양부족이 생기기 쉽고 피부가 건조하거나 손·발톱이 잘 부서지거나 성호르몬에도 문제를 일으킬 수가 있다. 또한 스트레스 호르몬이 증가되면서 전해질의 불균형 초래로 심부전, 근육무력증, 면역 부조화로 인하여 사망에 이르게 된다.

이런 사람은 내과적 증상을 동반하므로 입원을 하거나 개인정신치료, 가족치료, 행동치료 및 최면작업이 도움이 된다. 이 질환은 체중증가와 비만에 대한 두려움을 갖으면서도 질병이라고 생각하지 않아서 치료를 거부하는 것이 가장 큰 문제이다.

학술적 통계에 따르면 이 병에 걸린 환자의 50%는 회복이 되고 30%는 호전되지만 나머지 20%는 회복하지 못한다. 거식증은 음식과 체중에 대한 잘못된 인식 때문에 재발이 생기기 때문에 많은 사람들과의 만남을 피하는 경우 심한 우울증을 동반할 수가 있다.

그래서 거식증을 가진 사람은 과자 한 조각을 먹는 것조차 용기가 필요하고 도전이라고 생각한다. "이걸 씹어 삼킨다고 세상이 폭발하지는 않아." 이는 영화 〈투 더 본〉에 나온 대사인데 거식증을 치료하기 위해 의사가 운영하는 그룹 홈에서 〈푸크〉라는 사람이 주인공 〈엘런〉에게 초코 쿠키를 권하면서 한 말인데 유명해졌다.

(1) 아이가 외상 스트레스로 식사 자체를 거부한다면(밥상에서 일어나는 전쟁터)

그날은 늦은 가을비가 온 산과 들에 주룩주룩 내리는 날이었다. 거리에는 온통 말라서 떨어진 나뭇잎이 여기저기 뒹구는데 이런 궂은 날씨인데 오전 10시가 조금 지났을까 전화 벨 소리가 크게 울렸다. 받아보니, 하나 뿐인 딸인 지영이가 거식증인데 지금 가면 최면을 할 수 있느냐고 물었다.

통화가 끝나고 얼마 지나지 않아서 엄마와 함께 나타난 아이는 내가 처음 볼 때 얼굴이 창백했으며 금방이라도 바닥에도 주저앉을 것처럼 연약해 보였다. 그런데 아이는 비교적 예의바르게 인사를 했다. 내가 지영이에게 기분이 어떤지 물었을 때 "아무 것도 먹기 싫은데 여기서 또 먹으라고 할까봐 불안해요."라고 대답을 했다.

언제부터 먹는 것이 싫어졌냐고 묻자 초등학교 4학년 때라고 했다. 그는 평소 공부도 잘하고 명랑했는데 어느 날 반 아이 중에서 한 아이가 운동장에서 갑자기 살이 너무 쪘다고 말하면서 '맷돌'같다고 놀리기도 하고 어느 날에는 암퇘지라고 말했다고 한다.

놀린 아이가 평소 농담도 잘하고 자기와 친한 사이여서 그때는 그저 지나가는 말로 들었는데 언젠가부터 혼자 있을 때는 자꾸 그 아이의 목소리가 귓전에 들리기 시작했다고 한다. 그리고 그 후부터는 학교 화장실에서 거울을 보게 되면 자기 얼굴이 너무 보기 싫어서 손만 씻고 후다닥 밖으로 나왔다는 것이다. 그렇게 지내다가 새로 학년이 바뀌면서 그 아이와 다른 반으로 갈리게 되고 그 아이는 다시 만날 수가 없게 되었지만 항상 그 '암퇘지'랑 '맷돌같다'는 소리가 사라지지 않았다. "내가 뚱뚱하고 못 생겨서 남자들이 나랑 노는 것이 부끄러운 모양이다."라는 생각이 자꾸 들었고 또래에게 버림받는 기분이었다고 한다. 이후부터 늘 기분이 우울해지고 식욕까지 없어지면서 밥을 먹는 것이 싫어지면서 평소 좋아했던 간식도 싫어지기 시작했고, 이런 와중에 공부까지 못하면 친구들에게 무시를 당할 것이라고 생각에 예습과 복습을 더욱더 철저히 해서 성적은 항상 상위를 유지하고 있었다는 것이다.

지영이에게 나는 SCT문장완성검사를 시켰고 또 MMPI다면적 인성검사를 했더니 완벽주의에 가까운 강박이 온 몸에 구석구석 깊이 박혀있었다. 이 아이는 언제부터인가 밥상머리에 앉으면 공기 밥의 절반만 먹게 되었고 반찬은 다섯 가락을 숫자를 세서 먹었다. 그러면서 음식과 반찬의 칼로리를 계산하게 되었고 자신이 미리 정한 하루 칼로리를 초과할 때는 아예 식사를 포기하였다.

점차적으로 아이는 끼니를 굶는 횟수가 많아졌고, 체중은 자꾸 줄어들었으며, 음식 앞에서 먹는 것과 먹지 않는 것에 대한 다툼이 이어지면서 체중과 체형에 대한 왜곡된 인식이 자꾸만 깊어져 갔다.

(2) 나에 대한 왜곡된 인식

거식증에 대한 의학적 설명은 1689년 영국 의사 리차드 모던에 의해 이루어졌다. 그리고 1873년의 빅토리아 여왕의 주치의 중 한 명이었던 윌리엄 굴 경이 '신경성 식욕부진증'이라는 용어를 처음 사용한 것으로 알려지고 있다. 대체로 청소년 중에서 신경성 식욕부진증은 천 명당 3-7명 정도로 발생되며 여성이 90% 이상을 차지하는데 2020년 국민건강보험공단이 제출한 자료에 의하면 점차적으로 증가추세에 있다.

최근에는 10세 미만의 아이도 늘어나는 실정이며 병의 심각성을 평가할 때 체질량 지수 자체보다는 나이와 성별에 관한 체질량 지수 백분위 중 어디에 속하는지를 파악해야 한다. 이 병에 대한 왜곡은 정신과적인 의미로 경험이 잘못되어 알게 된 과정을 말하게 되는데 왜곡되어 있는 부정적인 사건이나 인식을 자신에게 좀 더 유리한 방향으로 해석하는 경향을 보이게 된다.

지영이는 신체적으로 정상수준에 미치지 못하고 있는데도 체중 증가를 두려워하고 있었다. 자기의 적정체중이나 체형을 잘못 판단하고 있는 것이 분명하고 객관적인 사실과 다르게 외모를 못나고 뚱뚱하다고 생각하는 것이 문제였다. 그래서 자신이 얼마나 심각한 영양실조에 빠져 있는지조차 인식하지 못하고 있는 것이 문제로 나타나고 있었다.

영화 〈투 더 본〉에서 엘런이 "저는 제 건강이 심각하게 나쁘다고 생각한 적이 없어요. 날씬한 게 건강하다고 하잖아요."라고 말하는 장면에서처럼 지금 지영이도 비슷한 양상을 보이고 있었다. 그렇다면 이

병을 바라보는 진단기준은 과연 어떠할까?

지영이는 체중이 아주 낮은데도 체중이 늘거나 뚱뚱해지는 것에 대해 두려워하고 있을 뿐만 아니라 체중 증가를 피하는 행동을 보이고 있다. 이런 아이들은 체중과 체형에 대한 경험이 왜곡되어 있어서 자신에 대한 체중이나 체형에 대한 영향이 지나치다고 볼 수 있으며 현재 낮은 체중의 심각성에 대해서 인식하지 못하는 것이 큰 문제로 보인다.

(3) 아이가 보내는 작은 신호들

신경성 식욕부진증의 신호를 보내면 초기에 이 증상의 유무를 파악하는 것이 가장 큰 의무이다. 예를 들어 밥을 먹자고 했을 때 아이가 먹었다고 하거나 혹시 나중에 먹겠다고 미루는 것들이 여기에 해당하는데 다시 말해 그것은 다른 사람들과 같이 먹기 싫다는 말이기 때문이다.

이는 지영이가 엄마와 같이 식사를 한다면 스스로 자기가 음식의 종류와 양을 조절할 수가 없기 때문이다. 또 식사를 할 때 음식의 칼로리를 외우고 자신이 섭취한 칼로리를 계산하는 것도 한 가지 증상을 위한 징후일 것이며 그 외에도 식사가 끝난 뒤 지나치게 움직이려고 하거나 운동을 못하는 상황이 되었을 때 불안해하는 것도 거식증에 대한 신호일 수가 있다.

이렇게 식욕부진증의 경우에는 방에서 아무도 모르게 먹은 과자 봉지나 음식 포장지가 발견하거나 먹은 음식을 토해낸 것 등이 화장실에서 발견되는 경우에는 빨리 알아차려야 한다. 만약 아이가 엄마와 같이 식사를 하지 않는다고 하거나 어쩔 수 없이 같이 밥을 먹었어도 나중에 토하는 모습을 보인다면 엄마는 아이가 평소 뱉은 음식들과 싸놓은 휴지 무더기를 찾아서 확인을 해야 한다.

(4) 음식 앞과 뒤, 갈등하지 말 것

지영이를 위한 엄마가 해야 할 일은 과연 무엇일까? 엄마는 공감과 배려를 통해서 천천히 접근해야 한다. 그리고 아이가 힘들어 하는 이유나 원인에 대해서 엄마가 최대한 많이 파악하는 만큼 아이에게 많은 것을 도와줄 수가 있다. 엄마는 아이를 관찰하듯 아이의 말과 행동을 일일이 살피는 것이 아주 중요하다. 무의식은 인간에 대하여 마음의 90%에 해당하는 것으로서 무엇보다도 거대한 녹음이나 녹화 테이프와 같을 것이다.

왜냐하면 그것은 생후의 경험들을 다 기록하여 기억의 형태로 간직하고 있어서 아이는 어쩔 수 없이 거기에 따르고 있는 것이다. 그래서 우리는 무의식을 놓고 컴퓨터, 기억은행과 같은 것으로 생각할 수도 있으며, 만약에 우리가 과거에 들었거나 보았거나 경험했던 모든 정보와 기억들이 있다면 그것은 무의식 속에 저장된다는 것을 알아야 한다.

일반적으로 뇌가 다치는 것을 제외하고는 어떠한 기억도 삭제될 수가 없다. 다만 망각되어 느끼지 못할 뿐이다. 그렇지만 최면작업을 통하여 무의식에 저장된 과거의 기억을 새롭게 복구하거나 왜곡된 것을 보완하는 것은 그리 어려운 일은 아니다. 물론 자기 보호를 위해 일부 기억들이 숨겨지거나 은폐된 채로 있을 수도 있긴 하다.

그렇지만 이유야 어떻든 지영이가 가지고 있는 잘못된 기억을 지우거나 변형을 통해서 통찰하는 것은 치료를 위해서 꼭 필요한 일과일 것이다. 한 마디로 거식증은 무서운 질병이다. 정신병 중에서 사망이 가장 많다고 하는 병이다. 이런 몹쓸 병을 가진 아이를 놓고 엄마는 무심히 지내서는 안 된다.

무엇보다 지영이를 주목해서 바라보고 지금 무엇을 하고 무엇을 원하는지 그리고 무엇을 갖고 싶어 하는지 살피는 것을 엄마는 절대로 잊어서는 안 된다. 아이에게 엄마가 "하라는 공부는 안하고 쓸데없는데 신경을 쓰니까 그런 병에 걸리지."라고 말을 해서는 더욱 안 된다. 엄마라고 아이를 제대로 안다고 생각해서도 안 된다.

그렇다고 아이가 다른 아이들보다 특별하다고 생각해서도 더욱 안 된다. 아이에게 사랑을 주고 있다고 생각도 하지 말아야 한다. 뭐든 사소한 일이라고 절대 방관해서는 안 된다. 언제나 아이를 신중하게 살펴야 한다. 아이에게 어려움이 있으면 그것이 내 고통이라고 생각하고 안아 준다고 생각하자.

그렇게 따뜻한 시선과 마음을 갖고 바라볼수록 아이가 더 자세히 보일 것이다. 가끔 엄마가 "너무 완벽하려고 갈등하지 마. 너는 지금까지 너무 잘 자랐고 그 정도면 어디가도 빠지지 않아." 이와 같은 생각을 하고 관련된 말을 할 수 있는데 이 말은 엄마가 해서는 안 될 말이다.

신경성 식욕부진증은 아빠 또는 엄마와 아이의 관계, 형제간 경쟁의식 등 모든 여러 가지 요인에 의해 영향을 받기 때문에 항상 마음이 똑같아야 한다. 그렇게 하려면 아이와 비정상적 식이행동을 두고 기싸움을 절대로 하지 않아야 하고 엄마에게 아이가 사랑받고 싶은 욕구와 불안을 항상 이해해야 한다.

엄마가 신경성 식욕부진증을 가진 아이에게 명심해야 할 일은 체중이나 음식섭취 여부에 논쟁을 하기 보다는 아이가 가장 좋아하는 놀이를 같이 하면서 시간을 충분히 나누면서 교감을 가져야 한다는 것이다. 지영이의 내면에는 엄마의 사랑을 잃을지도 모른다는 불안함이 언제나 마음속에 있다는 것을 잊어서는 안 된다.

(5) 거식증 종말에 대해서

나는 지영이의 힘들어 하는 모습을 〈영화관 기법〉으로 통하여 떠올리게 하였다. 최면은 서로 간의 믿음의 상태에 이루어진다. 예를 들어서 아이가 배가 아프다고 울면 할머니는 아이의 배를 쓰다듬어 주면서 곧 나을 것이라고 말하게 되지만 그때 아이는 할머니의 따스한 손길을 통해서 사랑을 느끼게 되고 그 손이 낫게 해줄 것이라고 생각을 하게 되고, 몸이 이완이 되면서 통증에서 벗어나게 된다.

아이를 키우다 보면 흔히 있을 수 있는 이런 경험은 누구에게나 있을 수 있지만 아주 중요하다. 가짜약이라도 그 약을 먹으면 낫는다는 믿음이 생길 때 치료가 되듯이 최면에서도 서로 간의 라포가 아주 큰 힘을 발휘한다. 서로 간에 믿음이 형성되지 않으면 그 어떤 치료에 대한 효과는 반감될 것이다.

최면상태에서 지영이에게 저학년으로 돌아가도록 유도하였다. 그리고 〈엘먼 반야 인덕션〉을 통해서 심화과정을 거친 뒤 지영이가 문제가 된 그때로 돌아가서 그 사건을 겪고 있는 모습을 생생하게 체험하도록 도와 주었다.

이것은 최초사건인 동시에 남자친구가 '암퇘지'라고 한 그 사건의 본질이었다. 최면분석을 통해 ISE_{최초사건}와 SPE_{징후유발사선}가 분리된 문제가 아니라는 것을 지영이에게 확신시켜 주었다. 그는 몇 년 전부터 스스로 고민하던 사건사고에 대해서 자존감이 많이 떨어진 상태에 있었고 지금은 우울증까지 생긴 것이 더 큰 문제였다.

나는 숫자 심화로 긴장감을 확보한 뒤에 몸은 그대로 두고 영혼만 거기에서 빠져 나와 시간선 치료와 공중분리기법을 번갈아 하면서 자신을 돌보게 하였다. 뒤이어 내적 파트와 자기용서 및 자기화해를 통해서 이루어진 작업이 이행됐고 모든 파트들의 동의하에 내적파트는 더 이상 수면 속에서 자신감을 저하시키는 역학이 아닌 본래의 자신감으로서 내적인 자기 통합을 이루도록 했다.

최면작업에서 자신의 모습이 궁금한 것 같아서 이제 편안하게 공부를 하면서 미래에 대학생이 된 모습을 확인시켰다. 세션을 통해서 영화관에 들어가 영상을 실제 보면서 자신의 모습을 당당하게 스크린에 띄우라고 한 뒤 스크린에서 그_{3인칭}로 존재하는 자신의 모습을 지켜보도록 하였다.

그리고 지영이에게 영화의 제목을 정하도록 하였다. 영화 제목은 '거식증의 종말'이라고 말했다. 이제부터 하위감각양식으로 변화시켜서 몸 자체에서 나타나는 모든 감각의 체계를 어떻게 받아들이고 있느냐고 물었다.

"자, 이제부터 감각을 쉽게 조절하는 방법을 알아보겠습니다. 지영이가 제일 좋아하는 음식을 하나 정해서 떠올려 보세요. 그 음식이 바로 앞에 있다고 생각하는 겁니다. 먹고 싶은 욕구가 어느 정도인가요? 그러면 음식물이 천장 높이의 떨어진 곳에 있다고 합시다. 지금 먹고 싶은 욕구가 가장 적은 것이 1이라는 숫자이고 가장 많이 먹고 싶은 욕구의 숫자가 10이라고 할 때 지금을 숫자로 보면 얼마인가요?"

"10입니다."

"그래요. 당연히 10이겠지요. 좋아요. 이제 서울 여의도 63빌딩 높이에서는 보는 숫자가 얼마인가요?"

"7-8정도인 것 같아요."

"좋아요. 이제 비행기 높이에서는 얼마인가요?"

"3-4정도인 것 같아요."

"자, 이제 구름 높이까지 올라가는 겁니다. 거기서는 얼마인가요?"

"1-2정도인 것 같아요."

"네. 이제 우주로 높이 올라갑니다. 거기에서는 얼마인가요?"

"안 보이는 것 같아요."

이렇게 해서 지영이는 지금까지 보였던 부정적인 감정 그리고 순간들과 시각·청각·미각·촉각·후각을 생생하게 느끼게 되었다. 이제 지구에 있는 나와 떨어져 있는 것을 마음으로 느끼게 되었을 때 먹고 싶은 욕구는 많이 달라졌을 것이다. 이처럼 분리된 거리에 의해서 지영이의 모든 식욕에 대한 감각은 변화를 거듭하게 된다.

이렇게 감각이 조절되면서 지금까지의 부정적인 감정은 사라지고 있었다. 이제 지영이는 가장 하위감각양식에서 가장 크게 작용하는 시각에서는 거리, 크기, 밝기, 조명도, 원근, 위치, 평면, 입체, 칼라, 흑백, 동영상, 정지화면 등을 통해서 알아보고 살핀 뒤 그 다음 청각의 하위감각양식에는 크기, 박자, 음의 높이, 거리 등을 통해서 미세한 감각까지 찾아보았다.

이처럼 각 신체부위에 따른 감각의 하위감각양식에는 강도, 위치, 활동성, 무게, 온도 등도 살피고 공중분리기법을 이어갔다. 지영이가 가지고 있는 하위감각양식을 통해서 이제까지 자신을 괴롭혔던 아이들의 음성을 바꾸고 변조를 시켰다. 당시의 행동을 필름 되감기 또는 빨리 되감기를 통해서 상황을 변화하도록 한 것이다.

그리고 이제부터는 자신이 좋아하는 노래를 주제로 긍정적인 생각이 들도록 하였다. 당시의 상황으로 돌아가서 지금까지 불편했던 감정이나 느낌을 바꾸거나 지우게 되면서 내면에 있던 모든 잠재의식을 하나씩 바꿔나갔다.

이렇게 거듭된 몇 차례 반복을 통해서 지영이는 당시의 상황과 감정, 느낌, 사고를 체크한 후 서서히 표정이 바뀌고 있었다. '암퇘지'라고 했던 그 당시의 모습을 떠올리게 한 후 웃기는 배우의 모습으로 바꾸어서 새롭게 떠올리게 한 뒤 지금까지 가지고 있던 부정적인 정서가 되는 모든 내용을 찾아서 지워나갔다.

"자, 지영아 오른 손에는 먹물이 뚝 뚝 떨어지는 큰 붓을 들고 왼쪽에 놓인 영상을 하나도 빠짐없이 지워나가는 거야."

"네."

"지금 기분이 어때?"

"아주 편안해요. 마치 날아가는 기분인 걸요."

이렇게 지영이가 원하는 사건사고를 당시를 통해서 생생하게 복원을 하고 난 뒤 앵커링 기법을 통하여 이제 모든 음식을 편하게 먹는 것으로 마무리하였다. 다음으로 지영이의 엄지손가락에 앵커링을 걸어서 암퇘지라고 했던 그 아이를 떠올리고 이제부터 새로운 아이의 모습으로 바꾸어 나갔다. 이렇게 당시의 상황이 생생하게 경험하는 것으로 실체처럼 보고, 듣고, 느끼면서 지영이는 자신감을 회복하게 되면서 엄지손가락을 바짝 세울 때 식욕의 터널에서 벗어나게 되었다.

(6) 아이의 연료는 엄마다

아이에게 사랑의 연료를 보충하기 위해서는 언제나 엄마는 자주 안아주고 뽀뽀를 해 주는 것이 중요하다. 아이의 양 볼에 뽀뽀를 자주 해 주는 것도 좋은 방법이지만 자주 사랑한다고 말해주는 것은 더 이상 말할 가치도 없다. 아이에게는 엄마의 따뜻한 시선이 다가와서 자신을 감싸는 것도 좋지만 사랑한다고 말해주는 것만큼 큰 효과는 세상에 없을 것이다.

이때 마음속으로 지영이를 얼마나 사랑하는 가는 하나도 중요하지가 않다. 꼭 사랑한다고 말을 해서 아이가 몸과 마음으로 체험하는 것이 더 필요하다. 그리고 엄마는 언제나 아이가 하는 말에 무엇이든지 귀를 기울여주는 것이 좋을 것이며 아이의 어떤 말에도 무비판적으로 수용하고 사소한 이야기까지 들어 주면서 가지고 있는 문제가 아주 작아지도록 해야 한다.

이때 지영이가 힘들어 하는 모습이 보이면 무엇 때문에 힘들어 하는지를 빠르게 알아채는 것이 중요하다. 엄마가 보면 아무것도 아닌 것으로 보이는 것이나 하나도 고민거리가 안 되는 것도 지영이의 입장에서는 그게 아닐 수 있다. 지영이가 하는 어떠한 일에도 실패와 좌절은 한 단계 성장하는 것으로 받아들이고 거식증은 말 그대로 치료가 쉬운 병은 아니므로 한두 번 실패를 했다고 해서 쉽게 포기하지 말고 끝까지 힘과 정성을 쏟아야 한다.

▶ 심리증상
불안, 공포감, 음식에 대한 두려움

▶ 신체증상
몸이 마르고 빼빼해서 무엇을 해도 집중력 저하

▶ 환경문제
살이 찌는 것이나 음식에 대한 공포
가족을 피하는 문제

(7) 해주고 싶은 한 마디

올바른 마음을 가진 아이를 위해서 엄마가 알아야 할 것은 부지기수다. 엄마가 가진 올바른 마음과 태도는 아이가 가질 수 있는 경쟁력의 전부라고 해도 된다. 이것이 앞으로 아이가 살아가는데 큰 영향을 미칠 것이므로 비록 지금은 거식증으로 고생을 하고 있지만 엄마의 사랑과 보살핌으로 지영이가 흔들리지 않도록 보살펴야 한다. 그래서 엄마가 지켜야 할 것은 이제 이렇게 많다.

- 엄마는, 아이에게 언제나 규칙적이고 질서 있는 모습을 보여라.
- 아이가 순결하고 좋은 성품을 갖기 위해서는 어릴 때부터 나쁜 습관에 물들지 않아야 한다.
- 아이 앞에 거친 말과 표현을 삼가라.
- 지킬 수 없는 것과 무례한 말을 쓰지 말자.

- 늘 책을 가까이하는 모습을 보여라.

- 단 한 번의 거짓도 방치하면 안 된다.

- 책망을 두 번 하지 말라.

- 주어진 일을 완성하지 못해도 사랑으로 안아주어라.

- 남의 것을 탐내지 않도록 해라.

- 부부가 싸우는 모습을 보이지 말라.

06
적대적 반항장애

반항장애를 가진 아이의 엄마는 가정불화, 경제적인 어려움, 건강 문제, 개인적인 스트레스 등을 겪는 경우가 많은데 그렇다면 아이가 반항장애를 일으키는 것이 결국 아이의 문제인가 아니면 엄마의 문제인가?

반항장애를 가진 아이가 성인이 되면 반사회성 성격장애가 나타나는데 MMPI의 척도가 높아지는 것을 놓고 권위자에 대한 위험 수치가 높은 것이라고 한다. 그렇다면 권위자를 대표하는 사람은 과연 누구일까? 당연히 부모이고 교회의 목사이고 학교의 선생님이고 직장의 상사일 것이다.

그런 사람이 권위자인데 권위자의 대표자격인 사람은 엄마로부터 시작되기 때문에 비교적 척도가 높은 아이들은 분노를 가슴에 품고 살고 있다. 이런 아이들 대부분은 충동적이라고 할 수가 있는데 누구나 하나를 취하면 나중에 열을 잃을 지도 모른다고 생각하면서 당장 그것을 취하지 않는 것이 대부분이지만 충동적인 아이는 그런 것을 염두에 두지도 않고 자기가 하고 싶은 대로 살기 때문에 충동적인 삶을 이어가게 된다.

(1) 매사, 엄마에게 공격적으로 대드는 아이

아침에 일어나서 해 뜨는 동쪽 하늘을 보니 검은 구름이 몰려오고 있었다. '오늘은 비가 오려나?'라고 생각하고 있는데 실제로 오전에 내린 비가 하루 종일 그치지 않았다. 그런 날에 나를 찾아온 한 여성은 비교적 야윈 모습을 하고 있었다. 엄마를 따라온 아이가 내민 '기초설문지'를 받아보니 맨 마지막 문항에 이렇게 적혀 있었다. "아이가 매사에 반항적이고 엄마에게 대들어요. 친구와 다투는 것은 거의 일과이고 동생을 때려서 미워죽겠어요. 내가 그러지 말라고 야단을 쳐도 그때뿐 말을 안 들어요. 자기 잘못은 인정하지 않고 뭐든지 남 탓을 합니다."라고 쓰여져 있었다.

이름이 창득이라고 밝힌 아이는 초등학교 2학년이었다. 엄마와 이야기를 하고 있는데 아이가 갑자기 호주머니에서 작은 볼을 꺼내더니 뭐가 심심한지 한 손으로 튕기기 시작했다. 이를 본 엄마가 아이 손에 있는 공을 빼앗았다. 그러자 창득이는 한동안 가만히 엄마를 째려보더니 주먹으로 팔꿈치를 힘껏 때렸다. 순식간에 벌어진 일이었다. 하지만 엄마는 대수롭지 않다는 듯이 말했다.

"선생님 애가 이렇다니까요? 이러다가 공기 돌로 유리창이라도 깨면 어떻게 해요. 제가 왜, 여기를 오셨는지 이제 아셨지요."

이렇게 말하고는 빼앗은 공을 아이에게 건네주면서 "아파, 아프단 말이야, 이제 그만 둬."라고 큰 소리로 말했다. 창득이는 공을 돌려준 엄마를 째려보면서 "빨리 사과해. 내 공을 빼앗아간 것을 빨리 미안하다고 말하란 말이야."라고 재촉했다. "돌려주었으면 되잖아. 여기까지 와서 이걸 튕기고 그러니. 너는 도대체 어떻게 된 애니? 누굴 닮아서 그 모양이야?"

잠깐 사이에 일어난 모자의 모습을 보면서 엄마와 아이가 서로 떨어져 있어야겠다고 생각했다.

"어머니, 이제부터 창득이와 이야기를 좀 해 볼게요."

아이가 분노가 크고 엄마 말을 안 듣고 까다로운 성질을 내는 버릇은 어디서 생겼을까? 가만히 있지 못하는 공격성을 어떻게 바꿀 수가 있을까?

"창득이는 엄마한테 뭐가 그렇게 화가 났어?"

"…."

아이는 아무 대답도 하지 않으려고 했다. 하는 수 없이 달래가면서 물었다. 완강했던 표정이 조금씩 풀렸다.

"그럼 왜, 엄마를 때렸어?"

"내 말을 듣지 않으니까 그렇죠. 뭐."

"그게 무슨 말이니?"

"언제나 엄마는 자기 마음대로 해요. 나한테 의논하지도 않고…."

"아, 창득이는 엄마가 자기를 무시한다고 생각하는구나! 자기한테 물어보지도 않고…."

"엄마는 내가 왜, 그러는지 관심이 없어요."

창득이는 의외의 말을 했다. 엄마에 대한 서운함과 분노를 생각나는 대로 말했다. 자기를 좋아하지 않고 동생만 귀하게 여긴다는데 불만이 있어 보였다. 친구와 싸우는 것도, 동생을 때리는 이유도 엄마 때문이라고 말했다. 아이가 밖으로 나간 뒤 엄마에게 물었다. 언제부터 이렇게 했느냐고 물었더니 어렸을 때부터 무척 예민하고 까다로웠는데 유치원 시절에 반 친구들과 사이가 좋지 않아서 유치원을 자주 옮겼다고 했다. 엄마는 다니던 직장을 그만 두게 된 것도 창득이 때문이라고 했다. 그러면서 창득이를 키우는 것이 이렇게 힘이 들 줄 몰랐다면서 여전히 불만을 토로했다. 요즘은 신경질을 다 받아주다가 한계에 부딪히면서 막말을 하게 되는데, 예를 들면 "너, 자꾸 그럴 거면 이 집에서 나가!"라고 했단다.

"큰애 창득이를 키울 때는 모든 것이 힘이 들어서 아이가 좋다는 느낌을 느끼지 못했어요. 그런데 둘째 아이는 달라요. 그 아이는 볼 때마다 사랑스럽고 예뻐요. 애교도 많고요. 아이가 눈치도 빨라요. 그런 동생을 창득이는 자주 때리는 것이 더 미워요."

"그랬었군요."

"선생님은 이러면 안 된다고 말씀하시고 싶지요."

아이를 편애하고 있는 것에 대한 미안한 감정을 느끼면서도 그게 그렇게 쉽지가 않단다. 이야기를 듣다가 '아이가 많이 소외된 감정을 가지겠구나!'라는 생각이 들었다. 적대적 반항장애는 가족이나 학교 선생님, 친구들에게 부정적이고 적대적인 행동이나, 반항적인 태도를 6개월 이상 지속적으로 보이는 경우를 말한다. 품행장애와는 다르게 타인의 권리를 심각하게 침해하는 일은 없으며, 반사회적인 면이나 공격적인 면도 아주 약한 편이다.

이런 증상은 초등학생의 5~10% 정도가 적대적 반항장애에 해당하는 것으로 알려지는데 단순히 말을 안 듣는 문제가 아니라, 행동문제가 학교생활이나 가정생활에 심각한 영향을 미친다. 남자아이의 경우 과거 학령기 이전에는 기질이 까다롭거나, 활동성이 높았던 아이들이 많으며 학교에서도 자존감이 낮고, 기분이 쉽게 변하거나 화를 잘 참지 못한다.

반항적인 행동을 타이르거나, 편지를 쓰거나, 혼내거나 하는 방식으로는 치료가 쉽지 않다. 대화를 하거나 복종하는 행위자체에 거부감을 느껴서 섣불리 접근을 했다가는 참을성을 시험하게 되고, 지시를 무시하거나, 대들기도 하고, 잘못을 해놓고도 당당해하는 것이 특징이다. 이런 행동은 대부분 만 8세를 전후로 나타나기 시작하는데 빠르면 3세부터 나타날 수 있어서 사춘기 전에는 남자아이에게 많지만, 그 이후에는 남녀 차이가 거의 없다.

이런 행동은 가족에서만 주로 관찰되지만, 심한 경우 학교나 집 밖에서 드러난다. 구체적인 원인은 아직 밝혀지지 않았지만, 엄하고 강압적인 집안 분위기에서 자란 아이에게서 많은 것을 보면 가정환경이 큰 영향을 미친다고 볼 수 있다. ADHD 아동의 50%는 적대적 반항장애 증상을 보이거나 혹은 우울증이나 불안장애 아동의 10~29% 역시 이 증상을 보인다.

이런 경우에는 영아기 때부터 어른과의 갈등을 유발하는 기질이 있다. 예컨대 아기의 활동수준, 어떤 자극에 대한 반응, 생활습관의 규칙성 등으로 나타나는데 이런 아이는 작은 자극에도 쉽게 흥분을 하며 울음을 터뜨리고 수면이나 섭식 같은 생리적 현상이 좋지 않아 아이에게 리듬을 맞추기가 사실 어렵다.

우선 창득이의 경우를 보면 잦은 출장으로 아빠를 자주 보지 못해서 아빠와 엄마와 아이를 보는 관점이 차이가 있었다. 아빠는 남자아이들은 여자아이보다는 거칠기 때문에 어릴 때는 반항을 하고 문제를 일으킬 수도 있는데 너무 지나치게 엄마가 간섭을 한다고 오히려 화를 내고 있으며, 이에 대해서 엄마는 남편의 말을 이해하지 못하겠다고 맞서고 있다.

창득이가 엄마에게 보이는 문제들은 의식적인 것이 아니라 과거에 어떤 이유와 연관이 있는 것 같았다. 예컨대 아이가 반항하는 행동을 보이는 것은 심부름이나 숙제 등으로 인해 상처를 받았던 경험이 있다고 말할 수 있는데 아마 그런 작은 것들이 쌓이면서 반항적인 행동이 시작된 것 같았다.

조금 전 엄마가 보인 행동도 창득이의 행동을 강화하는 요인이다. 볼을 튕겼을 때, 엄마가 빼앗는 이런 옥신각신 하는 상황을 겪은 뒤 공을 되돌려준 사실도 그렇다. 이런 행동은 두 사람 사이에 수시로 생긴 것으로 보이는데 엄마에게 반항적이고 공격적인 행동을 할 때 자신이 원하는 것을 얻은 경험을 가지고 있는 창득이를 엄마는 왜 이렇게 똑같은 패턴으로 대처를 해야 하는 것일까? 그 이유는 우울증과 무기력감으로 아이를 끝까지 대처할 능력을 이미 상실한지가 퍽 오래되었기 때문이다. 엄마는 아이의 행동에 폭발하듯 화를 내다가도 창득이가 더 크게 반항하면 견디지 못하고 백기를 드는 것이다.

(2) 아이가 **분노를 일으킨 이유**

행동 및 인지치료는 애정욕구를 충족시키고 자존감을 회복하는 것을 말하는데 이른바 항문기 성격을 다스리기 위한 것을 말한다. 예컨대 창득이는 2-3세 때까지 엄마가 정해준 장소에서만 변을 보고 그렇지 않은 공간에서는 꼭 참으면서 지낸 것인가를 살펴보았다. 이때 스스로 자신을 통제하거나 가두었을 때 그로 인한 성취감이나 쾌락을 가지게 되었는지를 보기 위함인데, 이 시기에 그러지 못하고 잘못된 방법이 고착되었다면 문제는 이어질 수가 있다. 따라서 인지 및 행동 치료를 통해서 공격적인 언행을 할 경우 원하는 것을 얻지 못하고, 솔직한 감정을 말로 표현했을 때 이득이 생기도록 행동치료를 이어갔다. 그러면서 또한 지시하고 훈육을 하는 방법을 살폈다. 아이에게 무슨 지시를 할 때는 가능한 지시 내용이 직접적이고 단순 명료하게 하고 그럴 때마다 말투를 선명하게 하면서 내용의 중요성을 가지게 하는 것이다.

또한 말과 행동을 같이 할 때는 반드시 눈과 눈을 맞추도록 하고 아이의 시선과 관심을 빼앗는 TV 등의 방해물은 가능한 없애도록 하였다. 앞으로 엄마가 아이의 사소한 잘못을 지적하는데 너무 힘을 빼서는 안 된다. 그럴 경우에는 아이는 늘 지적받는다고 느껴서 진짜 중요한 사안에 대한 지시를 받아들이지 않기 때문이다.

그리고 일상에서 작은 실수는 너그럽게 넘어가면서 긍정적인 행동에 대한 관심을 많이 갖도록 하고 엄마는 아이에게 자주 칭찬을 해주는 것이 좋다. 마지막으로 행동 및 인지치료가 내면을 바꾸는 역할을 한다는 것을 절대 잊어서는 안 되며, 아이의 바람직한 훈육을 위해서는 엄마가 사랑한다는 모습을 자주 보이고 그에 대한 확신을 갖도록 해야 한다.

(3) 아이의 까다로운 기질과 장애에 대해서

세상에는 좋은 기운을 전하는 사람이 있다. 같은 상황에서 같은 일을 겪어도 이상하게 희망과 용기가 솟아나게 해주는 사람이 있는가 하면 만날 때마다 불편한 기분이 드는 사람이 있을 수 있다. 그럴 때마다 이런 사람과 어쩔 수 없이 만날 때는 헤어질 때쯤 되면 상대방이 자꾸 미워지거나 나중에는 화가 나게 된다. 그러면 다시는 그를 만나지 말아야지 하지만 그게 여의치 않는 사람이라면 어떻게 하겠는가? 참 생각만 해도 힘들다. 아니 인연이 아니라 이런 경우를 놓고 악연이라고 해야 한다. 그런데 그런 악연은 누가 만들었을까? 결국 내가 만들었다고 하는 것이 맞을 것이다.

창득이도 누가 만들었을까? 반항장애로 만든 사람은 과연 누굴까? 바로 엄마다. 아이가 태어나서 이렇게 만들어질 때까지 모든 행동을 자신이 해놓고 이제는 그에 대한 고통을 겪고 있는 것이다. 엄마와의 대화를 통해 그가 호소하는 문제들을 정리해 보면 다음과 같았다.

- 극심한 불안과 친구기피 현상
- 불특정한 다수에 대한 분노
- 외로움과 무료함
- 자신감 결여, 의욕상실
- 무기력함
- 낯선 환경에 대한 적응력이 떨어짐
- 자기 책임을 다 하지 못함에 대한 죄책감

일단 첫 작업의 방향을 가장 크게 호소하는 창득이의 감정문제인 불안함의 원인을 발견하고 해소시키기 위해 역행 테레피를 사용한 최면분석을 진행하기로 엄마와 합의하였다. 창득이는 다행히도 사전면담을 잘 이해했기에 최면작업에 잘 따라 주었고 상담기법을 적용할 수 있는 깊이를 성취하게 되었다.

모든 최면 작업이 그렇지만 최면을 하려면 먼저 자신의 문제 해결에 어떤 도움이 되는지 또는 문제 해결에 어떤 의지가 있는지 신중하게 생각해 보아야 한다. 그렇게 내담자에게 하려는 마음이 정해 졌으면 자신의 문제를 극복하려는 의지가 있는지를 살펴야 한다. 그리고 상상력이 풍부한 사람이 좋을 것이므로 가능하다면 미리 간단한 상상력을 테스트하는 것이 좋다. 예컨대 '레몬을 떠올리면 어떤 느낌이 드나요?'라는 것처럼 말이다. 그리고 오감을 테스트하면 된다. 그렇게 한 다음 혹시 이 최면작업을 통하여 결실을 갖고 싶은 것이 있는지 살펴야 한다. 최면작업을 할 때는 주위에 믿을 만한 상담자를 찾는 것이 아주 중요하다. 내담자와 최면자의 신뢰에 따라서 좋은 최면작업이 이루어질 수가 있기 때문이다. 아무리 뛰어난 능력과 실력을 갖추고 있는 최면자라고 하더라도 그를 신뢰하는 마음이 아주 미약하거나 최면작업에 대한 의심이나 부정적인 생각이 있는 사람에게는 효과적인 작업이 이루어지기가 어렵다. 그 다음에 중요한 것은 아직도 많은 사람들이 최면작업에 대해서 잘 모르는 사람이 많으므로 시간이 걸리더라도 사전작업에서 서로에 대한 라포를 충분히 형성한 후에 최면 작업에 임하는 것이 아주 유리하다. 최면작업에 대해 창득이 엄마도 다른 사람이 묻듯이 물었다.

"최면은 어떤 사람이 많이 하나요?"

"과거에 스트레스를 가진 사람들이 많이 한다고 보면 되겠지요."

"그렇다면 창득이도 엄마에 대한 부정적인 감정이 많다고 생각을 하시는 것이군요. 그렇다면 우리 창득이도 최면작업을 잘 해낼 수가 있을까요?"

"네. 문제없이 잘 해낼 겁니다. 일반적으로 최면에 잘 걸리는 사람을 보면 대부분 이지적이고 집중력이 있거나 기억력이 좋은 사람, 생각이 단순한 사람, 상상력이 풍부하며 감정표현을 잘하는 사람, 나이가 어린 사람, 마음이 순수하고 남의 말을 잘 받아들이고 협조적인 사람, 최면현상에 적당히 기대를 갖고 있는 사람, 몰입을 잘하는 사람들이라고 보면 됩니다."

엄마가 또 물었다.

"그러면 최면이 들어가지 않는 사람도 있을 수 있나요?"

"그렇지요. 그래서 그에 대해서 궁금증을 호소하는 사람이 의외로 많습니다. 정확하게 말씀을 드리면 모든 사람이 최면에 들어가지만 일부 들어가지 않는 사람이 있을 수도 있지요. 뭐든지 지나치게 분석적이거나 비판적인 사람, 지적인 수준이 아주 낮은 사람 그리고 최면을 받아들이지 않으려고 하는 사람은 잘 걸리지 않을 수가 있겠지요."

"그렇다면 최면이 걸린 것을 어떻게 알 수 있나요?"

엄마는 갈수록 궁금증이 생기는 모양이다. 아니 최면이 신기하기도 하고 알고 싶은 것이 의외로 많을 수도 있다.

"그렇습니다. 궁금하실 테지요. 최면상태를 확인하는 것을 몇 가지로 분류를 해보면 다음과 같습니다. 첫째로 내담자가 신체적 이완상태에 이르는 것이 아주 중요합니다. 일부 예외적인 경우가 있긴 하지만 누구나 최면상태에서는 신체적 이완상태가 되는 것이지요. 그렇지만 최면 상태에서는 뇌에서 발생하는 알파파라는 뇌파를 통해서도 알수가 있듯이 의식상태의 긴장이 사라지는 아주 편안한 상태가 유지되지요. 즉, 명상상태가 되면서 정신이 집중되는 것이겠지요. 그런데 심한 스트레스를 가지고 있다면 심신이 이완되지 않기 때문에 최면에 잘 들어가지 않을뿐더러 혹시 들어갔다고 하더라도 깊이 들어가지 않아서 치료를 위한 최면이 손쉽게 이루어지지 않을 수가 있을 겁니다."

"네."

"두 번째는 호흡 상태를 볼 수가 있습니다. 즉, 최면상태에서는 잠을 잘 때처럼 호흡이 깊어지고 고르게 되지만 이러한 현상은 일반적으로 흥분을 하거나 스트레스를 받으면 호흡이 가빠지고 거칠어지는 현상과는 정반대가 되는 것이지요."

"그리고는요?"

"다음으로는 체온의 변화를 꼽을 수 있지요. 최면상태에서는 사람에 따라 체온이 올라갈 수도 있고 내려갈 수도 있다는 것이고요. 그래서 최면 중에 손을 만져보면 보통 때보다 따뜻하거나 차가운 것을 볼 수가 있어요."

"정말 들을수록 신기한 얘기군요?"

"최면상태로서의 신호는 우선 암시를 첫째로 꼽을 수가 있겠지요. 최면상태에서는 암시가 최고의 효과를 낸다는 것을 말합니다. 의식 상태에서는 암시가 별로 작용하지 않지만 최면상태에서의 잠재의식은 암시 내용을 잘 받아들이게 되며 그대로 시행되는 것을 경험할 수가 있습니다. 그리고 이때 최면을 하게 되면 내담자에게 특정한 장면을 떠올려서 시각화하도록 해서 슬픔이나 분노와 같은 정서를 경험하라고 하면 시키는 대로 잘 받아들이고 그대로 시행하게 됩니다."

"음. 그렇군요."

"다음으로 볼 수 있는 것은 급속안구운동현상이지요. 이것은 흔히 수면 중이거나 특히 꿈을 꾸는 동안에 나타나는 현상을 말하는데 눈동자가 아주 빠른 속도로 움직이는 반응을 보이는 것을 말합니다. 그러한 눈동자의 움직임은 눈꺼풀의 움직임 또는 떨림을 통해서 알수가 있겠지요."

"네."

"그 다음으로는 한숨을 말할 수 있는데 흔히 우리가 답답할 때한숨을 쉬듯이 최면상태에서도 한숨을 쉬는 것을 많이 경험하게 됩니다. 이 한숨은 의식 상태와 구별하기 위해서 '최면 한숨'이라고 부르지요. 그리고 최면에 걸렸다는 증거로서는 눈의 충혈을 들 수가 있습니다. 이것은 최면동안에는 눈을 감고 있기에 볼 수가 없겠지만 최면이 끝났을 때 충혈된 눈을 볼 수가 있습니다."

"네. 이제 조금은 알 것 같습니다."

"네. 다행입니다."

창득이를 최면상담을 위해서 트랜스를 유도할 수 있는 긴 의자에 눕혔다. 그리고 몸을 이완으로 유도하기 위해서 최면 심화에 들어갔다. 심화가 없는 최면 유도는 아무 의미가 없다. 심화가 있어야만 충분한 깊이를 형성하고 원하는 암시반응을 만들 수 있을 것이다. 어떤 상담사는 눈을 감는 것으로 유도가 종료된다는 사람도 있는데, 대체로 이것은 효과적이지 않을 것인데도 그것을 심화라고 얘기한다.

조금 뒤 창득이에게 〈팔 떨어뜨리기〉 심화를 이어나갔다. 팔을 떨어뜨리면 이완이 된다는 암시로 주는 방식을 말한다. 이때 좌우 팔을 번갈아 사용하게 되는데 보통 오른쪽 팔이 먼저 사용하겠지만 가능하면 팔을 들 때 자극적이지 않도록 해야 하며 가능한 신체에 손이나 기타 몸이 닿는 면을 줄이는 것이 좋다.

왜냐하면 겨울이나 여름에 주위에 예민한 온도 변화나 이성 간의 신체접촉으로 인하여 생기는 자극이 오히려 예민해서 불필요한 문제가 될 수가 있기 때문이다. 이유야 어떻든 최면작업을 하기 전에 서로가 "이렇게 이마에 접촉을 할 수가 있는데 괜찮겠지요."라고 동의를 받는다고 해도 경우에 따라서는 불쾌감을 느낄 수 있기 때문에 가능한 조심하는 것이 좋다. 그러나 서로 간에 충분한 라포가 형성되었다면 작은 접촉은 더 효과를 나타낼 수도 있다는 것도 생각해야 한다.

"자, 이제 창득이는 마음의 방으로 이동하게 됩니다."

여기서 말하는 마음의 방이란 최면을 통해서 치료를 할 수 있는 무의식을 만들어 낼 수 있는 가장 쾌적한 상태의 준비된 방을 떠올리게 하는 것을 말한다.

"네…."

"지금 나와 창득이는 마음의 방에 이미 와 있습니다. 이 공간은 창득이의 잠재의식의 방이기도 합니다. 창득이는 이 세상에 태어날 때 하늘로부터 받은 선물이 하나 있습니다. 그것은 바로 이 몸과 마음입니다. 이 몸과 마음은 세상 누구와도 동일하지 않으며 세상 어디에도 하나 밖에 없는 유일한 것입니다. 하늘은 이런 소중한 몸과 마음을 운영할 수 있는 권한을 단 한 명에게만 주었는데 그것이 바로 창득이 자신입니다. 창득이는 지금 몸과 마음의 주인되는 자격으로 이 자리에 와 있습니다. 이미 이번 삶에서 주어진 시간동안 이 몸과 마음을 통해서 얼마든지 자신에 맞는 삶을 운영할 수 있는 권한도 함께 갖고 있습니다. 그것은 이 세상에서 하늘로부터 부여받은 고유한 권한입니다. 나의 가족이나 엄마 그리고 가까운 그 누구라고 할지라도 결코 내 몸과 마음의 주인이 될 수 없습니다. 그리고 그 누구도 이 권한을 침범할 수는 없으며 거듭 자신만이 온전한 주인임을 알아차리기 바랍니다."

잠시, 쉬었다가 이어간다.

"자, 조금 전 창득이는 스스로 자신의 눈을 붙였습니다. 이것은 남이 한 것이 아니라 스스로 한 것입니다. 이런 자신의 내면에는 엄청난 힘과 잠재력이 있습니다. 창득이 자신이 스스로 그 능력들을 사용할 수 있도록 나는 그 방법을 함께 찾는데 미력이나마 협조하거나 도와 줄 것입니다."

이렇게 해서 창득이와 심화과정이 끝나고 본격적인 세션에 들어가도록 모든 준비가 되었다.

이제 창득이가 가진 평소의 불안감의 원인이 어디에 있는가를 알아내려고 심화 속에서 추적을 마쳤고 곧 5살 나이에 엄마와 단둘이 집에 있는 장면으로 갔다. 5살 창득이가 엄마 옆에 누워있는 동생에게 다가가서 안아주고 뽀뽀를 하고 있는 모습을 보게 된다. 그 옆에서는 아빠가 엄마 팔에 안겨있는 아이의 이마를 쓰다듬는다. 두 사람이 웃고 있는 그 옆에 창득이는 외롭게 있었다. 동생이 태어나고부터는 창득이와 놀아주지 않는 엄마와 아빠가 미운 것이다. 그것도 모르고 이제 갓 퇴원한 엄마와 아빠가 웃고 있는 모습이 크게 보였다. 이때부터 창득이는 엄마와 아빠로부터 소외감을 느끼게 되는 것이 보였고 이에 대해서 아직 어린 창득이지만 알지 못하는 시기심이 싹트기 시작하였다. 나는 이런 장면들을 해소하고 정리하는 과정에서 창득이는 엄마로부터 버림받을지 모른다는 막연한 불안감을 보이는 모습을 보게 되었다.

(4) 창득이의 증상 진단

최면작업에서 나타난 증상과 그 원인은 동생이 태어나면서부터 엄마와의 잘못된 관계가 형성되면서 나타나고 있었다. 특히 동생을 우선적으로 좋아하는 것에 대한 적개심이 자연스럽게 어린 창득이의 내면에 작용했을 것이며, 이런 엄마와 동생사이를 무비판적으로 바라보는 아빠도 문제가 있었다.

▶ 심리증상
분노조절장애, 엄마에 대한 불만과 동생에 대한 적개심

▶ 신체증상
분노가 올라오면 머리가 아프고 가슴이 답답함

▶ 환경문제
서로 간에 풀리지 못한 감정의 고리

⑸ 남기고 싶은 말 한 마디

어릴 때 분노가 생기게 되면 가장 대표적으로 반사회성 성격장애와 사이코패스로 발전할 가능성이 높다. 특별한 상황이나 환경적인 요인에 따라 피해의식이나 피해망상이 생길 수 있는 것인데, 아직 아이지만 우연히 남과 눈을 마주쳤을 뿐인데 자기를 무시한다고 생각하는 것이 이 성격의 유형에 크게 나타나고 있었다. 누구나 자기 아이를 기품이 있는 아이로 만드는 것은 그리 쉬운 일은 아니다. 우리가 흔히 식당에 갔다가 주위 사람의 식사를 방해할 정도로 소리를 치거나 뛰어다니는 아이를 보면 누구나 화가 날 것이다. 그것을 보고 참는다는 것은 쉽지 않을 것이다.

결국 그렇게 되면 내가 그 요인에 빠졌다는 것을 말하는 것인데 이것은 바꿔 말하면 '내가 내 감정에 졌다.'라는 것을 두고 말하는 것이다. 생각해 보자. 이름도 모르는 누군가의 아이를 조용하게 만들 수 있는 재주를 가진 사람은 이 세상에 없을 것이다. 설령 내 말을 듣고 아이가 잠시 조용해졌다고 하더라도 언제 또 시끄럽게 굴면 어떻게 될 것인가?

그러면서 '저런 아이를 기르는 부모는 도대체 뭐하는 사람인가? 아니 아이를 왜, 이렇게 키운 거야!'라는 생각이 머리에서 떠나지 않을 것이다. 하지만 이런 상황을 내가 어떻게 할 수 있는 일은 절대 아니다. '아이를 방치하는 부모 밑에서 자랐으니 아이가 공중도덕을 모를 수밖에 없겠지.'라고 생각하고 그 상황을 빨리 지워 내거나 그 장소를 빠져 나오는 것이 현명할 것이다.

공연히 '사람이 많이 모인 상태에서 그렇게 떠드는 것은 잘못된 행동이란다.'라고 말을 했다가는 오히려 그런 아이를 키운 부모가 당장 더 큰 소리로 고함을 칠 수가 있다. '당신은 아이 안 키워 봤소. 아이가 조금 떠드는 것을 가지고 그런 단 말이요.'라고 한다면 뭐라고 대답을 하겠는가?

힘이 들겠지만 시끄럽게 뛰어다니는 아이와 부모에게 긍정적인 영향을 주고 싶다면 마음과 자세를 바꾸어라. 그리고 기품 있게 식사를 즐기고 당당하게 일어나는 모습을 보여주는 거다. 사람은 잘 모르는 누군가의 조언은 쉽게 받아들이지 않지만, 말이 아닌 행동은 그대로 보고 배우게 된다.

아마 말없이 식사를 마치고 나가는 당신을 보고 아이의 부모가 당신에게 배울지도 모른다. 그리고 '아이를 바르게 키우겠다고 마음속으로 깊이 다짐을 할지도 모르지 않는가?' 같은 생각을 하면서 몸과 마음을 바르게 쓰면 매사에 스트레스를 적게 받을 것이며 그렇게 한다면 스트레스로 병이 생기지는 않을 것이다.

07
품행장애

    일상의 변화는 쉽지 않다. 그것은 오래된 방을 뜯어내고 새로 고치는 것만큼이나 힘이 든다. 큰 맘 먹고 구조를 바꾼다고 해도 새로 짓는 것만큼 마음에 들겠는가? 이처럼 내가 가지고 있는 습관이나 습성을 바꾸는 것이 그리 쉽지가 않다.

    자, 내가 지금 막 길을 건너려고 하는데 우회전을 하는 자동차와 마주쳤다. 나는 어떤 선택을 해야 할까? 차가 오는 것을 알면서도 모른 척 하고 건너야 할까? 아니면 차보다 사람이 먼저이니 신경을 쓰지 말고 건널 것인가?

    그것도 아니라면 내가 먼저 건너고 싶으니 차를 향해서 미안하다고 손을 들고 건널 것인가? 그도 아니면 차가 먼저 지나가도록 기다렸다가 걸어갈 것인가? 나는 당장! 무엇을 선택할까? 그래서 나는 지금부터 품행장애에 대해서 말하기 전에 〈소매틱 마커 가설〉에 대해서 말하고자 한다.

    '그는 감정적으로 판단하는 사람이다.'라는 표현은 대부분 부정적인 언어로 쓰인다. 반면에 '감정에 흔들리지 않고 생각한다.'라고 하면 이성적이라는 뜻으로 호감을 주는데 이것을 놓고 다마지오는 상황에 따라 다르다고 말을 한 것이다.

사람이 판단을 할 때 감정적인 특정 구조의 도움을 빌리는데 이때 소매틱 마커에 따른다고 주장을 한 것이다. 인간은 외부에서 무슨 일이 일어나거나 혹은 뭔가를 하려고 할 때 온몸으로 반응하는데 이는 화학적 기반의 특정 형태적 기반이다.

특정한 화학적 신체 반응이 일어나게 되면 우리는 그것을 감지할 수 있다. 그것이 의식적인지 무의식적인지는 별개로 하고 판단을 내림으로써 불필요한 선택지를 무시할 수 있다. 안토니오 다마지오Antonio Damasio의 말에 따르면 몸을 근거로 하는 화학적 반응. 그 반응을 근거로 하는 감정적 반응이 있어 우리는 일상생활에서 다양한 판단을 내릴 수 있다고 하였다.

(1) 엄마가 해주는 것 다 싫어요

내가 있는 곳에서 창가 너머 빌딩숲을 바라보고 있으면 '저 높은 곳에 과연 누가 살까?'라는 생각과 함께 마치 숲속의 공주를 그리는 것처럼 빠져들 때도 있다. 아침부터 센티한 기분에 젖어 있던 그날, 아이가 왔다.

아이의 부모는 유치원을 경영하는 분인데 외아들이 하도 속을 썩여서 최면상담을 해보고 싶어서 왔다고 한다. 그런 생각을 하는 이유를 물었더니, 아이가 학교에 간다고 하고는 온 종일 PC방에서 있거나, 집을 나가면 친구들 집에 며칠씩 있다가 싫증이 나면 돌아오는데, 하나 밖에 없는 아들이 이렇게 속을 썩인다고 하소연한다.

언제부터 그랬냐고 물었더니 자세히는 모르겠지만 엄마 말을 안 듣고 아이들과 말썽을 피우는 것은 퍽 오래 되었다고 한다. 처음에는 달래고 나무라기도 했고, 또 온갖 방법을 써봤는데 현재까지 소용이 없다고 했다. 이런 상태인 와중에 그저께 아이의 담임선생이 불러서 갔더니 더 이상 이 아이와 수업을 같이 할 수가 없으니 조치를 취해달라는 얘기를 했다고 한다.

명색이 유치원을 경영하는 원장의 아들이 이러니 엄마로서 무슨 할 말이 있었겠는가? 그래서 이런저런 이야기를 나누다가 아이엄마에게 최면상담을 해보면 어떻겠느냐고 물었다. 그러자 엄마는 반갑게 말했다.

"물론입니다. 전 무슨 방법이라도 해보고 싶어요."

이렇게 이런저런 하소연하는 아이 즉, 영재가 쓴 SCT청소년 문장완성 검사를 살펴보니 가정에 대한 불만이 많았고 특히 엄마에 대해서 경멸감을 보였다.

엄마를 싫어한 이유와 계기에 대해 물었더니 어릴 때 엄마에게 많이 맞았다고 아이는 답했다. 나는 엄마가 하나 뿐인 아들을 때린 이유에 대해 의문을 가지면서 아이에게 물었다.

"영재야, 너는 어릴 적에 맞은 것에 대해서 아직 생각하고 있는데 그때의 일을 뭐든지 내게 말해 줄 수가 있겠니?"

"그것을 말로 다 해야 돼요?"

"그럼, 이왕 여기까지 왔으니 말해 주면 좋겠는데…."

"뭐 말할 것도 없어요. 엄만 늘 공부 안 한다고 나를 미워했으니까요."

"그럼 영재가 공부를 하지 않고 엄마를 속상하게 했었겠구나?"

"아녜요. 아무리 공부를 잘해도 신경질만 냈어요. 한 문제만 틀려도 꼬치꼬치 물으면서 매를 들었거든요."

"그건 왜?"

"집중력이 부족해서 이렇게 쉬운 것도 틀렸다고 그랬어요."

"응. 그래서 영재가 엄마에게 많이 섭섭했구나!"

"네. 난 엄마가 미워요."

영재 엄마는 외동아들에 대한 기대가 컸다. 아이가 원하는 것은 무엇이든지 다해주고 난 뒤에는 그에 대한 보상으로 성적과 타협을 했다. 예컨대 '이것을 해 주는 대신에 이번에는 반에서 몇 등 안에 들 수 있어.'라고 조건을 달았다. 그런 영재가 어쩌다가 한 문제 틀리면 가차 없이 엄마가 매를 들었다.

그해 여름쯤이었다. 중간고사를 봤는데 수학시험이 너무 어려워서 반 아이들이 80점을 넘은 아이가 없었다. 그런데 영재는 혼자서 85점을 맞으니까 선생님이 칭찬을 많이 했다. 영재는 학교에서 돌아오자마자 기분 좋게 시험지를 들고 엄마에게 달려갔다. 그런데 유치원 원장인 엄마는 오히려 야단만 쳤다. 조금만 집중했으면 틀리지 않을 문제를 두 개나 더 틀린 것을 놓고 혼을 낸 것이다. 영재는 엄마에 대한 앙심이 생겼다. 다른 친구들은 부러워하는데 자기만 괜히 혼났으니 이제 다시는 엄마와 말도 하지 않을 것이라고 나름대로 다짐을 한 것이다.

"영재가 섭섭했겠구나! 엄마에게 수학점수를 자랑하고 싶었는데 도리어 혼만 났으니."

"전 엄마에게 칭찬받는 거 좋아하지 않아요."

"그건 왜?"

"엄만 늘 혼만 내니까요."

"정말…."

"그럼요. 전 엄마한테 맞은 기억 말고는 없다니까요."

"엄마가 하나 밖에 없는 너를 야단만 쳤단 말이지."

"네."

말을 하면서도 영재는 씩씩거렸다. 나는 뭔가 위로의 말을 해주어야겠다고 생각을 하였다.

"왜 그랬을까?"

"내가 어릴 적에는 항상 회초리를 들었다니까요."

"그렇게 영재를 많이 때렸어?"

"네."

"그럼 엄마가 지금도 밉겠구나."

"아빠는 더 나빠요."

"그건 또 왜 그래?"

"아빠는 늘 모른 척 하고 있었어요. 내 편이 된 적이 한 번도 없거든요."

"엄마에게 야단을 맞아도 아빠는 못 본척하고 있었다는 말이지."

"네."

말은 행동을, 행동은 내 삶을, 내 삶의 변화는 세상의 변화로 이어 지게 된다. 우리는 작은 행동 하나로 수많은 사람의 가치관을 변화시킬 수 있다. 어떤 상황에도 분노하지 않고 엄마가 아이를 배려하면서 자신의 감정을 제어하는 모습을 아이가 안다면 어떻게 달라질 수가 있을까?

어른이든 아이든 가치관은 스스로 지켜 내야하는 것이다. 우리가 날마다 양치질을 하듯이 신념이나 가치관을 닦아 내는 것이다. 심리치료를 하는 과정 중에서 가장 중요한 것이 환경치료라고 한다. 문제의 가정에서 환경을 바꾸는 일 만큼이나 중요한 것이 또 있을까? 환경을 제대로 바꾸지 않으면 어떤 치료도 성공했다고 볼 수가 없을 것이다. 정확한 자료와 근거, 전문지식을 동원해서 가족들 간의 이해를 끌어내는 것이 꼭 필요한 과제이다.

(2) 어떤 질환보다 예방과 치료를 해라

부모에게 저항을 하거나 심한 적개심을 가진 아이는 결국 어떻게 될까? 품행장애와 아주 근접한 것으로 알려진 경계성 성격장애가 있다. TCI기질 및 성격검사는 타고난 기질과 환경을 알아보는 검사로써, 자라면서 어떤 환경에 영향을 받았는 지와 기질적으로 문제가 있는가를 살펴본다. 그리고 이 검사의 특징 중 하나가 유기불안을 발견할 수 있다. 그렇다면 유기불안을 가지게 된 이유와 원인은 무엇일까?

가족들이나 주위 사람들과의 관계 속에서 유기공포를 느낀다면 그것은 어릴 때 엄마가 양육을 하는데 조금 시원찮게 했다는 것이다. 안정적으로 키우지 못하게 된 원인이 반드시 있을 것인데 이를테면 엄마가 잘해주었다고는 하지만 아이가 느끼는 것은 그것이 사랑이라는 것을 느끼지 못했을 것이다.

그러면 마음속으로 자주 '우리 엄마가 나를 좋아하지 않는구나!'라는 생각을 했을 것이고, 나아가 '나를 좋아하지 않는 것을 보니 언젠가 나를 버릴 수도 있을 것이다.'라고 생각하게 될 것이다. 영재 역시 엄마가 입버릇처럼 "너 이렇게 말 안 듣고 공부 안하면 엄만 널 두고 이 집을 나가고 말 거야!"라는 말을 들으며 자랐기 때문에 신뢰를 느끼지 못한 성장과정을 보냈을 것이다.

이런 말은 엄마가 가식으로 했겠지만 진실이라고 믿었다면 '유기불안'을 가질 수 있다. 유기불안을 느끼는 대부분의 아이들은 '왜? 유기를 당해야 되는가'를 생각하게 된다. 그것을 영재도 가졌을 것이다. 그러면 엉뚱한 방향으로 생각을 하게 되고, 스스로 자학을 하게 된다. 즉, 이런 아이들은 자신이 또래 아이 중에서 2% 부족한 아이라고 생각을 하게 된다.

이것을 다른 말로 하면 자기도 모르는 사이에 '부정적인 자기상'을 만들고 있다는 것인데 그러다보면 어떻게 될 것인가? 아이는 자라면서 내면에는 유기불안으로 인해서 부정적인 셀프 이미지를 갖게 된다. 결국 이런 이미지를 가지게 되는 아이는 마음속에서 큰 고통을 느꼈을 것이다.

이렇게 되었을 때 아이는 어떻게 될까? 부정적인 자기상을 떨쳐내기 위해서는 무엇인가를 하게 된다는 것인데 그 방법 중에 하나가 '이상화'라는 기질을 갖게 된다는 학자들의 주장이다. 그렇다면 '이상화'라는 것은 무엇일까? 아이는 스스로를 생각하게 될 것이다. 우리 부모가 아주 훌륭한 사람이라고 생각하게 된다. 아주 멋지다고 생각을 하게 된다. 그리고 엄마와 아빠와 나는 관계가 아주 좋다고 생각을 하게 된다. 그렇게 생각하는 부모가 자식을 버릴 이유가 없을 것이기 때문에 자신에게 위안을 갖게 된다. 이렇게 생각하지 못하면 아이는 어떻게 될까? 불안을 가지고 살기에는 너무 어리므로 힘없고 능력이 없는 아이가 선택할 다른 방법은 없고, 그런 면에서는 영재도 같은 처지에 있었을 것이다.

그렇게 훌륭하고, 좋고, 멋진 부모가 어떻게 자식을 버릴 수가 있을까? 절대 그런 일은 없을 것이라고 생각하면서 부모를 '이상화'를 하는데 이는 '유기불안'이라는 것을 계속 만들어 간다고 봐야 한다. 만약 이런 과정을 통해 '유기불안'이 없어지면 부정적인 자기상도 없어져 버릴까? 그렇지 않다. 그렇다면 왜, 부모님을 좋은 부모라고 생각하게 되는가?

아이가 유기불안을 느끼는데도 불구하고 부정적인 자기상을 좋게 만들기 위해서 '이상화'를 한다는 것을 아이가 알까? 자신도 모르거나 알더라도 아이는 접근을 회피한다. 이 아이는 마음 한 곳에서는 유기불안은 쉽게 가시지 않으며 다른 마음 한편에서는 언젠가는 부모가 나를 버릴지도 모른다는 생각을 이중으로 하게 되는 것을 피할 수 없게 된다.

이런 환경에 있는 대부분의 아이는 이혼을 서두르는 부부나 이혼을 하지 않더라도 부부싸움을 많이 하는 집의 아이일 가능성이 높고, 그것도 아니라면 이혼한 가정에서 할머니 등 부모님 이외의 구성원의 손에 자랐을 경우 흔히 발견된다. 엄마가 나를 언제 버릴 것인가 눈치를 보면서 사는 것이 영재의 신념일 수가 있는 것인데 자, 한 번 생각해 보자.

우리 엄마가 나를 버리겠다는 생각을 하고 산다고 그래서 자기가 날마다 그런 생각에 젖어 있다면 그런 가정에서의 아이는 자라면서 어떻게 될까? 아마 그런 아이는 엄마가 나를 미워한다는 생각 때문에 그 상처를 달래기 위해서는 엄마나 아빠가 나를 가장 사랑한다는 이상적인 성격으로 자신을 달래며 지금도 우리 곁에서 거짓 인생을 살고 있을 것이다.

(3) 파츠 테라피 보다 조금 더 〈마법 TV 인덕션 기법〉

영재를 최면작업의 하나인 파츠 테라피로 접근을 적용하고 싶었지만 한 단계씩 접근을 시도했다. 생각보다 내담자가 다른 사람보다 변덕이 심하고 화를 자주 내기 때문에 한꺼번에 모든 것을 이루겠다는 욕심은 오히려 모든 것을 망칠 수 있을 것이다.

이후 최면작업에서 일어난 세션에서는 본격적이고 실제적으로 나타나는 〈품행 장애〉에 대해서 생길 관계형성에 무엇보다도 신경을 더 썼다. 모든 상담 및 최면작업은 물론이고 그 삶 속에는 나오는 라포 Rapport 즉, 관계형성은 매우 중요하다. 이 라포는 피암시성을 높이는 동시에 자발적 행동을 높이는 계기가 된다.

좋아하는 사람이 어떤 행동을 하라고 하면 아무 악감정 없이 그 행동을 수행하게 된다. 그러나 싫어하는 사람이 그 행동을 하라고 하면 하지 않거나 꾀를 부리게 된다. 라포는 친밀감 관계 등으로 해석되며 최면에서는 무의식적 공감과 반응까지 폭넓게 정의하게 된다.

내담자와 라포를 형성할 수 있도록 반영, 경청과 같은 기법을 사용하곤 하는데 이런 것들이 서로에 대한 라포를 쌓기 위한 행동이다. 내담자의 말을 잘 들어주고 이해하려고 노력을 하고 영재의 말을 잘 듣고 있다는 것을 인식하도록 하는 것이 여기에 해당된다.

영재에게 관심을 가지고 있다는 것을 자신이 깊이 인지한다면 지금보다 더 편안하고 자연스럽게 최면작업 속에서도 마음속에 있는 비밀을 개방할 것이다. 나는 영재가 최면작업에 대해서 아무것도 모르기 때문에 우선 시각화 연습을 하도록 했다.

최면이 상상을 토대로 이루어지는 것이라면 상상이 풍부할수록 좋은 최면작업이 이루어질 것이다. 시각화란 상상하기 위한 내면의 과정을 말한다. 최면을 시행하기 전 최면 감수성을 높이기 위해서 꼭 한 번쯤 연습을 시키는 것이 좋다. 그 연습은 다음과 같다.

첫째, 최면을 유도하기 전에 세모, 네모, 동그라미, 별표, 나무그림 등을 몇 초간 응시하게 한 후에 눈을 감도록 한 후 조금 전에 본 그림을 마음속에 그리도록 한다.

둘째, 사과나 귤과 같은 과일, 물잔, 전화기, 자동차같이 물건을 약 5초간 본 후에 눈을 감도록 한다. 그리고 조금 전에 본 사물을 상상하되 가능하면 입체성에 초점을 두도록 한다. 다시 말해 앞, 뒤, 옆, 위에서 바라보는 모습을 상상하도록 한다.

셋째, 교실에서 공부하거나 일하는 일터에서 일하던 모습을 상상하도록 하는 것이다. 어느 위치의 어떤 자리에서 어떤 자세나 모습으로 앉아있거나 서 있는지 주위에 어떤 사람이 앉아있거나 서 있는지 등 위치를 상상하도록 하는 것이다.

넷째, 지금 살고 있는 집을 상상하도록 한다. 거주하는 집의 구조, 방의 모양을 상상하도록 하고 집안의 가구와 물품들이 어떤 것이 있는지 그 모양을 상상하게 된다.

다섯째, 자신이 좋아하는 사람의 얼굴 모습을 떠올리도록 해보고 구체적으로 이마, 눈썹, 눈동자, 입술 모양 등을 상상하도록 하면서 가능하다면 거울에 비친 자신의 모습이 어떤지 상상하도록 해보는 것이다. 그러면서 가능하다면 신체부위를 하나씩 살피면서 상상하게 하고 또 종합적으로 상상을 유도하도록 해보는 것도 좋다.

앞에서 얘기한 방법을 수행한 뒤, 영재가 어느 정도 상상력이 이루어졌을 때 내가 즐겨 사용하는 전통 최면기법을 우선적으로 시작하였다. 나는 영재에게 필요한 방법으로 상상력을 하게한 뒤 최면실로 데리고 갔더니 아이가 겁이 난다고 하면서 다음에 하겠다고 말한다. 그래서 그를 달래는 방법을 선택하기로 했다.

"영재는 지금부터 최면을 할 건데 최면이 어떤 것인지 알고 싶지 않니?"

"어떤 것인데요?"

"그래. 오늘은 최면이 무엇이며 어떻게 치료가 되는지에 대해서 말해 줄께. 생각보다 많은 사람들이 최면에 대하여 오해와 불신을 가지고 있거나 지나친 기대감이 있는 것 같은데 너도 아마 예외는 아닌 것이야. 아마 비슷하지 않을까?"

"네. 전 최면작업 같은 건 알고 싶지도 않고 관심도 없어요. 지금 당장 집으로 가고 싶어요."

"응. 우리가 흔히 최면을 잠자는 것과 같다고 생각을 하지. 하지만 꼭 그렇지는 않아."

"그럼 어떤데요?"

"잠은 몸과 마음의 전원의 스위치가 꺼진 상태라 할 수 있는데 최면은 몸은 잠을 자듯 편안하지만 마음은 여전히 깨어 있다는 거야. 즉, 마음 속 여행이 가능하다는 것을 말하지. 우리가 꿈을 꿀 때 그것을 알고 느끼기는 하지만 의식적으로 통제하기는 어렵잖아? 그러나 깊은 최면상태가 되면 잠을 자고 꿈꾸는 듯한 느낌이 들기는 하지만 그 기억 속에서 자신이 마음을 위로하고 치유하고 변화시킬 수 있으면서

의식적으로 노력을 하게 되지."

"전 도대체 무슨 말인지 모르겠어요."

"그래 그럴 거야. 우리가 갖고 있는 대부분 문제는 과거의 기억과 감정 때문인데, 그것들은 고스란히 무의식과 같은 깊은 지하실에 남겨지게 돼. 우린 그것으로 인해 계속적으로 억압되기도 하고 회피하기도 하고 외면하기도 하는데, 이것을 통해 트라우마가 심해지고 마침내 스스로 그 문을 잠겨버리기도 하지."

"그럼 제가 그런 상태라고 하는 건가요?"

"지금 그런 상태라고 봐야지."

"그렇게 말씀하는 것을 들으니 저도 최면이라는 것을 한 번 해보고 싶기도 하네요…."

"그래 그것 좋은 생각이야. 지금 겉으로는 문제없는 듯 보이지만 결국 무의식의 상처와 트라우마는 우리의 일상에서 괴로움을 피할 수가 없게 만들어 버리지. 예컨대 나무의 뿌리가 썩어버리면 항상 줄기와 잎은 불안할 수밖에 없는 것처럼 말이야. 그래서 내면 깊은 마음속 치유가 필요한 것이기도 해. 이런 말은 들어도 이해하기 어렵겠지만 나와 한 번 오늘 최면을 해보지 않을래?"

"좋아요. 하겠어요. 사실 싫지만 엄마랑 하겠다고 약속을 했으니 이번에는 꼭 지킬래요."

"그래. 엄마들이 심리상담도 받고 종교 활동도 하고 명상을 함으로써 자신이 문제를 인지하고 치료하고자 하는데 모든 방법이 각자 나름대로 큰 도움이 되는 것처럼 그중에 최면도 어쩌면 똑같은 과정이라고 보면 될 거야."

"상담이라고 했나요?"

"그래. 다른 상담에 비해 해보면 알겠지만 최면상담은 큰 장점이 많아. 이제 곧 최면상담을 할 것인데, 최면상태가 되면 과거의 기억에 몰입이 되어서 지난날의 감정을 잘 느낄 수 있게 될 거야. 그래야 지금 우울하고 불안한 이유에 대해서 알 수가 있게 되지."

"네. 알았어요."

"최면작업을 잘하는 사람은 최면상담 자체를 잘 하는 것이 아니라, 마음을 편안하게 이완하면서 마음 속 그 깊은 속을 여행할 수 있는 거야."

"그럼 저도 이제 집중력이 좋아지는 건가요?"

"그럴 수 있지. 그건 절대적으로 필요하지. 우리는 스트레스를 많이 받으면 집중력이 떨어지는데 최면을 해서 집중력을 높이는 방법이 아주 필요한 것이지."

"그럼 나도 그렇게 되겠네요."

"아마 그럴 걸."

"네. 이제 조금 안심이 되네요."

"그래. 최면상담은 최고의 과학이라는 말을 우리가 하고 있어. 그리고 우리는 최면작업을 위해 최면을 거는 것이 아니라 서로 대화를 하면서 마음속으로 문제를 해결해 나가는 과정에 있다고 봐야해. 상담이 눈을 뜨고 하는 것이라면 최면상담은 눈을 감고 누워서 하는 상담의 한 과정이야. 그리고 누구나 최면을 하면 다들 깊은 무의식을 경험할 거라고 생각하는데 사실 막상 경험을 하면 정신이 나간 듯한, 꿈꾸는 듯한 그 정도의 느낌은 아니야. 그저 그냥 편안하게 누워서 잠을 잘 때의 상태라고 보면 아주 쉽게 이해가 될 거야."

"꿈을 꾸는 것과 비슷하나요?"

"반드시 그런 것은 아니지. 단지 상상이 필요할 뿐이야. 물론 최면작업을 해서 집중력이 좋거나 몰입이 잘 된 사람일 경우에는 순간적으로 무의식으로 들어가는 경우도 가끔 있긴 해."

"그래서 내가 화내는 마음도 없어지게 되는군요."

"응. 그렇다고 봐야지."

이렇게 최면에 대해 궁금해 하는 영재를 위해서 이야기를 나누었다. 대화를 하는 도중에서 사전암시와 심화과정의 일부를 마치게 되었다.

"자, 이제 〈사전암시와 심화과정〉을 모두 이야기했으니 우리는 지금처럼 깊고 편안한 상태에서 이전에 잊고 있었던 것을 떠올릴 수가 있게 돼 있어."

"네."

"자, 이제 본격적으로 작업에 들어간다."

"네. 좋아요."

아이는 진중한 마음으로 나를 올려다 본 후에 한숨을 내 쉬었다. 최면 한숨이었다. 나는 천천히 말했다.

"우리의 무의식은 지나온 모든 정보와 경험들을 저장하고 있어. 그냥 지금처럼 충분히 이완하고 마음이 편안해지면 아주 어렸을 때의 일들을 마치 처음 경험하는 것처럼 주마등처럼 생생하게 다시 재경험할 수 있어. 뭐든 억지로 떠올릴 필요는 없어. 그냥 지금처럼 편안하게 잠재의식에게 요청하면 되지."

"네. 알았다니까요."

"자 그럼 됐어. 이제 〈감정 브릿지〉를 연결할 거야. 연령역행을 위해서 내면의 감정에 집중할 거야. 엄마와 있었던 사건사고와 관련된 감정이 크게 떠오르도록 암시를 해보도록 하자. 그런 후 이제까지 동일하게 느꼈던 문제가 된 그 일, 엄마가 처음 나를 나무라고 회초리로 때렸던 최초의 그때로 따라 가게 될 거야."

"네. 좋아요."

"자, 이제 영재는 불안함이 있는 그리고 문제가 되는 내면의 감정에 집중한다. 오늘 이곳에 온 것과 관련된 바로 그 나쁜 감정이지. 지금껏 엄마에 대한 생각이나 기분을 절대로 신경 쓰지 않으려고 해왔으나 오늘은 그것을 깊이 해소할 것이므로 하나부터 다섯까지 세는 동안 '그 감정'은 당시에 엄마가 그랬던 것처럼 마치 현실처럼 강렬하게 떠오르게 될 거야. 자, 이제 시작한다. 괜찮지?"

"네."

"하나… 그 당시의 감정이 내면에서 솟아오릅니다.

둘… 더욱 더 떠오르고 있습니다.

셋… 이제 점점 더 강렬하게 올라옵니다.

넷… 지금껏 경험했던 것보다 더욱 더 강해집니다.

다섯… 불안함이 거기에 있습니다. 이제 이 감정을 따라가면 나의 과거의 어느 시점과 바로 연결됩니다."

"네….'

"이제부터 영재는 최근에 언제 불안이 왔는지 알아봅니다. 최근에 불안이 있었던 그때를 떠올려 보세요."

"생각이 잘 안나요…."

"자, 이제 심상화를 위해서 생각을 더 떠올리세요. 지금 나는 무엇 때문에 여기에 왔을까요?"

"아무것도 보이지 않는데요…."

"좋아, 이제 보일 거야. 너는 이제 섬냄뷸리즘에 들어와 있고 집중만 하면 어릴 때 엄마와 사이가 좋지 않아서 힘들었던 그 당시의 감정을 그대로 떠오르게 될 거야."

"예. 보여요…."

"자, 그렇다면 당시 가졌던 감정의 무게가 내 몸 어디에 있는지 찾아봐."

"…."

이제 감정 브릿지를 마치고 리그레션을 위해서 숫자세기에 들어갔다.

"자, 지금부터 내가 5에서 1까지 숫자를 거꾸로 세게 되면 맨 처음 가졌던 엄마와 다투면서 가졌던 문제, 그 문제의 불안이 올라왔던 그 장소 그 위치로 돌아갑니다. 자, 준비 되었지요. 자, 갑니다. 5,그곳으로 갑니다. 4, 그 장소로 갑니다. 셋. 둘, 하나. 최초의 그 장소에 있습니다. 지금 느낌은 어떨까요? 보이는 것을 말하세요."

"…."

"주위가 밝습니까? 어둡습니까?"

"밝아요."

"혼자입니까? 여럿입니까?"

"엄마와 둘이 있어요."

"나는 서있습니까? 앉아있나요? 누어있나요?"

"앉아있어요."

"그래, 이제부터 마법 TV를 보도록 할게. 보고 싶지?"

"네."

"그럼 좋아. 네가 마치 헝겊인형인 것처럼 상상을 해보겠니."

"네."

"그래 좋았어. 자, 이제부터 집에 간다고 상상을 해보도록 하자. 집 앞으로 다가가서 문을 열고 TV가 있는 방으로 걸어들어 간다."

"들어갔어요…."

"네가 방바닥에 있는 동안 TV를 켤게. 그리고 TV를 볼 준비를 하는 거야."

"네. 했어요."

"자. 아주 잘 따라 하는구나! 이제 TV에서 소리가 들리고 화면이 크게 나온다. 아, 이제 만화가 나오네. 그리고 그 안에 네가 좋아하는 다른 만화들의 주인공들이 모두 들어 있어. 영재, 거기에 어떤 주인공들이 있지?"

"여러 가지 중 어느 것을 선택할지 혼란스러워요."

"좋아. 그중에서 누구를 가장 좋아하는지 살펴봐. 만화를 보고 있으니 재밌지? 너는 이제 눈을 뜰 수가 없어. 그 만화를 계속 보고 싶기 때문에 너는 눈을 뜰 수가 없는 거야. 이제 너는 계속 만화를 보는데 내가 이렇게 어깨를 가볍게 치면 그때 말을 들을 수 있단다."

"…."

"자, 나는 계속 말을 할 거야. 하지만 어깨를 누르기 전까지는 내 말을 들을 필요가 전혀 없단다. 나중에 어깨에 손을 얹으면 내 말을 아주 잘 들어야 한다. 이제 이 재미있는 만화를 계속 보렴. 이 만화를 계속 보면 볼수록 너는 점점 더 즐겁고 재미있어지고 점점 더 편안하게 이완이 될 거야."

이렇게 영재를 위해서 프로그램을 진행하면서 불안을 가지게 된 전 과정을 보게 된다.

"무슨 일이 있니?"

"엄마에게 매를 맞고 있네요."

"그럼 지금 매를 맞고 있는 너는 몇 살이니?"

"5살이에요."

"그럼 내가 너를 5살이라고 부르겠어. 다섯 살 무슨 일이 있니? 지금 보이는 장면을 그대로 진행하렴."

"엄마가 국어학습지의 문제를 풀지 않았다고 회초리를 가지고 저를 때리세요."

"지금 기분이 어떠니?"

"화가 많이 나요. 엄마가 날마다 숙제를 하라고 해서 기분이 좋지 않아요. 그래서 친구들이랑 놀지도 못했어요."

이런 과정을 진행하면서 영재가 매를 맞는 최초사건ISE를 확정하였다. 잠시 뒤befor 후속사건을 찾을 것이고 최초사건인 즉, ISE를 들어갈 때 befor에서 최초사건ISE로 다시 들어가서 영재가 말하는 이 증상이 있는지 없는지, 그리고 내면에 깊은 감정이 있는지 없는지, 사고가

있는지 없는지 그리고 반드시 해결을 해야 되는 것이 있는지 없는지
를 찾는 것이 가장 먼저이다.

(4) 미래의 나를 만나다.

영재는 지금 가지고 있는 엄마에 대한 감정이나 불편한 생각이
없고 또 공포가 없어져야 되는데 그것을 확인해야 한다. 영재는 "나는
항상 힘들어요. 그리고 그것이 왜 나를 힘들게 만들 수 있을 것이라고
항상 생각할까요? 그것을 알아야 해요."라고 말할 수 있다.

이렇게 엄마에 대한 나쁜 감정, 사고, 느낌이 없다면 그리고 다시
없어졌다면 이제 확신을 가지게 되고, 만약 감정과 사고와 느낌이 없
어졌다면 마음이 편안해 지게 된다. 그리고 세션을 하면서 영재의 엄
마에 대한 나쁜 감정이 확인이 되었다면 일단은 여기서 끝이 난다. 최
초사건인 즉, ISE에서 후속사건인 befor는 여기서 이렇게 끝이 난다.
그리고 잠시 후에 다시 오른쪽 두 번째 손가락을 튕기면서 최면 속 엄
마와 아이가 다시 대화를 나누게 한다.

"엄마와 아이가 다시 대화를 나눌 거야. 하나 둘 셋! 엄마 나와요."
"네."
엄마가 나왔다.
"그런데 이 엄마는 엄마 자신에 대해 통찰을 했어요. 이 엄마가
아이인 영재와 대화를 시작할 거예요. 그동안 엄마는 영재를 지켜보았
기에 잘 알고 있어요. 이 엄마에 대한 무서움으로 인하여 지금까지 어
떻게 살았나요. 아니 엄마에 대한 감정으로 인하여 느낀 감정이나 엄
마에 대한 생각이 어떠한가요."

"화가 나요…."

"그래요. 맞아요. 당시에 엄마에게 맞고 항상 불편한 마음으로 살아서 이렇게 맞고 자라다보면 적개심과 분노로 인하여 커서 사회생활을 절대 제대로 하지 못할 것이라고 생각해 왔으나 지금 나는 내가 큰지금 아직도 어릴 때 맞았던 감정으로 인하여 이 아이가 훗날 커서 학교에서 정상적인 생활을 못할 것이라고 생각했는데 과연 그러고 있나요. 아니지요. 그 당시의 매 맞는 것 때문에 제대로 성장을 못할 것이라는 생각을 하고 살아왔으나 지금 어때요. 아주 잘 크고 있잖아요. 그러면 이 과정을 중학생이 된 내가 아이에게 찾아가서 엄마에게 맞아서 안 죽는다고 아이에게 잘 말해 줄 수가 있을까요. 그래서 중학생이 된 이 과정을 다섯 살 아이에게 가르쳐 주고 그래서 내면의 아이와 중학생이 된 아이가 서로 만나서 통찰하면 이 아이는 어떻게 될까요. 아마 절대 엄마에게 맞아서 죽지도 않고 훗날 분노나 적개심으로 사회생활이나 남과의 마주침을 못할 것이라는 생각은 없어지게 되겠지요. 자, 이제 내면의 아이에게 중학생이 된 아이를 만나서 가르쳐주고 사랑할 수 있잖아요. 중학생이 알고 있는 사실을 다섯 살 아이가 저 당시에 알았다면 그래도 아이가 엄마에 대한 두려움과 걱정과 불안함과 무서움을 가지고 있었을까요?"

이때 다섯 살 아이가 대답을 하게 된다.

"아니요."

위의 내용처럼 "중학생 아이가 다섯 살 아이에게 맞아서 죽지 않는다는 것을 확신을 통해서 알려주면 아이는 어떨까요? '이제 안 죽는다.'라고 통찰을 했다면, 그러면 중학생이 된 내가 알고 있는 이 사실을 어린 아이에게 가서 이야기 해줄 수 있을까요?"라고 옆에서 최면상담사가 중학생 아이에게 묻게 되는데 그러면 중학생 아이는 이렇게 대답을 할 수 있다.

"그건 당연하죠."

"그럼, 다섯 살인 저 아이 사랑해줄 수 있나요? 저 아이가 만약 내 아이라면 나는 저 아이를, 사랑해주고, 인정해 주고, 이해해 주고, 예뻐해 줄 수 있을까요?"

"물론 당연하죠."

이렇게 중학생인 아이가 대답을 했다면, 나는 이렇게 말할 수 있다.

"자, 이제 중학생 아이는 내가 알고 있는 이 사실을 이 다섯 살 아이에게 가서 모든 것을 이야기 해줍시다. 아이가 놀라지 않도록 이제까지 자라면서, 알고 있었던 사실을 저 아이에게 가서 똑똑하게 이야기해 줄 거예요. 자, 가능한가요?"

"네."

"이제 아주 좋아요. 자. 이제 제가 오른쪽 두 번째 손가락을 튕기면 미래의 중학생 아이는 다섯 살짜리 내면아이에게 갑니다. 자, 이제 ISE 즉, 최초의 십분 전 아이에게 갑니다. 하나 둘 셋! 중학생 아이 앞에 있나요?"

"예."

"미래의 중학생 아이는 내면아이를 바라보면서 환하게 웃으면서 자, 이제 따라서 이야기 할 거예요. 자, 다 같이 이야기 해 봅니다."

"안녕! 나는 너야, 나는 너의 미래에서 왔어, 나는 너에게 거짓말을 하지 않아, 내가 하는 이야기 잘 들어봐"

이렇게 말을 하면서 상담을 하는 최면 상담사는 옆에 빠져서 이렇게 이야기 할 수 있다.

"자, 이제 중학생 아이는 십년이 지난 뒤에 일어날 이야기에 대해서 이 아이에게 직접 이야기 한 번 해 주세요. 이미 리그레션을 했기 때문에 중학생 아이는 무슨 일이 일어났는지 알잖아요. 그래서 다섯 살 아이에게 이야기 해 줄 거예요."

이때 최초 사건인 즉, ISE의 십분 전의 아이와 중학생의 아이는 서로를 신뢰하게 된다.

"자, 십분 뒤에 너는 지금 엄마의 무서움과 화남에 무섭지 않잖아. 십분 뒤에 엄마가 너에게 야단을 치고 무섭게 매질을 해도 너는 이것으로 이제 무섭다고 울지는 않아. 엄마는 절대로 오늘과 같은 일을 항상 매질로 다스리지 않았어. 너는 이제 매질을 했던 잠시 십분 후의 그 어떤 후속사건에서도 하나도 걱정하지 않아도 돼."

잠시 틈을 준 뒤 세션을 이어간다. 그리고 중학생 아이가 5살 아이에게 말한다.

"내가 그때부터 수 년을 살아봐서 아는데 엄마는 절대로 그렇게 무섭기만 하고 화를 내기만 하고 걱정이 되도록 하지는 않아. 너는 이제 이로 인해서 죽을 것이라고 혹은 앞으로 못살 것이라고 생각을 하거나 무서움에 떨고 있거나 하지 않아도 돼. 너는 나를 믿을 수 있지. 거듭 말을 하지만 그 수 년 동안 살아봐서 아는데 너는 절대로 엄마 때문에 앞으로 울고불고 하지는 않아도 될 거야. 그리고 너는 어쩌면 엄마 때문에 못살까봐 걱정할 수 있는데 엄마는 절대로 너를 더 이상

해치지 않아! 엄마는 지금 내가 중학생 아이가 되어서 보는데 나는 건강하게 아주 잘 지내거든, 절대로 무서워하거나 두려워서 우울해서 울지 않아도 돼. 그리고 내가 살아봐서 아는데 절대 이 두려움 때문에 죽지는 않아. 그렇지만 조금은 오버할 수 있어."

이럴 때 옆에서 상담사가 즉흥적으로 애기를 할 수 있다.

"자, 이렇게 정보를 충분히 전달했다면 더 하고 싶은 이야기 있을까?"

"아니요. 없어요."

"그러면 이제 중학생 아이 나오라고 하세요. 우리 십 분전에 우리 다섯 살 아이 나오세요. 네. 우리 다섯 살. 중학생 아이 이야기를 들었지요. 중학생 아이가 나한테 거짓말을 하는 것 같아요? 아니면 진짜를 이야기 하는 것 같아요."

"진짜를 이야기 하는 것 같아요. 나를 걱정해서 먼 미래에서 온 것 같아요. 10분 뒤에 그런 일이 있을 것이라는데 신기해요. 나는 엄마가 하나도 안 무서운데…."

"알겠어요. 무슨 일이 있으면 나를 옆에서 도와 줄 것 같으니까? 그렇게 걱정하지 말고 앞으로 믿으세요."

잠시 쉴 틈을 주고 상담사는 이어서 이렇게 애기한다.

"우리 다섯 살 혹시 숨바꼭질 같은 것 해 본적이 있어요?"

"아니요."

"다섯 살은 안 해 볼 수 있어요. 여섯 살 일곱 살은 해볼 수 있는

272

데 그러면 안 해 봤다고 하는 숨바꼭질에 대해서 해볼 수 있어요."

"…."

"예를 들면 이런 거죠. 일곱 살 숨바꼭질 알아요."

"예. 알아요."

"숨바꼭질 할 때 누가 옆에서 숨었다가 갑자기 '왁' 하면 놀랄까요. 안 놀랄까요?"

"놀라요."

"그런데 저기 '야, 누가 옆에 숨어 있으니까 조심해라!'라고 미리 알려주고 나서 다른 친구가 '왁' 하면 내가 놀랄까요. 안 놀랄까요?"

"안 놀라는 데요."

"그러면 대신 이런 이야기를 하지요. 우리 다섯 살은 지금 십분 뒤에 어떤 일이 일어날 줄 알아요. 그쵸?"

"예."

"그러면 십분 뒤에 놀라거나 궁금할까요?"

"아니요. 알고 있으니까 괜찮아요."

"혹시라도 만에 하나 어떤 일이 있으면 옆에 중학생 아이가 도와줄 것이니까 걱정하지 말라고 해요. 그래서 중학생 아이하고 손잡고 다섯 살을 통과합니다. 다섯 살 통과합니다. 아, 다섯 살 아이가 울고 불고 야단이네요. 다섯 살 아이 겁쟁이네. '다섯 살 아이 안 죽는다.'라고 중학생 아이가 가서 이야기 해 줄 수 있겠지요. 그쵸. 중학생 아이 안 무서운데 다섯 살 아이 뭐가 무서워요. 이제 다섯 살 아이도 무섭지 않아요. 그리고 이제 이것을 확실히 알았다면 다섯 살! 최초사건인 즉, ISE를 통과한 다섯 살이 중학생 아이에게 이렇게 말할 수 있어요.

'나는 바뀌었어! 나는 더 이상 중학생 아이가 무섭지 않아! 왜냐하면 미래의 중학생 아이가 나에게 와서 아직 죽지 않았다는 것을 알려주었거든.' 그리고 최초사건 즉, ISE를 통과한 아이가 말합니다. '나는 네 감정에 시달린 너의 심장 안에서 항상 살고 있어! 내가 너니까 내가 바뀌면 중학생 아이인 너도 바뀌고 네가 바뀌면 나도 바뀌! 나는 항상 너와 함께 너의 심장 속에 살고 있을 거야!'라고 하면서 모든 것을 통합하게 되고 최초사건인 즉, ISE를 통과하고 그동안 오해나 고통 받았던 사고나 느낌이나 감정에서 완전히 해소하게 됩니다."

"…."

⑸ 변화된 아이가, 고개 숙이다

1~2회에서 가졌던 이때까지의 세션에 그가 떠 올린 미래의 모습은 최면 상담사가 작위적으로 만들어준 모습이 아니라 변화된 내면에서 자발적으로 떠올린 자신의 모습이었다. 최면작업이 모두 3회에 끝나고 나서 아이의 자세는 많은 변화가 보였다.

처음 상담실에 들어올 때 고개를 푹 숙였으나 이제 고개를 들었고 뭔가 불안한 모습을 보였던 눈동자에게도 생기가 돌았다. 세션을 마치고 난 뒤의 기분이 어떠냐고 물었더니 이제 불안한 마음이나 초조했던 조바심이 사라진 것처럼 편안하다고 했다. 일단 모든 것이 긍정적인 반응이었지만 일시적인 효과일 수도 있고 이후 해결해야 할 문제들이 계속 이어질 수가 있으므로 일주일 간의 피드백을 지켜보고 상담을 종결하기로 했다.

조금의 시간이 지난 뒤 그의 모습은 최면상담 전과 비교했을 때 몰라보게 변해 있었다. 한 눈에 보기에도 에너지가 느껴졌다. 그동안 힘들어했던 부분이 많이 좋아진 것 같다고 스스로 말했다. 예를 들어 엄마를 보면 짜증이 나고 불안감이 일어났는데 그런 느낌이 해소된 것 같다고 했다. 그리고 상담에 말하지 않았던 문제들에 대해서도 없어진 감정을 이야기로 말해 주었다.

- 엄마에게서 보였던 불안과 기피감정이 많이 해소되었음
- 친구들과도 사이가 좋아짐
- 사소한 일에도 짜증이나 분노가 없어지고 편안함
- 집중력이 생김

최면작업에서 얻어낸 다양한 문제가 함께 나타나므로 가능한 회기를 줄이기 위해서 변형된 파츠 워크를 사용하기로 결정한 것이 도움이 되었다. 원래의 파츠 테라피에서는 한 개의 주제를 다루는 것에서는 여러 가지의 파트를 불러냈다가 복잡하게 엉켜버려서 잘못하면 난장판이 조성될 수 있다.

이를 파츠 테라피의 거장인 〈로이 헌터〉 선생은 파츠 파티라고 부르기도 했었다. 이 작업은 몇 개의 다중적인 양상들을 충분한 시간 동안 한 세션에 연속적으로 다루기로 한 만큼 파츠 테라피의 큰 원칙들을 크게 벗어나지 않는 선에서 변형기법을 그대로 적용해서 진행하였다.

이 최면작업에서의 진행은 다소 복잡하고 전문적인 과정들로 이루어지기에 간단하게 설명하면 먼저 최면상태에서 들어난 것에 대한 불안이라는 파트였고 그 밖의 기피증, 무기력, '욱' 하고 나오는 분노,

간헐적으로 나오는 분노에 대해서 불편함과 연관된 파트를 성공적으로 불러냈고 그들 각각과 또는 다 함께 이야기를 나누어서 나름대로의 해결책을 찾는 작업이었다.

(6) 영재의 증상 진단

품행장애는 행동장애와 복합적으로 나타나는 경우가 많다. 과거 모더니즘 사회에서는 이혼율이 거의 없었다. 당시는 여자가 시집을 가면 시집간 집에서 죽어야 한다는 생각으로 꼼짝 않고 살아왔으나 포스트 모더니즘이 되고부터는 많은 변화가 찾아왔다. 어느 가정이고 이제 이혼 없이 사는 순탄한 가정이 별로 없어서 두 가정 중에 한 가정은 이혼한 가정이라는 말이 있을 정도가 되었다.

그런 과정에서 정말 일차적 피해자는 이혼을 하는 당사자라고 하겠지만 자기 삶에 대한 정확한 판단에 따른 행복을 선택해서 그들은 나름대로 생각을 하고 있겠지만 아이들은 그렇지 않을 것이다. 왜 갑자기 품행장애에 대해서 이런 이야기가 나오느냐 하면 가장 문제는 가정에서 오고 가정에서는 엄마와 아빠에게서 오기 때문이다.

아이들이 무슨 죄가 있겠는가? 엄마아빠의 이혼으로 또는 경제력에 대한 문제 때문에 이런 혼란이 생기기 때문이다. 이처럼 불편한 가정에서의 행동장애는 반드시 아이들의 몫이 되곤 하고 있다. 지금 사례에 나오는 영재는 엄마와 아빠의 이혼가정이 아닌데도 불구하고 엄마의 과도한 교육이 품행장애로 나타난 것을 볼 수가 있었다.

▶ 심리증상
자존감 하락, 정체성 혼란, 엄마에 대한 피해의식

▶ 신체증상

사람을 만나면 손 떨림, 얼굴이 붉어짐, 가슴 두근거림, 온 몸이 굳어짐

▶ 환경문제

엄마의 과격한 훈시 및 아빠의 방관

(7) 내가 해주고 싶은 한 마디

우리사회에서는 누구나 '수신제가치국평천하'라는 말을 모르는 사람은 거의 없을 것이다. 몸과 마음을 닦아 수양을 하고 집안을 가지런히 한 다음에야 나라를 다스리고 그리고 천하를 평정한다는 의미로 쓰인 말이다. 이는 공자의 손자인 자사가 지은 〈대학〉에 나오는 말이라고 한다.

우리 옆에 있는 수많은 학자나 작가가 인문학의 기본은 결국 가정의 평화에 있다고 하는데 그것은 옛날이나 오늘이나 수신, 제가, 치국을 이룬 사람만이 '평천하' 단계에 도달할 수 있다는 그 진리는 변하지 않을 것이라고 말한다.

08

인터넷 게임 장애

(1) 게임에 집착해서 정체성이 없는 아이

마음에 생기는 병은 대체로 인간관계에서 생긴다. 사람이 가장 처음 접하게 되는 인간관계는 부모이다. 부모와 아이에 비롯된 인간관계로 인하여 심리적으로 부정적인 시각을 갖게 되는데 대부분의 아이들은 이를 외면하는 경우가 많다. 심지어 자기에게 문제가 있다는 것을 부정하며 치료를 거부하는 경우가 있는데 이런 경우에는 주변에 있는 가장 사랑하는 사람들까지 피해를 줄 수가 있다.

치료를 거부한다면 그것조차 마음이 건강하지 못하기 때문이다. 자신이 가지고 있는 마음속을 남에게 보여주기도 싫고 자신의 나약함을 드러낼 용기조차 없기 때문이다. 그러나 몸에 있는 상처를 방치하면 덧나는 것처럼 마음의 문제도 그대로 두면 나중에 치료하기 힘들어 질 수 있다.

최면은 이렇게 자신의 상처를 쉽게 드러내지 못하는 아이들에게 좋은 치료법이다. 아이의 마음을 부드럽게 열어서 마음 깊은 곳에 꼭꼭 숨겨진 상처를 찾아내고 상처가 덧나지 않게 도와줄 수 있는 깃이 최면인데, 요즘은 특히 인터넷 중독 장애가 많아서 아이들의 인성을 좀먹고 있다 보니 최면을 받으려는 사람이 늘어나고 있다.

우선 인터넷 중독이라 말하면 핸드폰이나 기타 PC를 자주 접하다가 중독이 된 경우가 많은데 더욱이 중독이 된 아이치고 내면에 불안요인을 한 가지쯤 가지지 않은 아이는 없을 것이다. 이런 아이들 중에서는 가족관계에 따른 어려움이 있다. 그것을 찾아보면 엄마와 아이의 사이에 갈등이 주된 원인이다.

당연하지만 이런 아이에게는 최면작업이 가장 효과적이다. 나름대로 인지 및 행동치료와 기타 여러 가지 치료를 해보았지만 아이들이 부모에 대한 원망이나 아픔이 있어도 그것을 곧이곧대로 말하는 아이가 적을 것이다. 그렇지만 최면을 통해 의식이 아닌 무의식을 가지고 접근을 하면 엄마와의 아이 사이에 있는 그 어떤 사건사고라도 세밀하게 접근할 수 있는 기회가 생기게 된다.

다시 말해 아이가 타인에게 자신의 상태를 언급하기가 거북해 하지만 트랜스 상태에서는 자연스럽게 접근하게 되어 의외로 치료효과를 크게 높일 수 있는 것이 최면이 가지는 큰 장점이다. 우리나라에서 인터넷 및 PC로 인한 중독자들의 수치를 여성가족부의 발표에 따르면 초등학생, 중학생, 고등학생 127만 명을 조사한 결과 전체 응답자 중 18%가 인터넷이나 스마트폰에 대한 의존위험군으로 드러났고 일상생활에 지장을 받을 정도로 인터넷에 의존하는 위험사용자군도 약 13%으로 나타났다.

2019년 5월 25일 세계보건기구도 '게임중독도 질병'이라고 분류한 국제질병분류를 제11차 개정안194개 국의 만장일치을 통해서 통과시켰다. 이렇게 게임중독이 질병이라고 통과된 배경에는 인터넷 게임으로 인해

뇌 기능이 저하되고 다양한 건강문제를 일으킬 수 있다는 것이다.

이것을 설명하면 인터넷도 알코올이나 담배 같은 물질처럼 뇌의 도파민 보상회로를 변화시켜 정향을 보이는 뇌로 바꿀 수 있다는 것인데 DSM-5진단기준에서 본 유형은 사이버섹스중독, 사이버관계중독으로 온라인을 통한 인간관계에 과도하게 몰입해 실제 인간관계에 장애가 있는데 이를 등한시하는 경우이다.

그 외는 네트워크 강박증으로 온라인 게임, 쇼핑, 주식매매 등을 말하며 또한 강박적으로 웹사이트나 자료를 검색하는 것으로 자신에게 필요한 것보다 정보수집 자체에 집착하는 과정이 있으며, 다음으로 컴퓨터 게임중독인데 이는 중독관계가 일 년 이상을 지속되는 것을 말하게 된다.

(2) 아이가 인터넷에 빠진 이유

내가 사는 곳은 서초구 반포아파트 빌딩 숲을 지나 논현동 5번 출구 한국사회복지공제회 2층에 있다. 부산에서 살다가 올봄에 서울로 왔다. 벌써 가을 냄새가 코끝을 적시니 세월은 빠르긴 빠른가 보다. 바깥 풍경에 취해 있는데 아이엄마에게서 전화가 왔다. 아이가 인터넷에 빠져서 공부도 하지 않고 엄마를 힘들게 하는데 지금가면 상담을 할 수가 있겠느냐고 물었다.

"어머니, 아이가 집에 있습니까?"

"네."

"어느 동입니까?"

"대치동에 있어요."

"네. 그러면 곧 올 수가 있겠네요. 그럼 한 번 데리고 오세요."

"네. 알겠습니다."

이렇게 해서 아이를 만났다. 아이는 내가 생각했던 것보다 유순했다. 고분고분 말도 잘 듣는 아이를 놓고 엄마의 말을 들으면 초등학교 입학할 무렵부터 무슨 일을 해도 산만하고 감정조절이 잘 안 돼서 걱정이 되었으며, 반 아이들을 통해서 뒷조사를 했더니 친구들에게 왕따를 당했다는 얘기도 들었다고 한다.

정수라고 이름을 밝힌 아이를 붙잡고 왜, 그런 일이 있으면 엄마와 상의도 안했느냐고 물었더니 아빠가 직장을 옮기는 바람에 이곳으로 전학을 왔는데 성격이 내성적이어서 친구를 잘 사귀지 못했고, 몸짓이 크고 힘 좀 쓰는 아이들에게 협박도 당하게 되면서 주머니에서 용돈도 빼앗기고 왕따 아닌 왕따 생활을 했다는 답변을 들었다. 충분히 일리가 있는 답변이었다.

아이는 엄마에게 말을 해도 도움이 되지 않을 것 같아서 일체 말을 하지 않고 집에서 게임을 하는 것으로 소일하고 있었다. 이런 정수를 데리고 집 근처 병원에서 그동안 인터넷 중독과 관련한 약물치료를 했으나 투약으로는 도움을 얻지 못해서 오게 되었다고 한다.

정수는 시간이 가면 갈수록 학업성적도 점점 떨어졌다. 그리고 전학을 오기 전 학교에서는 축구를 좋아했는데 지금은 그것마저 끊은 지 오래 되었다. 아이는 늘 무덤덤해진 상태에서 인터넷만 열중했다. 이렇게 게임에만 몰두하자 엄마 사이의 갈등만 깊어져 갔다. 그런데 어느 날 돌발적인 사고가 터지고 말았다. 그날도 늦게 들어온 엄마는 아이가 아무런 기척이 없어 문을 열고 안을 보는데 아이가 깜짝 놀라면서 무엇인가를 황급히 감추었다.

이를 이상하게 여긴 엄마가 달려가서 빼앗았는데 아이가 낯선 동영상을 보고 있었던 것이다. 이에 놀란 엄마가 왜 이런 것을 보느냐고 야단을 치자 아이는 갑자기 욕을 하면서 키보드를 던지고 밖을 나가버렸다. 엄마는 이런 정수가 너무나 놀랍고 황당하여 다시 뛰어가서 잡으며 실갱이를 벌리는 바람에 엄마가 벽에 부딪히면서 머리를 다쳤다.

그날 직장에서 돌아온 아빠가 평소에 화를 잘 내지 않는데 엄마가 정수 때문에 다친 것을 알고 뺨을 심하게 때리는 사건이 그 후에 벌어졌다. 그때부터 평소 말이 별로 없던 아이가 이제는 화를 내거나 어떤 날은 책상 앞에 놓인 화장대를 내던지면서 대들었다. 이런 아이를 더 이상 어떻게 해야 할지 모르겠다고 생각한 엄마가 찾아온 것이다.

"정수야, 상담실에 왔는데 무슨 도움을 받고 싶니?"

나는 가능한 부드럽게 다가서서 느긋한 음성으로 물었다.

"게임 때문에 왔으니까 게임을 적당히 하는 것이겠지요."

아이는 비교적 엄마의 말과는 다르게 진지했다.

"그러면 정수는 언제쯤 게임을 많이 하지?"

"그냥 시간을 정해 놓고 하는 것은 아니에요. 게임을 하지 않으면 달리 할게 없으니까 하는 것이고요. 게임을 하면 시간도 잘 가고 또 낮에 학교에서 더러웠던 기분도 상쇄할 수가 있으니까 하는 거지요. 뭐."

정수의 말에 내가 특별히 해줄 말이 없었다.

"아, 게임을 하면 불쾌한 감정도 사라지고 기분 나빴던 것도 없어지고 그러는구나."

"예."

"게임을 안 하면 어떻게 되지?"

"게임을 안 하면 뭔가 불안하고 가슴이 답답해요. 사실 게임이 그렇게 좋아서 하는 것은 아니에요. 그렇다고 게임을 안 한다고 공부가 필요한 것도 아니고요. 그냥 모든 게 다 귀찮은데 그나마 게임으로 시간을 보내는 것이지요."

"그래. 그래서 하는 구나! 하지만 엄마가 걱정을 많이 한단다. 이제 학교에도 가지 않으려고 한다며, 오늘은 왜 안 간 거지?"

"엄마가 게임을 하지 말라고 잔소리만 하고 제가 왜 게임을 하는지 알아보거나 그 이유를 생각지도 않고 날마다 공부, 공부타령만 해요. 저 사실 공부가 재미가 없고 싫거든요."

"음, 공부와 책보기가 싫은 거구나! 엄마 말에는 이상한 동영상도 본다고 하던데?"

"그저께 엄마에게 들킨 거 말하는 거죠? 그건 꼭 보고 싶어서 본 것은 아니에요. 반 아이가 동영상 사이트를 가르쳐주어서 그냥 심심해서 한 번 본 것뿐이에요. 정말이에요. 뭐 큰 관심이 있어서 본 것은 아니고요. 그런데 재수 없게 엄마에게 들킨 거죠. 뭐,"

"그랬었구나! 그럼 정수는 그런 나쁜 동영상을 보고 그러지는 않았겠구나!"

"그럼요. 전 그래도 아직 지킬 것은 지켜야 된다고 생각하는 거고요."

"그래, 알았다."

그날 아이와의 상담은 이렇게 끝났다.

⑶ 인터넷 중독도 질병이다

일주일 뒤 만난 정수는 MMPI다면적 인성검사에서 복합적인 정신적 장애를 가지고 있었다. 아이가 보인 SCT문장완성검사에서도 엄마에 대하여 심한 부정적 감정을 드러내고 있었다. 언제부터인가 아빠와의 사이가 좋지 않아서 지금은 별거를 하고 있다고 했다.

첫 상담 때 그것을 말하지 않아서 이유를 물었더니 그렇다고 아주 안보고 사는 것이 아니라 일주일에 한 번씩은 집에 다녀간다고 했다. 마침 엄마와 싸운 날에 아빠가 와서 정수가 맞았을 뿐이란다. 이런 말을 엄마는 담담하게 말했다.

대부분 이런 가정의 아이들이 단순히 게임으로 인한 문제를 가지고 있는 것은 아니다. 우울장애, ADHD, 강박증 및 다른 여러 가지 복합적인 병명을 가지고 있을 수 있다. 좋은 환경과 기질을 가지고 태어난 아이가 인터넷에 이유 없이 빠지는 일은 거의 없다. 정수처럼 환경적으로 복잡한 문제를 같이 보유한 경우가 많다.

부모의 직장 문제로 학교를 옮겨 다녔거나 친구사이에 왕따를 당했을 때 일어나는 부작용이 아이를 이렇게 부정적인 정서로 몰아넣은 것으로 보인다. 이런 증상을 가진 아이들이 갑자기 인터넷 게임에 지나치게 몰입하고 있다가 반대로 인터넷 게임을 전혀 하지 않을 때는 긴장, 불안, 우울증 같은 것을 동반하거나 금단현상까지 보이는 경우도 있다.

정수처럼 인터넷에 빠지는 경우는 기질적인 경우와 환경적 요인을 둘 다가지고 있었다. 이런 아이들에게 TCI검사를 해보면 대체로 자극추구가 크고 위험회피가 작으며 인내력과 사회성도 아주 민감한 것으로 나타난다. 나는 정수의 심리적 요인이 복합적으로 작용한 것으로 생각하고 엄마와 이야기를 이어갔다.

아이의 속내를 들여다보면 엄마와 아빠가 자주 다툰 것도 원인이지만 정수의 내면에는 부모에 대한 혐오감을 가지고 있었다. 몇 달 전에 친구들에게 왕따를 당한 일이 있는데 이를 담임에게 말해도 아무 조치를 해주지 않고 엄마와 아빠도 그냥 들은 척도 하지 않는데 이것에 대한 앙심이 숨어 있었던 것으로 보인다.

이런 저런 요인이 함께 작용하면서 정수는 어디 마음 둘 곳이 없어서 게임중독에 빠진 것으로 보인다. 이런 아이는 하루빨리 엄마와 아빠가 화해를 하고 안정적인 가정을 이루는 것이 먼저 일 것이다. 또한 정수를 학대한 아이를 찾아서 자초지종을 듣고 담임 및 학교 관계 규율을 담당하는 교사와 의견을 나누는 것도 좋은 방법이다.

오랜 시간을 엄마와 이야기를 한 뒤 앞으로는 아이의 말을 듣고 문제가 있으면 그 문제를 같이 대처하는 모습을 보이라고 말했다. 그리고 무엇보다 중요한 것은 아이가 무엇을 하는지 마음을 두고 살피면서 공감해 주고 이해해 주는 것이 좋은 방법이라고 말해 주었다. 아이는 늘 부모의 사랑을 먹고 자란다. 그 사랑 앞에는 그 어떤 질병이나 나쁜 장애도 발을 붙이지 못할 것이다.

(4) 아이가 안 되면 최면작업이 좋다

아이가 이렇게 된 것은 단순히 엄마와 친구들의 문제만은 아닌 것 같다. 모든 것은 연합된 감정과 관련이 있을 것이며 개인적으로 학습된 것들이 어떻게 조건을 형성했는가를 알아보고 싶었다. 그래서 심리학의 한 분야인 고전적 조건형성이 마음에 떠올랐다. 이것은 우리의 뉴론은 천 억 개 정도이고 그 뉴론 마다 열 개에서 열다섯 개의 시냅스가 자라는데 한 시냅스가 강화되기 시작하면 수 백 개의 시냅스로 연결되는데 이것은 러시아의 생리학자인 파블로프의 실험실에서 알게 된 큰 성과이다. 우리가 가끔 뉴턴이 우연히 사과가 떨어지는 것을 보고 중력에 대한 아이디어를 얻었던 것과 같은 것과 같이 파블로프도 비슷한 맥락으로 성과를 올린 것으로 보면 된다.

그는 1904년 개의 소화계통 연구로 노벨상을 받았는데, 그때 파블로프는 추가적인 연구를 위해서 실험실의 개를 관찰하고 있었다. 그리고 개의 타액을 얻기 위하여 개의 침샘에 작은 호스를 꽂아서 침을 흘리면 그 침이 밖으로 흐를 수 있도록 하였다. 개는 실험 장치에 묶여 있었고 연구원은 개에게 먹이를 가져다주었다.

연구원이 개에게 먹이를 줄 때마다 개는 침을 흘렸고 그 침은 호스를 타고 밖으로 흘러 나왔다. 그러던 파블로프가 이상한 현상을 발견했다. 분명히 개에게 먹이를 주지 않았는데 개가 먹이를 먹을 때에처럼 상당량의 침을 흘리는 것이었다. 이를 본 파블로프는 이유를 알기 위해 세밀히 개를 관찰했다.

그랬더니 개는 평소 자신에게 먹이를 주는 연구원이 다가오자 침을 흘렸던 것이다. 분명히 연구원이 먹이를 주지 않았는데 침을 흘리는 것은 파블로프는 연구원의 발자국 소리나 그림자에 반응하는 것이라고 추측하고 본격적으로 실험하여 돌입하였다.

파블로프는 소리나 빛을 포함한 모든 자극이 차단된 방을 만들어서 그리고 개에게 종소리를 들려주었다. 개는 소리가 나는 쪽으로 고개를 돌렸지만 별다른 반응은 보이지 않았다. 그러다가 5초 후에 먹이를 주었다. 개는 먹이를 보자 침을 흘렸다. 그러다가 10분이 지난 뒤에 다시 종소리를 들려주고 나서 먹이를 주었다. 그랬더니 개가 침을 흘렸다. 이렇게 몇 차례 반복했더니 결국 개는 종소리만 들여 주고 먹이를 주지 않았는데도 개는 침을 흘렸고 이후 여러 번 실험을 했지만 결과는 동일했다.

원래는 아무런 반응도 유발하지 않던 자극 즉, 중성 자극이었던 종소리가 '종소리＋먹이'라는 조건 형성 이후에는 개에게 침을 흘리게 하는 자극이 된 것이다. 이것을 심리학에서는 '연합'이라고 한다. 다른 일로 종소리와 먹이의 속성 즉, 개에게 침을 흘리게 하는 것이 연합된 것이다.

정수는 엄마와 아빠의 싸우는 것에 염증을 느끼게 되었고 그러다가 학교에서 과거와 다른 행동을 하는 친구들이 싫어지게 되었고 그러자 선생님도 싫고 책과 공부가 싫어지면서 인터넷 게임을 하게 된 것이 중독에 이르게 된 것으로 보인다. 이것은 파블로프가 개의 실험에서 종소리에도 침을 흘리듯이 이제 학습보다도 게임에 더 큰 연합을 이루게 된 것이다.

이런 아이들이 가장 가깝게 접근하고 얻는 것이 게임 중독과 TV 중독일 것이다. IT강국인 우리나라에서 글을 읽기도 전에 컴퓨터 모니터와 마우스를 먼저 접하는 게임 중독은 어찌 보면 당연한 결과일 지도 모르겠다. 게임은 할수록 재미있고 공부는 더욱 싫어지고 TV를 보느라 숙제는 관심도 없으니 아이가 원하는 것은 뭘까?

대체로 인터넷에 나오는 가수나 연예인 등일 것이다. 파블로프의 개의 실험에서처럼 음식이 없고 종소리만 들어도 침이 나오듯이 그의 생각과 행동도 그렇게 되는 것이다. 정수가 공부에 싫증을 느끼고 게임에 빠져 있다면 이제부터는 빨리 공부를 하도록 하는데 게임을 역이용하여야 한다.

그렇게 하려면 아이가 잘할 수 있는 과제를 주어 그 과제를 마쳤을 때 본인이 원하는 만큼 게임을 할 수 있도록 하는 방법을 해야 한다. 무조건 막으면 거부로 이루어져서 아이가 반항을 할 것이고 그러면 아이를 가까이 하기가 어려울 것이다. 이미 본 동영상의 문제나 지나간 이야기는 도움이 되지 않는다.

가족 간 새로운 분위기를 만들고 게임을 하지 않아도 마음을 붙일 곳을 찾도록 환경을 마련해야 한다. 그렇지만 엄마와 아빠는 직장도 있고 정수를 통제를 할 수 있는 시간이 없으니 사실 인터넷 게임 및 중독에서 벗어나기는 그리 쉽지 않다. 그렇지만 책상에 앉아 있기를 싫어한다면 책상에 30분 앉아 있는 것부터 시작해서 또 다음 단계로 책 펴놓기, 또, 30분 앉아서 숙제하기 등을 통해서 조금씩 컴퓨터 인터넷 게임 중독에서 빠져 나오도록 해야 한다.

(5) 아이의 정체성을 만들어 주라

우리 인간과 도토리의 차이점은 무엇일까? 미국의 어느 심리학자는 "도토리는 자기가 누구인지 몰라도 참나무가 될 수 있다고 했지만 사실 인간은 자기가 누구인지 모르면 절대 참다운 자기 자신이 될 수 없다."라고 했다. 이 말은 누구나 자기의 정체성이 중요하다는 것을 말하는 것이다.

영화 및 소설에서 〈장군의 아들〉인 김두한은 어릴 때 거지 촌에서 양아치로 어린 시절을 보내다가 어느 날 우연히 자기가 그 유명한 청산리 전투의 장군이었던 〈김좌진의 아들〉이라는 것을 알게 되었다. 그때부터 김두한은 달라지기 시작했다. 이제까지의 양아치로 인생을 탕진하던 자기의 삶을 바꾸기 시작한 것이다. 나는 심리학을 공부하면서 정체성이나 핵심신념이 생기는 나이가 대략 14살에서 20까지가 가장 중요하다고 생각했다. 이 이야기는 어디서 알게 된 말이지만 아직도 내 뇌리에서는 한 번도 떠나본 적이 없다.

어쩌면 가장 중요할 나이에 부모와 친구와 사회를 부정적 정서로 바라보는 정수가 훗날 어떻게 살 것인가를 생각한다면 인터넷 중독만으로 바라보아서는 안 될 것이다. 왜냐하면 인간은 자신에 대한 자각이 없으면 그저 환경에 맞춰 살아가면서 이도 저도 아닌 존재가 되어버릴 수 있기 때문이다.

정수가 인터넷 게임 중독에서 빠져 나오는 것도 중요하지만 아이가 정체성을 빨리 확립할 수 있도록 해야 한다. 무조건 게임을 하지마라고 한다고 해서 파블로프의 실험처럼 음식이 없고 종소리만 들어도 침이 나오듯이 게임과 컴퓨터 중독에 빠진 아이가 늪에서 자연스럽게 빠져나오리라고는 생각되지 않는다.

그렇다면 이미 중독된 정수의 내면을 바꾸는 것은 무엇일까? 이런 정수에게 아무리 많은 상담을 하더라도 그것도 아니라면 정신과 의사를 만나서 약을 받아서 먹더라도 아이가 변하는 일은 결코 쉽지가 않다. 그렇다면 가장 빠른 방법은 뭘까? 나는 최면뿐이라는 것을 정수 엄마에게 말했다.

우리의 의식은 7%이고, 무의식은 93%인데 정수의 정체성이나 핵심신념을 바꾸는 데는 무의식을 바꿔 내는 최면작업이 우선적이다. 지금까지 내면에 깊이 연합이 된 게임 프로그램 그리고 게임에 빠지면서 가졌던 못된 영상을 머리에서 지우는 것이 가장 먼저일 것이다. 그러면 사람들은 말할 것이다.

최면작업이 도움이 된다고 하지만 이미 알고 있는 기억 즉, 작업기억을 지울 수 있느냐고 물을 수도 있다. 그렇다. 중간 뇌에 있는 해마를 통해서 들어온 내면의 기억을 지울 수는 없다. 그렇지만 당시의 기억에 붙어있는 감정은 없앨 수가 있다. 생각해 보라. 이것은 NLP에서 말하는 분리와 연합이다.

TV나 영화에서 아무리 심하게 맞는 아이를 본다고 해서 그 감정을 오랫동안 간직하지는 않는다. 왜냐하면 기억은 있지만 감정이 단기기억으로 사라지기 때문이다. 그러나 내가 친구에게나 부모에게 맞았다면 그 기억을 잊을 수 있겠는가? 아마 평생을 가도 잊지 못할 것이다. 바로 이것이다. 무의식에 저장되기 때문이다.

우리는 최면작업을 하면 당시의 감정에 가서 그때의 감정을 분리해서 사라지게 하거나 통찰을 해서 내 몸 어디에 있는 것을 도려낼 수가 있다. 최면에서 묻는다. '당시의 감정이 어디에 있나요?' 이렇게 물으면 사람마다 각각 다르다. 어떤 이는 머리, 가슴, 심장, 복부, 팔, 다리 등 다양하게 나타난다.

나는 그 기억을 내 몸에서 빼낼 수도 지울 수도 있는 것이 최면작업이라고 말한다. 얼마 전에 서초구에 한 초등학교 교사가 작년에 두 번, 금년에 여덟 번이나 상담을 받았는데도 자살로 이어진 것을 보고 가슴 아프게 생각했다. 거듭 말하지만 우리의 뇌에 들어있는 사고나 기억을 모두 지울 수가 없지만 그 장면에 대한 감정과 분노와 사건 사고에 대한 감정을 바꿀 수 있다.

만약 죽은 교사가 상담에서 한정하지 않고 학부모나 주위 환경에서 얻은 트라우마를 단 한번이라도 최면작업을 해서 바꾸었다면 과연 그렇게 생을 마감하려고 생각을 했을까? 우리 뇌는 부정적인 것을 모른다. 오히려 그 생각을 없애야지 할수록 시냅스는 가중되어서 더 한층 트라우마로 남았을 것이다.

파블로프의 개의 실험에서도 말했듯이 우리 시냅스는 부정문을 모르기 때문에 더 한층 강화돼서 죽음이 아니면 해결할 수 없다는 심정이 되었을 것이다. 상담에서 그 일을 잊으라고 해서 잊어보려고 했는데 오히려 그럴수록 시냅스가 가중되어 죽음을 선택할 수밖에 없지 않았겠는가?

그렇다. 트라우마나 잊고 싶거나 잊히지 않는 사건사고는 상담에만 의존하지 말고 EMDR, EFT, 최면작업을 통해서 당시의 사건을 바꾸거나 통찰시키거나 지워나가는 프로그램을 해보도록 하자. 만약 9세 이전에 있었던 부정적인 정서가 있다면 가능하면 곧바로 없애줄 것이다. 적어도 내 말을 알아듣는 아이나 어른이라면 말이다.

정수는 최면 사전면담에서 엄마와 아빠 사이에 있었던 불화와 학교의 전학으로 인하여 친구와 떨어지게 된 것과 반 아이들에게 따돌림을 당하면서 받았던 문제들이 쌓여서 인터넷에 빠지게 된 것을 스스로 인정하게 되었다. 그러나 엄마와 다시 새로운 시간을 가지고 화해를 하게 된 것이 영향을 주었는지 사전면담에 잘 따라와 주었다.

그리고 정수는 최면감수성이 높아서 섬냄뷸리즘 초입 이상의 충분한 깊이를 확보하게 되었고 최면작업 테스트를 통해서 그것을 확인하게 되었다. 이로써 정수는 최면심화The deepening hypnosis를 위한 호흡심화, 숫자심화, 팔 떨어뜨리기를 마치고 태핑까지 연결되어졌다.

여기서 나는 〈태핑작업〉에 대해서 간단하게 설명을 하고 넘어갈 것이다. 왜냐하면 최면작업 중에서 태핑은 두 가지의 진중한 역할을 담당한다. 태핑은 그 사람의 본능 그리고 학습과 관련해서 몸과 마음을 이완시킬 뿐만 아니라 비언어와 관련된 아이와의 정보전달을 할 수가 있게 된다. 예컨대 정수의 어깨를 토닥거리는 것은 내가 그에게 보여주는 격려라고 할 수가 있을 것이고 손가락으로 빠르게 두 번 두드리는 것은 정수가 나를 보라는 의미이거나 집중을 하라는 신호일 수가 있기 때문이다. 나는 자주 하는 인덕션을 하지 않고 아이와 편하게 서로의 마음을 같이 나눌 수 있는 전통최면 즉, 유한평 선생님으로부터 받은 기법을 사용하였다.

우선 이제 곧 두 손이 벌어지고 일정한 넓이의 손바닥이 벌어지면 그때부터 두 손이 지남철이 있는 것처럼 딱 달라붙는다고 말해 주었다. 이렇게 해서 정수의 손바닥이 얼굴로 향하고 마침내 두 손바닥이 정수의 얼굴에 딱 달라붙어서 떨어지지 않았다. 이 최면기법은 예부터 자주 사용했던 기법이지만 최면 감수성이 낮으면 의외로 효과를 보지 못한다.

"자, 이제 몸과 마음이 가벼워진다."

최면에서 가장 중요한 암시작업을 시작하는 동시에 손과 손을 살짝 눌렀다. 그리고 정수에게 손의 힘을 빼면서 손이 점점 가벼워진다고 유도하고 '몸이 점점 떠오르면서, 허공으로 떠올라가면서, 몸과 마음이 가벼워진다. 그리고 내가 말하고 이야기 하는 모든 것은 계속 들을 수 있다'라고 말을 해주었다.

"정수야, 이제부터 네가 눈을 감으면 너의 손은 무릎으로 천천히 내려올 거야. 그리고 너는 완전히 이완되고 헝겊으로 만든 인형처럼 부드럽고 유연하게 될 거야."

"네."

"자, 이제부터 내가 100에서부터 0까지 숫자를 거꾸로 세면서 내려오는 거야. 이렇게 세면서 내려오는 동안에 내 목소리를 계속 듣게 될 거야. 다 세고 나면 오른쪽 집게손가락을 들어서 잠깐 나에게 표시를 해줘."

"네."

이렇게 최면을 위한 심화과정을 마치고 몸과 마음이 편안한 상태임을 알려주게 되고 정수는 숨을 내쉴 때마다 긴장이 빠져나가고 숨을 들어 쉴 때는 밝고 건강한 에너지가 몸으로 들어온다고 상상을 하게 하였다.

"자, 이제부터 가족과 즐거운 시간을 보냈던 그때를 떠올려 봅니다. 그곳이 산이라도 좋고 강가에도 좋고 그도 아니면 저 넓은 바다의 작은 귀퉁이라도 괜찮습니다."

정수는 의외로 잘 따라와 주었다. 리그레션에 들어가기가 무섭게 어린시절 기억으로 가게 되고 엄마의 뱃속에 있었던 10달 동안의 기억을 마치 어항을 들여다보듯 생생하게 떠올리기 시작하였다. 이렇게 해서 전 과정의 이완이 이루어지고 나자 문제가 된 사건과 사고에 대해서 〈세부감각지우기〉를 시작해서 지우기를 마쳤다. 정수가 기억하기 싫거나 떠올리기 싫은 장면이 떠오를 때는 작업 기억을 통해서 모든 것들을 그냥 지우게 했다.

"정수야, 오른손에는 먹물이 뚝 뚝 떨어지는 큰 붓을 들고 마음에 들지 않는 인터넷 프로그램을 지우는 거야. 자, 한 번에 지워지지 않으면 두 번 세 번 지워도 상관이 없어. 이제부터 정수는 엄마에게 들킨 동영상도 같이 지우고 마음에 들지 않는 프로그램도 함께 없애는 거야." 이렇게 인터넷에서 보았던 나쁜 영상들이 떠오를 때마다 나는 〈세부감각지우기〉를 통해서 지워나갔다. 이렇게 해서 오전 첫 세션을 마치고 나서 점심을 먹고 난 뒤 곧이어 오후 세션에서는 엄마와의 갈등을 지우기를 통해서 부정적인 정서를 지워나갔다.

그런 뒤 오후 두 시쯤 정수는 비교적 밝은 표정으로 최면작업을 통해서 만날 수가 있었다. 아마 엄마와 그동안 쌓였던 감정이 어느 정도는 해소가 된 것 같았다. 이것은 정수의 도움도 중요했지만 엄마가 모든 것을 제쳐 두고 아이를 위해서 숙고한 덕분이었다.

다른 때 같으면 다음 날을 택할 수 있지만 시간이 넉넉지 못한 관계로 오후에 세션을 이어갔다. 오후의 최면작업은 비교적 편하게 진행되었다. 정수는 이제 최면작업이 싫지 않은 것이었다. 나는 이완 중에 있는 정수에게 순간최면으로 이완을 유도하였다.

"지금 누구랑 같이 있나요?"

"엄마예요."

"무슨 일이 있었나요?"

"예. 엄마가 화를 내고 있어요."

"왜죠?"

"내가 동영상을 보다가 엄마에게 들켰어요. 그것 때문에 화를 무척 내고 있거든요."

"자, 좋아요. 이제부터 내가 말하는 걸 떠올려 보세요."

"네."

"정수가 떠올릴 건, 유튜브의 이상한 장면들 중에서 남녀가 부둥켜안고 있는 그 장면을 떠올려서 이제부터 하나씩 모두를 없애거나 지우는 거야."

"네."

"떠올렸니?"

"네."

"보이는 것이 뭐야."[시각질문]

"남녀가 서로 침대에 뒤엉켜 있는 모습이에요."

"주변에 보이는 것이 있나?"[시각질문]

"아무것도 없어요. 모두 어둡고 침침한 침대에 남녀가 발가벗은 채 이상한 행동을 하고 있어요."

"그 이미지에 들리는 소리가 있어?"[청각질문]

"남녀의 격한 신음소리예요."

"또 다른 소리는?"[청각질문]

"침대가 삐걱거리는 소리가 희미하게 들려요."

"그 소리를 듣고 있는 나는 어떤 생각이 들어?"[청각질문]

"약간 흥분이 되지만 미쳤다고 생각이 들어요."

"좋아, 정수는 남녀가 한 침대에 엉켜 있는 모습을 보고 있어. 주변은 어둡고 남녀밖에 보이지 않아. 그리고 두 사람의 신음이 들리고 침대의 삐거덕거리는 소리가 나. 그 소리를 들으며 그 남녀가 미쳤다는 생각을 해. 그 이미지를 보고 듣고 생각하고 있는 내 느낌은 어때? 어떤 느낌이 들어?"신체감각 질문

"더럽고 역겹고 불결하다는 생각뿐이에요."

"그렇구나, 정수는 그 장면이 떠오를 때마다 더럽고 불결하다는 느낌을 받았구나."

"네…."

정수의 말끝이 흐렸다.

"자, 이제 내가 하나 둘 셋하면 그 이미지를 네모난 액자에 넣는 거야. 하나 둘 셋! 이미지를 액자에 넣습니다. 넣었니?"

"네."

"이제 그 액자를 내 눈앞으로 당겨, 왼손으로 액자를 잡아. 그리고 오른손에는 먹물이 뚝뚝! 떨어지는 붓이 있어. 그 붓으로 하나 둘 셋하면 한방에 지우는 거야. 자, 하나 둘 셋! 액자를 새까맣게 지웠습니다. 지웠나요?"

"네."

"잘했어요. 이제 왼손으로 액자에 있는 이미지를 꺼내도록 해. 새까맣게 칠해서 아무것도 보이지 않는 이미지를 왼손 집게손가락으로 꺼내 그리고 내 오른손에는 활활~타오르는 횃불이 들려 있어. 이 횃불로 정수가 괴로워했던 이미지를 모조리 불태워 없애는 거야."

정수에게 약간의 여유를 주었다.

"자, 이제 횃불로 이미지를 태워. 이미지는 순식간에 활활! 타오르고 있습니다. 왼손으로 잡고 있는 손끝까지 타오릅니다. 아주 잘 타고 있어요. 이제 내가 하나 둘 셋하면 이미지는 재도 남지 않고 모조리 타버립니다. 자, 하나 둘 셋! 이미지가 흔적도 없이 사라졌어요. 완전히 없어졌습니까?"

"네."

"지금 기분이 어떠나요?"

"좋아요."

"그럼 다시 맨 처음부터 이미지를 떠올리도록 합니다."

이제 다시 처음부터 시작한다.

"이제 다시 남녀가 침대에서 뒹굴면서 신음소리를 내는 장면을 떠올리도록 합니다. 떠올렸나요?"

"네."

"어떻게 보이죠."

"흐릿하게 보여요."

"처음에 봤던 장면보다는 흐릿해졌나요."

"네."

"어떤 냄새가 나는가요? 주변 물체에 대한 감촉이 있나요?"

나는 말하는 분아와 소통이 끝났다는 생각이 들었다.

"자, 최근에 기분이 우울하고 뭔가 가슴이 갑갑하다고 나에게 말해 봅니다. 그러면 몸 안 어딘가에서 무기력하고 우울한 기분이 크게 느껴질 겁니다. 그럼 그 무기력하고 우울하고 갑갑한 느낌이 어디에 있는지 다시 느껴봅니다."

정수는 정확한 위치를 살핀다.

"자, 그게 머리인가요? 가슴인가요? 복부인가요? 다리인가요? 그것도 아니라면 종아리에 있는 건가요?"

"종아리 안쪽에 있는 것 같아요."

"나의 무기력하고 갑갑하고 우울한 감정이 종아리에 있는 거군요. 그렇다면 색깔은 무슨 색인가요?"

"황갈색이요."

"크기는요? 농구공만큼 큰가요? 아니면 탁구공 만한가요. 그것도 아니라면 동전만한가요?"

"농구공만 해요."

"좋아요. 그럼 가까이 다가갈 때 감촉은 어떤가요? 매끈한가요. 우둘투둘 한가요?"

"매끈해요."

"느낌은 어떤가요?"

"조금은 찜찜해요."

"자, 그럼 이제 우울하고 갑갑하고 답답한 마음이 있는 이유를 물어볼 차례예요. 물어봐 주세요. 왜, 나한테 남아서 힘들게 하나요?"

"남에게 상처를 안 받게 하려고 그랬어요."

"왜 남들에게 상처를 받나요?"

"같이 놀자고 해도 잘 놀아줄 사람도 없고 그렇다고 집에 들어와도 부모님은 모두 바쁘고 그래서 무료한 시간을 그렇게 보내는 것보다 게임을 하거나 인터넷을 하는 것이 좋아서 그렇게 했어요."

"아, 무기력하고 우울하고 답답한 마음은 사실 스스로 상처를 받지 않으려고 그렇게 했군요."

종아리에 있는 분아에게 질문을 이어갔다.

"아, 자신의 마음을 지켜주려고 공도 차고 밖에서 뛰어 놀고도 싶지만 그게 여의치 않아서 종아리에 붙어 살았군요. 종아리에 있어서 고맙습니다. 그리고 감사합니다. 무기력하고 답답했던 마음을 이 분을 위해 있어준 것을 감사하게 생각하게 된 겁니다."

"네."

"하지만 분아씨, 이제 이 사람도 또 다른 방법으로 앞으로 즐겁게 살기로 했습니다. 엄마아빠와 시간도 보내고 바다로 산으로 들로 나가서 사랑을 나누려고 생각했습니다. 이제부터는 무기력하고 우울한 마음은 여기에 있지 않아도 됩니다. 이제 공기로, 바람으로, 빛으로 어디론지 날아가시기 바랍니다."

"…."

그러면서 저 세상이라고 가리켰다.

"자, 정수는 종아리에 남아 있는 무기력하고 우울하고 갑갑한 마음을 무엇으로 빼내시려고 합니까? 이제 무엇이든 본인의 생각대로 할 수가 있습니다. 무엇이든지 마음만 먹으면 내 몸과 마음에 들어있는 또 하나의 분아를 내 몸에서 내보내려고 합니다. 과연 어떻게 보내시려고 합니까? 공기로 빼내겠습니까? 에너지로 하겠습니까? 아니면 빛으로 하겠습니까?"

"빛으로요."

"자, 이제 시간을 드리겠습니다. 잠시 후에 내가 하나 둘 셋하면서 오른손가락을 튕기면 내 몸 종아리에 있는 분아를 밖으로 내보내

시기 바랍니다. 그래서 분아가 몸에서 나갔다고 확실하게 생각이 들면 오른쪽 집게손가락으로 표시를 해주세요. 자, 준비가 되었습니까?"

"네."

잠시 후에 정수가 오른쪽 집게손가락을 움직여서 분아가 빠져 나갔다는 것을 알려주었다. 나는 분아가 빠져 나가고 환하게 웃는 정수를 바라보면서 기분이 아주 좋았다.

(6) 아이의 내면을 세부감각으로 지우기

정수의 세부감각지우기는 괴로운 기억 때문이 아니라 기억으로 인한 '부정적 감정의 영향' 때문이라고 했다. 내적감각인 시각, 청각, 신체감각이 상처를 받아 감정에 영향을 끼쳤다는 것이다. 사람마다 제각기 어떤 감각을 주로 사용하느냐에 따라서 그 감각의 상처를 받기 때문이다.

'그렇다면 이미지를 없애는 것은 무엇을 의미하는 걸까?'

이것은 뇌와 연관이 있다. 뇌는 복잡하면서도 단순하다. 내가 바로 알고 있는 정보가 있어도 반복적으로 그 정보가 틀렸다고 하면 결국에는 틀린 것으로 생각을 하게 된다. 또 상식적으로 맞지 않는 이야기라도 계속 그 이야기를 들으면 결국에는 믿고 만다. 한 마디로 세뇌가 된다는 것이다. 처음에는 말도 안 된다고 생각하다가 계속 설교를 듣다보니 긴가민가해지면서 결국에는 빠져 들게 되는 것인데 이것이 파블로프의 연합과 관련이 있다. 정수가 처음에는 한 두 번 본 것이 이제는 습관화 돼서 대낮에도 유튜브를 보면서 이상한 환상에 젖게 된 것이다. 그래서 보지 않으려고 할수록 자기도 모르게 보고 있는 것이 바로 뇌의 강화이다. 이런 현상은 담배를 끊어야지, 끊어야지 하는 것들이 시냅스가 강화를 더 이루면서 담배를 피우게 되는 것과 같은 맥락으로 보인다.

▶ 심리증상

자신을 더러운 존재라고 생각함. 도덕적 강박증. 인터넷에 대한 피해의식

▶ 신체증상

가슴이 답답함. 머리가 아픔

▶ 환경문제

우연히 인터넷을 보게 된 것이 이제는 자주 보게 되었음

(7) 영재나 부모에게 해주고 싶은 한 마디

김종원은 『아이를 위한 하루 한 줄 인문학』에서 현재의 중요성, 인생에서 어떤 중요한 시기를 놓치면 안 되는 것, 태도가 지닌 역할 등에 대해서 얘기를 한다. 영재와 그의 부모도 지금 순간을 중요하게 여기고 올바른 생각을 가지고 현재를 살아가기를 바란다.

09
외상 후 스트레스 장애(PTSD)

　　외상 후 스트레스 장애를 이야기하면서 공포를 떼어 놓고 말하기 어려울 것이다. 왜냐하면 바로 우리가 생존하는 데 가장 스트레스의 요인으로 볼 수 있는 것이 공포이기 때문이다. 그래서 공포는 가장 기본적인 감정 중 하나로 아무런 기억이 없어도 두려워할 수가 있다. 우리에게는 진화적으로 프로그램 된 위험에 반응하는 방식이 있다. 위험에 반응하지 않으면 살아남을 수 없기 때문이다. 따라서 진화는 우리의 뇌가 어떤 것을 두려워할 뿐 아니라 위험에 대해 신속하게 배우도록 프로그램화 되어 있다.

　　이는 뱀이나 거미처럼 장기간 위험한 것뿐만 아니라 총·칼도 해당이 된다. 그래서 공포는 어떻게 보면 학습에 의한 것이다. 만약에 공포를 느끼지 않던 대상에 대해 새로이 공포를 느끼고 공포 반응을 학습한다면 그건 공포 조건화가 되었다고 본다.

　　두려운 자극, 위협적인 자극과 연관되지 않은 자극을 학습을 통해서 두려운 자극, 위협적인 자극과 연관 지어 생각하는 것이 공포 조건화이다. 이에 전문가들은 공포 조건화를 공포가 학습에 의해 우리에게 조건화 된다고 본다. 높은 곳 등으로 인간의 생존에 위협적인 것에 대한 공포심을 제외하고는 대부분 학습에 의해서 공포를 느낀다고 보는 것이다.

예컨대 번개가 번쩍하는 것을 보면 대부분 사람들은 몸을 웅크리고 공포 반응을 보이는데 이때 심장 박동도 빨라진다. 이것은 태어나면서 생긴 것이 아니라 학습에 의한 것이며, 학습에 의해서 일어나는 뇌 부위는 측두엽 안에 깊숙이 박혀 있는 구조물로 모양과 크기가 아몬드만한 구조물인 편두체이다. 이곳에서 공포와 관련된 자극들이 들어와서 학습이 일어난다.

공포 학습에 관한 첫 번째 연구는 80년 전 미국 행동주의 심리학의 창시자인 존 왓슨에 의해 나왔고, 왓슨은 모든 행동이 학습에 의해 설명될 수 있다는 주장을 보여 주기 위해 앨버트라는 갓난아이를 데리고 공포 조건화 학습을 시켰다.

왓슨은 앨버트에게 쥐를 줬고, 앨버트는 좋아서 가지고 만졌다. 앨버트가 쥐에 손을 댈 때마다 망치로 꽝 쳐서 큰 소리를 냈다. 몇 번 하니까 그 다음부터는 앨버트는 쥐만 보면 무서워하고 울게 되었다. 쥐뿐만 아니라 쥐랑 비슷하게 생긴 동물들, 하얀 토끼를 보여줘도 울고 하얀 털 가진 모피코트를 보여줘도 피하고 우는 반응을 보여서 존 왓슨은 공포반응은 학습되는 것이라는 이론을 만들게 된 것이다.

그 후 쥐를 대상으로 실험을 했고 사람과 쥐의 공포 조건화 결과는 크게 다르지 않았다. 그중 제일 중요한 것은 편도체가 사람에게도 공포조건에 큰 역할을 한다는 것과 사람의 경우는 편도체뿐만 아니라 조금 더 다양한 뇌 구조물들이 같이 작용한다는 것이다. 쥐보다 사람이 훨씬 복잡하고 공포를 느끼는 감정들이 훨씬 다양하기 때문이다. 편도체는 일상적인 공포에도 두려움을 느끼는 대상에 대해 일단 인식해서 의식적으로 공포라는 감정을 느끼기 전에 이미 신체적 공포 반응을 내보내는 역할도 한다. 그렇다면 편도체가 위험한 자극을 인식하지 못하면 어떻게 될까?

예를 들어 어떤 사람이 처음 가본 골목길을 가다가 강도를 만나서 돈을 다 뺏기고 상처를 입은 경우, 편도체가 있는 정상적인 사람이라면 다음번에는 그 골목길을 가지 않음으로 해서 자신의 안정과 생존가능성을 늘릴 것이다. 그러나 편도체가 손상된 사람이라면 공포스런 기억이 없기 때문에 다시 그 골목으로 갈 것이고 그 사람의 안정과 생명은 보장하기 어려울 것이다.

이렇게 편도체의 존재는 우리 생활에 부정적인 영향을 주기도 하지만 인간의 진화 과정에서 우리의 생존을 높이는 역할을 하는데 이바지했다고 할 것이다.

⑴ 아이는 가정폭력을 다 알고 있다(외상에 빠진 아이를 회복하려면)

바람이 몹시 부는 늦가을이었다. 뒤뜰에 있던 은행나무 잎들이 노랗게 물들어서 담장 너머로 하나 둘씩 떨어지고 있었다. 오랜만에 뜰에 나가 햇볕을 쬐면서 높은 가을 하늘을 올려다보고 있는데 엄마가 한 아이의 손을 쥐고 찾아왔다. 뒤에 따라오는 아이는 무엇을 잘못했는지 풀이 팍 죽어 있었다. 그러면서 눈동자는 무언가에 쫓기는 듯 두리번거렸다. 나는 엄마와 조금 떨어진 곳에 다소곳이 앉아 있는 아이에게 다가갔다.

"안녕? 오늘 어떻게 왔어."

얕은 웃음으로 아이에게 접근했더니 이 광경을 보고 있던 엄마가 마침내 이때를 기다렸다는 듯이 다급하게 말했다.

"선생님, 아이가 유치원에 안 가려고 해서 왔어요. 아침마다 울면서 저를 쫄쫄 따라다녀요. 왜 그러느냐고 했더니 배가 아파서 못가겠다고 해요."

엄마가 이렇게 말을 하자 옆에서 듣고 있던 아이가 입을 삐죽이면서 나를 쳐다봤다. 그러더니 이내 고개를 또 숙였다. 아이 엄마가 써 놓은 〈기초 설문지〉를 살펴보니, 눈에 띄는 문장이 몇 군데 보였다. 그래서 물었다.

"아빠가 술만 먹으면 화를 내는 것으로 적혀 있네요."

엄마는 그건 아이의 말이 맞다고 고개를 끄떡였다.

"그렇다면 아빠가 술을 먹으면 엄마와 싸우는 것을 수시로 보았다는 말씀이지요."

"예. 맞아요. 저는 가능하면 아이에게 들키지 않으려고 조심을 했지만 그게 어디 마음대로 되나요."

"그래요. 그렇다면 아이가 단순하게 유치원에 가지 않는다는 것 외는 다른 증상을 보이지는 않던가요?"

"아녜요. 그것뿐이 아니라고 했잖아요. 말씀 드렸듯이 내 치마를 잡고 떨어지지 않으려고 해서 왔어요. 원장님이 보고 잘 좀 도와주세요."

"네. 그랬군요."

나는 혜리에게 〈미술치료〉를 해서 지금 무의식에서 무엇을 원하고 있는지 알아보고 싶었다. 그래서 우선 H.T.P 검사와 연계해서 동그라미 가족화 및 아이의 내면에 있는 마음의 풍경화를 그리려고 하였다.

"혜리야. 저리로 갈까? 미술치료를 하는 도구가 있어. 어때! 미술치료 한 번 해보지 않을래?"

"네."

아이는 아무런 내색 없이 따라왔다. 나는 투명한 뚜껑이 있는 병을 준비하고 색종이랑 매직 그리고 풀과 색지를 올려놓았다. 처음 만난 아이와 나는 비교적 호흡이 잘 맞았다. 우선 종이에 '동그라미 가족화'를 그리게 하였다.

혜리가 그린 동그라미 가족화의 그림 한쪽에는 아빠가 엄마를 때리는 모습을 그려져 있었고 그 옆에 엄마가 도망가는 모습이 선명하게 그려져 있었다. 나는 잠깐, 충격적이지만 혜리에게 손가락으로 그림을 가리키면서 어떤 모습이냐고 물었다. 내 말에 혜리는 아빠가 술을 마시고 오면 엄마를 때리고 엄마는 아빠를 피해서 도망가는 모습이라고 말했다. 나는 다시 되물었다. 너는 왜 이렇게 작게 그렸지. 그랬더니 내 말이 떨어지기가 무섭게 아빠가 두려워서 엄마 뒤에 숨어서 도망가는 것이라고 말했다. 이 광경을 옆에서 가만히 지켜보던 엄마가 한숨을 크게 내쉬었다. 나는 아이의 긴장을 풀어주기 위해 우선 외상기억으로 '담아두기 프로그램'을 하기 위해서 그릇에서 외상에 대한 기억, 플래시백과 생각을 다른 것에 옮겼다. 혜리에게 외상을 떠올리게 하는 단서들을 어느 한편에 담아두고 지금의 감정을 유지할 수 있도록 했다.

이는 스스로를 압도하고 있는 불편하고 부정적인 기억들을 떠오르지 않도록 저장하는 것이지만 단지 막연하게 외상경험이나 기억을 회피하고 부정하는 것과는 약간의 차이가 있다. 혜리의 이런 증상은 단순하게 보아서는 안 될 것 같았다.

우리의 뇌 안에는 많은 신경전달물질이 있고 도파민, 아세틸콜린, 가바, 그리고 세로토닌이 그 핵심에 속한다. 이 화학물질은 두뇌에서 분비되는 단순한 물질들이지만 사람을 다양하게 변화시키는 역할을 하게 된다. 이 신경전달물질 때문에 가끔은 우리를 느슨하게 하거나 긴장감을 주기도 하고 행복하게도 하고 불행하게도 하는 것이다.

그런 까닭에 두뇌는 인체의 지붕과 같을 것이다. 몸속에 있는 내장들이란 매우 단순하기에 뇌 상태가 좋지 않으면 위장, 대장, 간장 등에 문제를 일으키게 된다. 두뇌는 모든 건강관리 전반에 있어 제일이자 최우선으로 집중해야 할 부분이다.

뇌는 곧 우리의 마음이므로 마음은 이 신경전달물질로부터 영향을 받게 되고 만약 결핍될 때는 각종 질병에 시달리는 것이다. 그렇다면 엄마가 말하는 것 즉, 혜리가 배가 아파서 유치원에 가지 않겠다는 말이 진정 꾀병일까? 그것은 아닐 것이다.

나는 상담실 밖에서 혜리를 기다리게 한 후 엄마와 잠깐 면담을 이어갔다. 혜리는 평소에 말이 적고 내성적인데, 아빠가 술만 마시면 돌변해서 엄마에게 폭언과 폭력을 하는 것이 무척 못마땅했다. 아빠는 그러다가 마음에 차지 않으면 집안에 있는 가재도구를 던지거나 부수었고, 그러면 엄마가 같이 대들다 보니 싸움은 진흙탕이 된다.

이런 행동이 자주 일어나자 아이는 이제 외상을 가지게 된 것이다. 며칠 전에는 술이 취한 아빠가 엄마의 가슴과 머리를 주먹으로 쥐어박아서 큰 충격을 받은 것 같았다. 거실 바닥에 쓰러진 엄마는 한동안 일어나지 못한 채 죽은 듯이 있어야 했다.

옆에서 이 광경을 본 혜리가 그때부터 엄마 곁에서 떨어지지 않으려고 하였고 유치원도 가지 않겠다고 하였다. 그것뿐만 아니라 슈퍼를 갈 때도 따라다녔으며 엄마가 가는 곳마다 치마를 잡고 따라다녔다. 이런 엄마는 아이를 떠밀며 왜 이러냐고 고함을 치자 아이는 울고 말았다. 이렇게 상황이 심각해지자 엄마는 아이를 데리고 온 것이다.

(2) 공포도 학습에 의한 것이다.

무의식은 끊임없이 흐르는 시냇물 같다고 정신과 전문의 김현정은 말했다. 그는 억압이나 혜리처럼 감당하기 어려운 사고나 기억을 무의식 상태로 가둬두는 것은 방어기제라고 말한다. 만약 인간이 수치심이나 억울함, 분노 슬픔 등의 감정을 24시간 365일 의식한다면 제정신으로 살 수가 없을 것이다.

어떤 괴로움을 떨쳐 버리려고 의식은 부정적인 감정들을 생각의 한편으로 밀어 넣은 뒤 덮어놓는다. 이처럼 해소하지 못하고 억지로 밀려난 생각들이 모이면 무의식이 형성된다. 프로이트는 억압이 불안의 근원이며 다른 방어기제의 기초의 요인이라고 생각했다. 이토록 중요한 억압을 제대로 이해하려면 먼저 무의식에 대한 이해가 필요하다. 무의식이라는 단어를 들으면 어떤 생각이 떠오르는가?

내담자에게 물으면 대부분 빙산의 일각이라는 단어와 함께 물속의 4분의 3이 잠긴 커다란 얼음 덩어리를 연상해낸다. 빙산의 일각의 이미지는 의식보다 무의식 영역과 그에 대한 영향력이 그 만큼 크고 넓다는 것을 보여주려는 그림이라고 보면 될 것이다. 그런데 사람들은 무의식하면 빙산을 떠올리며 이것이 움직이지 않는다는 인상을 가지고 있을 때 실제 무의식은 움직이지 않는 얼음 덩어리가 아니라 끊임없이 졸졸 흐르는 시냇물과 같은 것이다.

우리가 의식하지 못할 뿐 시시각각 무의식이란 존재를 드러내며 자신이 건재함을 의식을 앞서서 나선다. 그러니 외부에서 들어온 오감을 해마에서 전두엽으로 가기 전에 나서서 건재함을 보이지 않는가? 예를 들어보면 자동차를 운전할 때 시동을 걸기 전 '첫 번째 안전벨트를 맨다. 두 번째 사이드 브레이크를 푼다. 세 번째 시동을 건다. 네 번째 액셀을 밟는다. 다섯 번째 전방을 살피며 차를 출발시킨다.'라고 차를 출발하기 전까지 일련의 과정을 매뉴얼대로 의식하는 사람은 없다.

오늘 막 운전면허를 딴 사람이 아니고서야 어떻게 '차를 출발시키기 전에 안전벨트을 매야지. 사이크 브레이크를 풀었고 다음은 뭐였지? 아, 시동!'라는 식으로 자신의 행동을 의식하겠는가? 일반적으로 굳이 의식하지 않아도 운전석에 앉는 순간 자동적으로 이뤄지는 일련의 행위대로 무의식이 작동한다.

목적지로 향할 때도 마찬가지다. 내비게이션한테 목적지를 입력하면 상냥한 목소리의 여성이 길을 안내해주듯 '서울역'이라는 목적지를 의식하면 우리의 무의식은 필요할 때마다 깜박이를 켜고 차선을 변경하며 목적지로 데려다준다. 운전하면서 누군가와 전화하고, 음악을 들으며, 거리 풍경을 즐길 수 있는 이유 또한 운전하는 행위를 시스템하고 습관화한 무의식이 있기 때문이다.

이처럼 무의식은 우리 생활 전반에 걸쳐서 지대한 영향을 미친다. 그런데 자신의 감정을 제대로 들여다보지 않고 무의식의 세계로 밀어 넣는다면 어떤 일이 벌어지겠는가? 나는 이제 혜리가 가지고 있는 아빠에 대한 무의식 중 외상을 없애려고 한다. 완전히 그 당시의 상처를 지우든지 아니면 공중분리를 시키든지 아니면 통찰을 시키든지 할 것이다.

다음 날, 혜리에게 무슨 일이 있었느냐고 물었지만 일체 말을 하지 않았다. 그냥 '몰라요.'라고만 했다. 엄마에게 되물었다. "어머니는 괜찮으신가요? 그동안 남편 때문에 힘들었을 텐데 어떠세요?" 라고 묻자 그냥 담담하게 말했다.

"그 양반! 술만 먹지 않으면 내성적인 사람이에요. 말도 잘 하지 않고 남의 흉도 볼 줄 몰라요. 그런데 술을 먹으면 다른 사람 같아요. 그때는 무슨 잡귀에 쓰인 건지 도저히 알다가도 모르겠어요."

엄마가 두 손으로 얼굴을 가렸다. 그리고 말을 이어갔다.

"아이 아빠는 술에 취하면 아무것도 모르다가 술이 깨면 손이 발이 되도록 저에게 빌어요. 그러면서 하는 말이 다시는 술을 마시지 않겠다고 그러지요. 하지만 그때뿐이에요. 그래서 이 양반을 데리고 좋다는 병원을 다니면서 알코올 중독치료도 해보고 있는 중이에요…."

엄마의 이야기를 들을수록 황당하다는 생각이 들었다. 이렇게 술만 먹으면 가족들을 공포 속으로 몰아넣는 아빠와 어떻게 같이 생활을 할 수 있는지 생각할수록 암담했다.

"그간 아빠의 행동이 아이에게 외상으로 나타날 줄은 몰랐을 것이지만 가정 내 폭력은 정신적으로 크게 영향을 줍니다. 우선 이런 증상을 외상 후 스트레스 장애라고 하는데 가능하면 최면작업을 해서 내면에 있는 공포를 없애도록 했으면 해요. 지금으로서는 혜리에게 얼마나 큰 상처를 가지고 있는지 자세히 살피는 것이 지금으로서는 가장 우선적으로 해야 할 일 같고요."

"아이만 괜찮다면 뭐든지 해 주세요. 그런데 전 최면에 대해서 아는 게 없어요. 아이가 어린데 괜찮을까요?"

"물론입니다. 전혀 문제가 없어요. 최면작업은 논리적인 부분인 의식과 감정, 생각, 습관이 저장되어 있는 즉, 무의식 모두와 관련이 있어요. 미국의 최면 전문가 톰 실버에 의하면 우리의 정신의 90%를 차지하는 무의식은 지구상에 있는 가장 강력한 컴퓨터 중의 하나라고 했지요. 인간의 삶에 일어나는 모든 정보를 무의식에 저장하고 있고 스트레스, 긴장, 근심 등으로 아드레날린, 세라토닌, 멜라토닌, 엔도르핀을 생성해서 뇌를 자극하고 결국 몸에 영향을 주는 것도 무의식이지요."

"그것을 어떻게 해야 하나요?"

"최면을 통해 무의식에 있는 정보를 찾아 문제를 해결하면 감정과 습관, 건강 상태까지 바꿀 수 있게 되지요. 이처럼 최면상담은 아주 강력한 과학이기 때문에 모든 심리학자와 의사들은 최면상담을 배워야 한다고 주장을 하고 있는 것이고요."

"그런가요? 그렇다면 이렇게 좋은 상담을 나라에서는 왜 보험을 적용하지 않을까요?"

"좋은 말씀입니다. 조금 전에도 말씀을 드렸지만 18, 19세기 최면가들은 모두 의사들이었어요. 그래서 이미 1950년대에 미국의사협회, 미국치과협회, 미국심리학협회에서는 최면을 공식적으로 인정을 한지가 오래 되었어요."

"네."

"그런데 어머니는 이제 아이를 위해서도 꼭 명심할 것이 있어요."

"그건 뭔가요."

"지금 아이를 위해서 최면상담을 하기로 되어 있지만 이 아이가 가질 앞으로가 문제입니다. 대부분 이런 가정이나 어릴 때 만들어진 엄마와 아빠의 다툼으로 아이가 자라면서 장애를 가질 수 있다는 것을 명심해야 합니다. 지금 아이가 가진 공포도 문제지만 DSM-5에서는 여러 가지 정신적인 문제를 만들 수 있다고 경고하고 있어요."

"그게 뭔가요?"

"이를테면 몇 가지 인격 장애가 생길 수가 있는데 가장 우선 되는 것이 경계성 인격 장애예요. 이는 부모에게 충분한 사랑을 받지 못하거나 또는 그로 인해서 언제든 버려질지도 모른다는 불안을 가진 아이에게 나타나는 증상입니다. 어떤 경우는 어릴 적 부모와 떨어져 오랜 기간 혼자 있는 경험을 겪은 아이에게 나타나기도 합니다. 다음으로는 의존적 인격 장애인데 이는 강압적인 환경에 자란 아이에게 많지요. 예컨데 난폭한 부모에 의해서 육체적, 신체적으로 지배를 받으며 자란 아이들은 주변 사람들에게 많이 의존하게 됩니다. 이런 경우는 착한 아이 소리를 들으며 부모의 뜻에 따라 고분고분 자란 아이들에게 자주 나타나게 됩니다. 그리고 다음으로 강박성 인격장애를 가진 아이는 일평생 최선의 결과를 위해 산 엄마아빠에게 나타나는 일종의 강박에 휩싸이게 됩니다. 이런 부모가 보이는 특징은 무엇이든 나름의 규칙을 세우는 걸 좋아하거나 변수 속에서도 그 규칙과 기준을 사수하기 위해 발버둥치는데, 이런 부모 밑에서 자라는 아이에게 강박성 인격장애가 나타납니다. 다음으로 회피성 인격 장애아이인데 이는 부모에게 따뜻한 사랑과 보살핌을 받지 못했다는 것을 알 수가 있지요. 말하자면 엄격함과 더불어 방임도 한몫을 하는데 만약에 이 아이가 형제자매가 있는 집안에 자란 아이라면 우월한 형제자매와 평생 비교를 당하며 살아왔을 확률이 높다고 합니다. 그리고 회피성과 반대되는 편집성 인격 장애 아이는 근거 없이 추측만으로 상대를 싸잡아 의심하고 옭아매는 엄마와 아빠로부터 자란 아이인데 즉, 양육과 유전적 요인에 의한 경우가 많습니다. 이렇듯 성격장애의 대부분이 부모로부터 물려받은 유산이라는 것을 안다면 엄마는 아이를 키울 때 어떻게 해야 한다는 것을 최선으로 알고 행동해야 하겠지요."

"지금까지 말씀하신 모든 것들이 우리 혜리에게도 생길 수 있다는 것이지요."

"네."

혜리는 최면작업으로 사전면담에서 엄마와 아빠의 잦은 말다툼, 아빠의 폭언 및 폭력이 외상 후 스트레스의 장애로 나타난 것이다. 혜리를 깊은 최면상태에 놓고 바디스캔기법을 사용해서 배 아픈 통증이 어디에 오는 지를 알아본 후 〈파츠 테라피〉의 변형된 리그레션을 진행하는 것을 원칙으로 진행했다.

그리고 엄마와 아빠의 다툼으로 일어난 두 분의 용서치유를 해야 할 것이고 연령역행을 통해서 여러 가지 기법을 접목해서 외상 후 스트레스를 없애도록 했다. 이처럼 최면유도는 피암시 반응을 높이기 위한 작업이다.

그렇지만 몇 가지 심화작업을 했다고 해서 누구나 피암시성이 높아지는 것은 아니다. 각 개인이 받아드릴 수 있는 선택적 사고를 확인해야 하고 기질적 특성이나 무의식적 반응을 예민하게 찾아 적용할 수 있어야 한다. 혜리가 아이라는 점을 감안해서 가능한 조건과 기법을 통해서 본능적 반응을 이용하기로 정하고 아이를 편한 자세로 앉혔다.

사전작업으로 상상하기 게임을 하겠느냐고 물어본 뒤 시각, 청각, 미각, 촉각 등에 관하여 상상을 하도록 해 보았다. 레몬을 떠올렸을 때의 입에 고이는 맛을 확인하도록 하였고 아이가 방문을 열고 들어갔을 때 가장 먼저 보이는 것이랑 엄마아빠가 거처하는 장롱 및 서랍이 놓인 위치를 확인하였더니 아이는 잘 따라와 주었다. 이렇게 해서 열까지 셀 수 있도록 최면상태로 들어갔다.

"혜리는 이제부터 눈을 감는 거야. 내가 눈을 뜨라고 할 때까지 계속 눈을 감은 채 있는 거야. 알았지."

"네."

"자, 이제 내가 앉아 있는 오른쪽에 따뜻한 물이 담겨있는 물통이 있다고 상상을 해 보자. 네 오른손이 닿을 수 있도록 가까운 위치에 있단다."

혜리에게 오른손 왼손을 구별할 수 있도록 말을 이어갔다.

"이제 그 물통의 물 위에 커다란 고무공이 있다고 상상을 한 뒤 이 공이 어떤 색깔인지 살펴봐."

"노란색이요."

"응. 알았어, 잘했어. 혜리야, 이제는 손을 공위에 올려놓아 봐.

올렸어? 그럼 이제 손의 힘을 빼고 공이 위로 떠오르는 것을 느껴봐. 그리고 공을 아래로 누를 때마다 점점 더 너의 마음이 편안하게 편해진다고 느끼면 돼. 이건 이완된다는 것을 느끼는 것인데 이완이라는 말을 잘 모르면 온 몸에 힘이 빠진다고 생각하면 된단다. 자, 몸과 마음에 모두 힘이 빠지는 거야."

"…"

"어때, 조금 나른하고 졸리지?"

"네."

"그래, 바로 그거야."

이제 몸이 이완이 된 것을 확인했으니, 몸과 마음이 축 늘어진 것을 볼 수가 있었다. 대체로 아이일수록 최면 감수성이 높아서 이완이 잘 되는 것이 특징인데 혜리는 다른 아이들보다 감수성이 크게 높은 것을 알 수가 있었다.

"자, 이제 계속적으로 고무공을 '눌렀다. 올렸다.'를 반복하는 거야. 그러면서 네가 얼마나 마음이 점점 편안하게 이완이 되고 그리고 더 점점 더 졸리는지를 한 번 느껴보겠니?"

"네."

"얼마나 졸리는지에 상관없이 계속적으로 내 목소리를 들을 수 있단다. 그리고 내 목소리는 네가 훨씬 편안하게 이완시켜 줄 거란다. 그래서 내 목소리를 들으면 두 배로 더 온 몸에 힘이 빠지는 거야."

"네…."

"그래, 바로 그거야. 그렇게 생각하면 돼. 혜리는 지금 비교적 아주 잘하고 있어. 그냥 계속 공을 '눌렀다. 올렸다'를 반복하는 거야. 그리고 네가 얼마나 더 깊이, 더 깊이 잠들 수 있는지 스스로 느껴봐. 응 잘 하고 있어. 그렇게 해."

이렇게 해서 혜리는 몸과 마음이 온전히 이완이 되는 것을 볼 수 가 있었다. 우선 최면 브릿지를 연결한 뒤 액자기법으로 부정적인 이 미지를 지우는 것부터 시작하였다. 이 프로그램은 불쾌하거나 고통스 러운 감정을 느끼게 하는 과거의 사건이나 생각 때문에 힘이 들 때 그 기억에 벗어나게 하는 기법 중 하나이다.

〈문제의 상황을 떠올리기〉는 가능하면 최근의 일 중에서 불안하 거나 당황했거나 자존심이 상했던 상황을 떠올려 보는 것으로 시작하 게 된다. 혜리는 아이이기 때문에 최근에 엄마와 아빠의 싸우는 장면 을 떠올렸다. 그렇게 하려면 최면 브릿지에서 시각, 청각, 촉각, 미각, 등의 감정에 대한 느낌을 알아본 뒤에 최면사의 손가락의 신호에 따 라 당시의 장면을 흑백으로 바꾸게 된다. 그렇게 한 뒤에 다음으로 사 진 액자를 이용해서 벽에 걸어둔다. 그 흑백 사진을 자기가 좋아하는 모양과 색깔의 액자를 선택해서 넣어두는 것을 잊지 않는다.

이렇게 준비가 되었다면 그 사진은 다른 그림과 같이 전시장의 벽에 걸어놓도록 한다. 그리고 벽에 걸린 그림을 휘발유를 부어서 불 에 태우도록 한다. 그렇게 다 태워져서 재가 되었다면 그 재를 선풍기 로 불어서 멀리 날려버린다. 이제 전시장 벽에 걸어 두었던 액자는 남 아 있지 않게 된다. 그러면 그 느낌이 어떤지 확인해서 이때 느낌이 없는 것이 0이고 가장 높은 것이 10이라면 얼마인지 확인하는 것이 좋다. 이렇게 해서 혜리가 아무것도 남아 있지 않다고 하면 종결이 되 는 것이지만 만약에 수치가 5−6 정도나 3−4 정도가 남아 있다면 처음부터 다시 당시의 상황을 떠올려서 그 느낌이 있는지 없는지를 살펴야 한다.

이렇게 혜리는 먼저 깊은 최면상태를 확보한 뒤에 진행한 작업에서 비교적 빠르게 첫 세션을 잘 소화했다. 아이가 최면작업을 싫어하는 것을 상기해서 점심을 먹고 오후 두 시에 두 번째 사건을 시작하였다. 이렇게 하는 것은 특별한 경우에나 있는 최면작업이다. 직장 때문에 오랫동안 세션을 진행할 수가 없는 경우나 사정상 거리가 멀어서 상담실에 오지 못할 상황일 때는 하루에 2-3회 작업을 해서 원하는 최면상담을 진행할 때가 있는데 혜리의 엄마는 혜리가 원하면 몇 번이라도 할 수가 있다고 했다. 나는 파츠 테라피의 변형된 형식으로 아이에 맞게 정리해 나갔다. 연령역행 작업 등 여러 가지 기법들을 적용해서 구조적인 절차로 이루어진 것이다.

이제 엄마와 아빠를 위한 〈용서프로그램〉을 하면서 혜리의 몸에 있는 바디스캔기법을 이어갔다. 곧이어, 순간기법으로 이완을 하게 되었고 혜리는 엄마와 아빠의 싸움을 떠올리면서 눈물을 흘렸다.

"아빠가 엄마를 구타하는 장면에서 상처가 너의 몸 어디에 남아 있는 것 같니?"

"가슴에 있는 것 같아요."

"그럼 색깔은 무엇인가요?"

"빨강이요."

"모양은 어때요?"

"둥글어요."

"만지면 촉감은 뭘까요?"

"울퉁불퉁해요."

"자, 지금 혜리는 어떤 감정이 들었을까?"

"화가 많이 나 있어요."

"그럼 이제부터 그 감정의 무게에 대한 불안이 점점 커집니다. 보통은 최근에 가장 크게 느꼈던 그때를 떠올려 보기 바랍니다. 장소가 어디 일까요?"

"집이에요."

"좋아요. 그 감정, 그 사고를 따라갑니다. 이제까지 공포를 느꼈던 그 지점에 멈추세요."

"네…."

혜리는 이윽고 가슴이 두근거리고 또 호흡이 고르지 못하고 이것을 이겨내느라 힘들어서 심장이 아주 거세게 두근거렸다.

(3) 공포도 기억이다

상담실을 찾아오는 외상을 가진 사람들을 위해서 내가 해 줄 수가 있는 것은 과연 뭘까? 가장 흔한 방법으로 '용서'라는 프로그램일 것이다. 누구나 깊은 상처를 가지고 나를 찾아오게 된다. 예를 들면 반 아이들에게 왕따를 당한 아이, 엄마와 아빠가 싸워서 상처를 받은 아이, 이혼가정에서의 손자손녀와의 관계 등 모두가 한 순간의 실수로 상처를 입고 우리는 살아가고 있다.

우리는 이유야 어떻든 남에게 받았던 분노가 있다면 그 분노가 상처받기 이전으로 돌아가고 싶어질 것이다. 그렇지만 그들이 지금 해야 할 일은 마음에 품고 있는 고통과 상처를 없애는 것이 가장 먼저이다. 몸에 난 상처는 세균 감염의 합병증만 없다면 시간이 가면 저절로 낮지만 마음의 상처는 그렇게 소멸되거나 쉽게 없어지지 않는다.

대부분 장기기억으로 남아 있다가 그 상황과 비슷한 경험이 떠오르면 시냇물처럼 졸졸 거리면서 몸과 마음에 따라다닌다. 그것뿐일까? 자꾸 내면에 떠올라서 무슨 정상적인 행동을 할 수가 없게 되거나 그러다가 시간이 지속되어서 마음에 난 상처 하나가 어쩌면 인생 전체를 깡그리 흔들 수도 있는 사건이 될 수도 있다.

특히 어린 아이 시기에는 자기를 어떻게 해야 할지 몰라서 생기는 후유증이 크다. 그래서 상처를 통찰하도록 게슈탈트 치료를 해보고 행동을 바꾸려고 행동치료를 해보고 그래도 안 되면 뇌에 대한 부정적인 호르몬이 흐르지 않도록 인지치료를 하는데 이렇게 저렇게 안 되면 무의식을 다스리는 최면작업이 그 역할을 담당하게 된다.

최면작업은 무의식을 통제하는 기법이다. 최면의 기법을 통해서 인간의 거대한 지식의 저장 창고의 여러 가지 정보와 내면을 소통하고 문을 열수가 있다. 최면작업은 인간의 무의식을 의식 상태로 변화하는 기술이며 심리학에 해당한다. 최근에는 북유럽의 스웨덴과 호주에서는 멘탈관리를 위해 학교 수업시간에도 최면을 가르칠 정도로 유럽쪽에서는 검증된 방법으로 통하고 있다.

그런데 아직도 일부에서는 최면을 이상하게 생각하거나 생소한 것으로 오해를 하는 경우가 많다. 왜냐하면 TV나 기타 프로그램에서 자주 나타나는 것은 상담이나 최면작업에 나타난 역할이라기보다 나라 전체를 깜짝 놀라는 큰 사건사고에서 최면수사로 범인을 잡는 프로그램을 하거나 큰 살인사건 자체를 찾아내는데 프레임으로 많이 쓰기 때문에 일반적인 최면작업과는 완전히 다른 것을 모르고 곡해를 하는 경우가 사람들에게 빈번하게 생기고 있기 때문이다.

거듭 말하지만 미국이나 유럽처럼 최면상담이 의료보험이 되거나 해서 온 국민이 쉽게 이용할 수 있는 흔한 심리 치료적 용어가 아니기에 일반적인 사람에게 선호하는 용어로 친숙해지기에는 아직도 많은 시간이 걸릴 수는 있다. 하지만 언젠가는 심리 상담실에서 흔히 쓰는 정신적 장애에 꼭 필요한 기법이라고 온 국민적 인식이 우선될 수 있는 날이 다가오기를 바라는 마음이다.

혜리에게 엄마와 아빠의 싸우는 장면에서 무서움과 두려움을 느꼈다면 그로 인해서 혜리가 세상에 버려질 수 있다는 느낌 자체를 분리해서 보고 이제 그게 아님을 최면작업을 통해서 통찰시키는 것이 꼭 필요하다. 모든 두려움은 아이 스스로 만들게 된다. 그리고 사람에게는 누구에게나 두려움이 있다. 그것이 아이이건 어른이건 마찬가지다.

이것은 언제나 무의식에서 일어나는 것이라는 것을 알게 된다. 그렇지만 모든 두려움이 무작정 나쁜 것은 아니다. 살면서 두려움을 느끼지 못하고 산다면 오히려 그게 더 위험할 수가 있다. 예컨대 사람이 독사나 호랑이가 두렵지 않다고 한다면, 아니면 뜨거운 주전자가 두렵지 않다면 결국 사람은 어떤 결과를 만들겠는가? 그러나 여기서 내가 말하려고 하는 두려움은 본능적인 두려움이 아닌 아이 스스로 만들어 낸 상처를 말하는 것이다.

혜리처럼 엄마와 아빠로 만들어진 두려움으로 인하여 불면증을 만들기도 하고 일상생활을 못하게 하는 등 여러 문제를 같이 불러일으킬 수가 있으니까 이것을 바꾸는 최면작업은 우리에게 꼭 필요한 치유 방법이다. 생각해 보자. '남자는 폭력적이야. 여자를 때리는 존재야.'라는 프레임을 가지고 아이가 커 간다면 이 아이는 자라면서 모든 남자를 그런 존재로 부각시킬 수가 있을 것이다. 그리고 나아가 '남자는 다 그래! 아니 결혼을 하면 남자는 폭력적이야.'라고 할 수가 있어서 결혼관에도 문제를 일으킬 수가 있다.

이렇게 보면 두려움은 현실처럼 보이는 공상화된 경험을 말하는 것일 수도 있다. 이러한 상황을 만드는 것은 과연 누구인가? 바로 나이다. 내가 두려움을 만드는 주체이다. 만약에 '엄마가 나를 버리고 가버리면 나는 어떻게 살아!'라는 불안을 스스로 만들 수가 있는 것이다. 그리고 아이가 유치원이나 학교에 간다면 '남자아이들은 여자를 폭행하는 존재야.'라고 할 수가 있을 것이다. 상담을 오는 대부분의 아이가 모두 그렇다. 특히 학교에서 피해를 보는 아이가 상당히 그런 생각에 젖어 있다.

그런 아이들이 하는 말이 있다. 두려운 것이다. 나를 괴롭히는 아이들이 눈에 떠오르니 아예 보지 않으려고 한다. 그게 두려움이라면 어쩔 수 없는 것이지만 앞이 보이지 않을 때 헤드라이트를 켜고 가면 어디라도 갈 수가 있을 것이라고 알고 있지만 몇 미터에 위험이 있을지 모른다고 생각하면 한 걸음도 나갈 수가 없을 것이다.

(4) 안정감을 갖는 것이 가장 중요하다

이 세상에 있을 수 없는 일은 하나도 일어나지 않는다. 또한 어떤 일이든 간에 문제가 있으면 반드시 해결하는 길도 있다. 조급하지 말자. 좋은 일도 나쁜 일도 성공적인 일도 실패한 어떠한 일이라고 해도 그 일에서 우리는 배우고 정화하며 살아간다. 그 모든 것은 경험의 일부분이며 우리 인생의 성장과 성숙은 그 경험을 통해서만 가능하기 때문이다.

그래서 어떤 일이나 감정이라도 그 자리에 고정되거나 그 시점에서 끝나지 않고 지나가게 된다. 모든 일은 우리를 앞으로 나아가게 하고 나의 경험은 증가시켜 발전하게 한다. 그렇다고 혜리를 이 지경으로 만든 엄마와 아빠가 문제의 원인이 아니라고 두둔하는 것은 아니다. 그리고 아이가 손쉽게 증상을 해소할 수 있다는 말도 아니다.

단지 엄마와 아빠의 노력에 따라 아이는 달라질 수가 있다. 왜냐하면 아이의 모든 것은 엄마의 손에 달려 있기 때문이다. 이처럼 모든 아이가 어릴 때 겪을 수 있는 정신적 외상은 많다. 유치원 및 학교폭력 및 따돌림, 가정폭력, 신체 및 성학대, 자연재해 및 사고, 심각한 의학적 질병, 전쟁이나 테러가 대표적이다.

그렇다고 동일한 외상성 사건을 겪었다고 할지라도 모두가 PTSD 증상을 보이는 것은 아니다. 아이의 타고난 기질과 환경적 특성, 외상성 사건 이후 주변 가족의 지지체계나 외상을 유발한 환경이 교정되었는지 여부에 따라 달라질 수가 있다. 그래서 누구나 성장하면서 크고 작은 외상성 사건을 경험하게 된다.

아이가 정신적 외상을 극복하는데 가장 중요한 것은 회복탄력성이 될 것이다. 이제 모든 것이 안전하다는 안전감을 본인이 스스로 느끼게 하는 것이 회복력의 원동력이다. 다행이 혜리의 부모는 즉각적으로 아이의 심각성을 인식하고 빠르게 대처함으로서 더 큰 장애를 막을 수 있었다. 치료 과정에서 나아지는 모습은 부부의 태도 변화에 큰 동기를 부여하였다.

▶ 심리증상

불안감, 무서움, 두려움

▶ 신체증상

놀라서 가슴이 뛰고 진정이 안 됨

▶ 환경문제

엄마의 '악' 소리에 아이가 놀람

(5) 한 마디 하고 싶은 말

부모가 실천할 수 있는 일은 다음과 같다.

첫째, 아이들은 정신적 외상의 경중과 상관없이 큰 영향을 받을 수 있다는 것을 생각해야 한다. 둘째, 외상 경험 이후 아이가 보이는 불안이나 퇴행적 행동, 과민한 모습들에 부모가 충분히 이해하고 완충해야 한다. 셋째, 아이가 안전하다는 느낌을 만드는 것이 중요하며 외상에 반복되지 않는 환경으로 만드는 것을 우선적으로 선행해야 한다.

이런 외상을 가진 아이에 대해서는 항상 아이를 대할 때 충분한 배려를 해야 한다. 그렇다면 배려가 무엇이겠는가? 아이에 대한 공감과 배려를 위해서는 아이와 어떻게 해야 할지를 충분히 논의를 해야 한다. 아는 만큼 마음을 전할 수 있기 때문이다. 굳이 말한다면 자연을 관찰하는 것처럼 아이의 마음과 말, 행동을 세심히 관찰하는 버릇을 갖는 것이 도움이 될 것이다.

소아청소년정신과 서천석은 외상 후 스트레스를 가진 십대를 놓고 말하기를 아이는 새와 같고 부모는 나뭇가지와 같다고 했다. 나뭇가지가 새를 쫓아다니면 새는 가지에 앉지 않는다. 도망간다. 그러나 나뭇가지가 자리를 지키고 있으면 지친 새가 와서 앉는다. 이때 "어딜 돌아다니다 얄밉게 이제 와."라고 나무는 따지지 않는다.

그렇다. 지금 아픈 아이가 엄마의 마음에 들지 않을 것이다. 그러나 엄마는 기다려야 한다. 그리고 아이의 말과 행동을 경청하는 여유를 가져야 한다. 진정한 의미의 경청은 남의 말을 잘 듣는 게 아니라, 들어야 할 말을 잘 듣는 것이다. 라고 했다. 그래서 나는 괴테의 '완벽한 관찰'을 읽고 앞으로 아이를 더 자세히 볼 것을 권한다.

10
모발 뽑기 장애

강박증이나 열등감의 상처가 성공으로 이르는 다리가 될 수가 있을까? 권정생 선생님이 쓴 〈강아지똥〉은 뮤지컬과 인형극, 동화구연, 음악 등으로 만들어져서 많은 사람들로부터 사랑을 톡톡히 받았다. 특히 어린이들에게 사랑을 받았고, 초등학교 교과서에 실릴 정도였다.

〈강아지똥〉의 주인공은 돌이네 흰둥이 강아지가 길거리에 싼 '똥'에서 출발한다. 누구나 지나가다 보면 길가에 있는 더럽고 지저분해서 아무짝에도 쓸모없는 강아지똥은 참새와 병아리, 진흙, 농부에게도 버림을 받아 겨우내 추운 길바닥에 아무렇게나 버려져 있는 것을 배경으로 하고 있다.

그런데 봄이 되어 길가 민들레를 만나 강아지똥은 민들레의 거름이 되어 민들레꽃을 피우게 되고 이 일을 통해서 자신의 소중함을 확인고 행복을 느끼게 된다는 아주 평범하면서 짧은 내용의 이야기이다.

이 글을 쓴 권정생 선생님은 1969년 이 책으로 월간 기독교교육의 제1회 아동문학상을 받게 되었으며 그때부터 작품활동을 시작하는 계기가 되었다. 선생님은 어느 날 처마 밑에 버려진 강아지똥이 비를 맞아 흐물흐물 그 덩어리가 녹아내리며 땅속으로 스며드는 모습을 보앉다고 한다.

강아지똥이 스며 녹아내리는 그 옆에서 마침 민들레가 피어나는 모습을 보고 보통 사람이면 평범하게 그리고 아무렇지 않게 넘겼을 것인데 "아! 저거다."하면서 가슴깊이 스며드는 회한을 느끼면서 그렇게 며칠 밤을 새워 강아지똥의 이야기를 만들어 우리에게 깊은 감동을 선사하게 되었다.

우리 주변을 살펴보면, 강아지똥처럼 버려지거나 외면당하지 않으려고 발버둥치는 아이들이 얼마든지 있다. 그 아이들이 김정생 선생님이 쓴 민들레 같은 존재를 통해 자신의 소중함을 깨닫고 환한 꽃으로 피어나 세상 사람의 사랑을 받는다면 얼마나 좋을까?

그냥 흙속에 묻혀 진주의 참모습을 보이지 않고 세월을 보내는 사람도 있지만 축구선수 박지성처럼 히딩크 감독을 통해 세계적인 선수로 거듭날 수가 있을 것이며, 앤 설리번 선생님을 통해 중증 장애를 극복한 헬렌 켈러 이야기 그리고 문제아 아들의 실험정신을 이해하고 학교 대신 집에서 실험을 할 수 있도록 배려한 에디슨의 어머니를 우리는 본받아야 할 것이다.

모발을 뽑는다거나 눈썹을 뽑는 아이의 행동도 엄마가 보면 어처구니가 없고 내 아이가 왜 문제아인가라고만 생각할 것이 아니라 그렇게라도 자기표현을 하고 싶어 하는 아이를 이해해야 할 것이다.

아이의 강박과 열등감에 대표적인 심리학 이론을 펼친 사람은 알프레드 아들러이다. 그가 열등감 이론을 발전시킨 이유는 바로 자신이 열등감 때문에 힘들어 했고, 열등감을 잘 극복하여 성공한 경험이 있기 때문이다. 아들러에 대해서 조금 이야기를 한다면 그는 태어날 때부터 병약했는데 4세까지 구루병을 앓아서 제대로 걷지도 못했고, 5세에는 폐렴으로 죽음의 문턱에서 살아났다. 이렇게 몸이 약했기 때문에 학교생활을 제대로 할 수가 없었다. 그러나 이러한 열등감을 기회이자 발판으로 삼았다. 몸이 약해서 열심히 뛰지는 못해도 자신의 처지를 불평만 하지 않았다. 다른 사람에게 뒤처지는 것이 어떤 것인지 알았기에 잘하고 싶은 욕구를 품었고 이것을 공부에서 찾은 것이다.

아들러는 이러한 경험을 이론으로 발전시켰다. 그는 누구나 사람은 열등감을 가지고 있다고 했다. 세상은 다른 사람과 끊임없이 경쟁하고 비교하는 구조인데 모든 분야에 완벽할 수는 없기 때문이다. 그로 인하여 아이들은 엄마의 사랑을 기다리고 그에 미치지 못하면 열등감을 극복하기 위해서 여러 가지 정신적 구조를 가지게 될 것이다.

우리가 생각해보면 어떤 사람은 외모에 대한 열등감이 있을 수 있고 어떤 사람은 집안환경이 남에게 미치지 못할 수가 있을 것이며 또 어떤 아이는 아무리 공부를 해도 성적이 오르지 않아 열등감을 느낄 수 있는데 이렇게 열등감을 가지게 되는 아이들의 종류는 우리가 셀 수 없을 정도로 많을 것이므로 아무리 잘난 사람도 어떤 부분에서 열등감을 반드시 느끼게 된다는 것을 인지하고 그것 자체를 편하게 받아들일 수 있어야 한다.

⑴ 머리카락을 즐겨 뽑는 아이

아침부터 내리던 비는 오후가 되어서도 그칠 기미가 보이지 않았다. 어제부터 먹구름이 하늘을 뒤덮는 것을 보고 내일은 틀림없이 비가 올 것으로 예측한 내 생각이 딱 들어맞았다. 나는 커피 한 잔을 들고 창가에 서서 한동안 유리창 너머로 흘러내리는 빗물을 바라보았다.

빗방울은 기를 쓰고 매달려 봐도 누군가 끌어당기듯 아래로 미끄러지고 있었다. '우리의 삶도 빗방울처럼 저렇게 어디론지 흘러내리고 있는 것은 아닌가?'라고 생각하던 그때 접수를 담당하는 직원이 물었다.

"원장님, 예약이 안 되었는데 잠깐 뵐 수 없느냐고 하는 아이와 엄마가 왔는데 어떻게 할까요?"

순간적으로 시계를 보았다. 마침 다음 예약시간이 남아서 우선 보기로 했다.

"그래요. 잠깐 보지요."

이렇게 해서 만난 엄마는 아이가 시도 때도 없이 모발을 뽑는다고 했다. 부모가 못하게 하자 이번에는 눈썹까지 뽑았다고 한다.

"선생님! 어디서 들은 일인데 최면치료를 하면 좋아진다고 하는데 그게 맞나요. 우선 여쭤보고 남편과 의논을 할까하고 찾아왔어요."

무척 조급증을 보이는 어머니는 아마 45세 정도나 되었을까? 첫아이가 낯선 행동을 하자 무척 힘들어하는 모습이었다.

"어디 다른 곳에 가봤나요?"

"처음에는 모발과 눈썹 탈모로 인하여 피부과를 찾았고 그곳에서 심리 상담실을 다녀보라고 해서 일 년을 여기저기 다녔는데 별 효과가 없어서 왔어요."

민호는 야구 모자를 쓴 초등학생이었다. "민호야, 모자를 좀 벗어줄 수 있겠니?"라고 말하자 민호는 조금 머뭇거리다가 모자를 벗었다. 앞머리와 정수리 부분에 약 5센터 가량의 지름의 크기로 두피가 희끗희끗 보였다. 옆에서 이 광경을 지켜보던 어머니가 다시 묻지도 않는 말을 하였다.

"피부과 선생님 말로는 원형탈모가 아니고 전형적인 강박적인 행동이라고 했습니다. 제발 그러지 말라고 해도 안 돼요. 자기도 모르게 무심코 하는 모습을 보면 이것은 무슨 습관이라기보다는 이유가 있을 거라고 생각돼요."

"네. 그렇습니다. 이것은 말씀대로 '모발뽑기장애'라고 하지요. 곧 치료를 하면 나아질 것이니까 너무 상심하지 마세요."

모발뽑기장애란 스스로 반복적으로 머리카락을 뽑아내어 상당 수준으로 모발의 결손이 생기는 병을 말한다. 과거에는 우리말로 '모발광'이라고 불렀으나 최근에는 그냥 '모발뽑기장애'라고 말한다. 성인의 경우를 보면 여성이 남성보다 10배나 많다고 하지만 소아나 청소년기에는 거의가 동일한 것으로 나타난다. 그렇지만 아동들은 천 명당 2-3명 정도로 발생할 정도로 아주 드물다.

이 장애는 '충돌조절장애'에 포함되어 있었으나 DSM-5에서는 '강박관련 장애'로 분류하고 있으며 그 증상과 원인이 거의 유사하고 가족 유전성과 기질적인 특성을 공유한다고 한다. 그중에서도 인지의 왜곡이 두드러진 요소를 차지하는 강박장애 신체이행장애로서 실제로는 외모에 별다른 결함이 없거나 또는 사소한 것임에도 외모에 심각한 결함이 있다는 생각에 사로잡혀 있는 장애이다. 그 외에 것으로 보이는 것은 언젠가 필요할지도 모른다는 생각에서 버려야 할 물건을 버리지 못하고 강박적으로 쌓아두는 장애가 있는데 무엇보다 신체에 집중된 행동을 반복적으로 보이는 경우가 많다. 특히 '모발뽑기장애'가 아니더라도 입술 씹기, 손톱 뜯기 등도 여기에 해당된다.

(2) 분노를 혼자 해소하려는 수단(화날 때마다 보이는 이상행동들)

모발을 뽑는 사람들 중에 다수는 손톱을 물어뜯거나 입술을 씹는 행동을 같이하는 경우가 많다. 아이일수록 반복적인 행동을 남이 보는 곳에서 하는 것이 아니라 혼자 있을 때 은밀하게 하는 경우가 많아서 가족들이 발견했을 때는 이미 많은 진척이 된 뒤가 될 수가 있다. 민호도 부모가 알았을 때는 오랜 시간이 지나서였다.

"민호야 머리 뽑기를 멈추려고 노력은 해 봤니?"

아이가 고개만 끄떡였다.

"그렇구나! 노력을 했는데 잘 안 됐구나! 그래. 쉽게 버릇을 없애기가 어렵겠지."

나는 걱정스럽게 말해 주었다.

"내가 어떻게 도와주었으면 좋을까?"

이 말이 끝나기 전에 민호가 대답했다.

"머리까락을 그만 뽑게 해 주었으면 좋겠고요."

"그리고는 또 뭐가 있을까?"

"화가 안 나게 했으면 좋겠어요."

"그래, 평소에 화가 많이 올라오는 구나. 그래서 화가 나면 머리까락을 뽑거나 입술을 깨물거나 그것도 아니면 손톱을 물어뜯는구나. 그렇지?"

"네."

그는 옆에 있는 엄마에게 말했다. 아이를 밖에서 기다리게 하고 엄마와 단둘이서 앉았다. 이런 민호는 초등학교에 입학하기 전까지는 예민하고 걱정이 많은 그런 성격 이외에는 큰 문제가 없었다. 그런데 초등학교 2학년이 되고부터는 강박에 대한 증상이 보였다. 그 이유는 엄마가 의사여서 아이를 제대로 돌볼 시간이 없자 친척에게 맡겨서 여섯 살이 될 때까지 보살피게 한 것이 원인으로 보인다. 아이를 자주 보지 못하고 일주일에 한 번씩 아이를 보러가는 것이 일과였을 정도다. 그동안 아이는 어떻게 컸을까?

아이는 맛있는 음식과 좋은 옷을 입고 제대로 자랐을까? 하지만 세상에 그 어떤 음식, 좋은 옷을 입고 자라도 엄마의 사랑을 먹고 자라는 아이처럼 행복한 아이는 없다. 조모나 조부가 아이를 잘 보살폈다고 해도 엄마의 그늘도 밟지 못할 것이다.

민호는 자기가 하고 싶은 것은 거의 하면서 자랐다. 그런데 쉬지 않고 가는 기차는 순간적으로 멈추지 않는다. 만약 멈추게 되면 사고가 날 것이며 그 사고는 큰 사고로 이어질 수가 있다. 아이는 하고 싶은 것을 다 하고 자랐는데, 만약 아이가 반드시 서야할 곳에 서지 못하는 경우, 그때 일어나는 부작용을 누가 감당할 수가 있을까?

이것을 '항문기' 성격이라고 한다. 아이가 '대변'을 가릴 시기나 장소에서 이에 대한 성취감을 갖게 되는데 그것을 제대로 배우지 못하는 불편함은 가지고 있다. 그래서 비슷한 환경에 있었던 아이들에게 DSM-5에서 말하는 MMPI를 해보면 거의가 연극성 성격장애나 자기애성 성격장애를 동반하는 경우가 많다.

이런 아이들을 부모나 가족들이 공감과 배려를 제대로 해주지 않으면 경계성 성격장애를 보이게 된다. 민호의 부모는 이런 줄을 몰랐다. 아이가 강박적인 행동이 나타날 때까지만 해도 별 문제없이 잘 자란 줄만 알고 있었다.

숙제가 많은 날에는 화를 많이 냈고 학교에서도 자기 말을 듣지 않는 친구와 곧 잘 다투었다. 그럴 때는 아직 어려서 그렇다고 생각했고 가끔 담임을 찾아가서 밥도 사 주면서 민호를 잘 부탁한다고 다독거리는 데만 신경을 썼었다. 그러나 그게 아니었다.

책상 위에 수북이 쌓인 머리카락을 보면 화가 조금은 풀린다는 아이를 보고 엄마는 드디어 올 것이 왔다고 생각했다. 시간이 갈수록 정수리에서 시작한 행동이 점차 앞머리 쪽으로 이동하더니 이제는 눈썹까지 뽑는다. 처음에는 화가 날 때만 뽑았는데 날이 갈수록 TV를 보거나 지루할 때는 자기도 모르게 손이 머리 쪽이랑 손톱으로 가고 있었다.

민호가 분노를 달래고 해소하기 위한 수단으로 시작된 버릇은 이제 한층 심해졌다. "민호는 자신이 가지고 있는 나쁜 기분을 남에게 털어놓는데 익숙하지 않은 아이입니다. 공부에 대한 스트레스도 그렇고 자기 능력으로는 엄마가 기대하는 수준에 이르기가 어렵다는 것을 알고 힘들어 하고 있습니다. 아이는 이를 해소하거나 나눌 수 있는 사람이 필요한데 그게 용이하지가 않은 것이지요. 그래서 자기 마음을 부모나 누구에게 털어놓으면 그들로부터 사랑을 잃을지도 모른다는 두려움이 앞서고요. 부모님은 지금부터라도 민호에게 그런 말을 할 수 있는 기회를 주셔야 합니다. 아이가 그냥 참기만 하면 내면에 쌓인 분노가 모발을 뽑는 행동으로 표출되는 것은 당연하지요. 이것이 반복되면서 지루할 때조차 모발을 뽑게 된 것입니다."

"그럼 앞으로 어떻게 해요?"

"민호가 자신에게 스트레스나 분노가 쌓이면 그것을 표현할 수 있는 기회를 주어야 하는데 그렇게 하려면 아이와 함께 보내는 시간이 많아져야 가능하겠지요. 작은 표현에게도 공감을 해주고 이해해 주는 것이 필요합니다. 일시적으로 자기감정을 과도하게 표현하거나 퇴행적인 행동을 보일 수도 있겠지요. 그렇지만 그것이 오랫동안 지속되지는 않을 것이니 참고 기다려야 합니다."

"네. 그렇게 하겠습니다."

엄마는 고개를 끄떡였다. 지금으로서는 아이에게 할 수 있는 최선의 선택이다. 아이가 보내는 표현들은 대체로 비언어적인 것이 많다. 예컨대 공부를 하다가 한숨을 쉰다든가 부모가 학원스케줄을 알려 줄 때도 반응을 하지 않는 것 등으로 부모는 아이의 행동을 의아하게 생각할 수가 있다. 그러나 아이의 입장에서는 공부나 학원에 다니는 것에 대한 스트레스를 간접적으로 표현을 하는 방법이다.

이럴 때 부정적으로 해석을 하지 말고 아이의 마음속 표현을 나타낼 수 있도록 충분한 기회를 주어야 한다. 더 중요한 것은 자기가 어떤 이야기를 해도 부모로부터 반박을 당하지 않을 것이라는 믿음을 주는 것이 좋다.

이후로 민호의 모발뽑기장애는 조금 호전을 보이기는 했지만 엄마는 아이에게 사소한 잘못을 지적하는 것까지 버리지 못했다. 이에 부모들은 아이의 습관을 쉽게 바뀌는 것이 어렵다고 생각했는지 엄마가 다니는 직장을 한 해 동안 휴직을 했다. 아이와 보내는 시간을 늘리기 위해서였다. 그러자 아이의 솔직한 표현이 잦아지면서 머리카락에 손을 대는 습관도 차츰 줄어들었다.

나는 민호에게 인지행동치료의 모델로 '습관반전기법'을 하도록 하였다. 이는 현재 보이는 모발 뽑기 장애에 대한 증상을 반대로 조작하여 대체하는 방법을 말한다. 예를 들면 민호가 '모발 뽑기'에 대한 것은 절제하도록 하면서 자발적으로 다른 행동을 대체하게 하는 것으로 손톱을 물어뜯고 싶은 충동이 보이면 다른 행동을 하도록 하는 것을 말한다.

이 기법을 잘 수행하려면 증상을 정확히 알고, 어떤 때와 장소에서 어떻게 행동하는 것이 좋은지 스스로 알아차리는 것이 필요하다. 이때 자기가 한 행동과 습성을 스스로 기록을 할 수 있으면 더 한층 도움이 될 것이다. 이때 가능하다면 생각이나 느낌을 어떻게 대처했는가를 알아차리는 것이 좋다.

대체로 10세 이전에는 증상을 정확히 알지 못하거나 전조감각에 대해서 느끼지 못할 수도 있다. 그렇게 되면 증상의 변화에 대해서 매번 알아내기도 어렵거니와 생활에 대해서 통제가 가능하지 않을 수도 있다. 그래서 이 기법을 효과적으로 쓰려면 그 빈도에 대하여 매일 기록을 하는 것이 좋다.

민호는 모발 뽑기가 있을 때마다 다른 반응으로 머리를 만지거나 손을 비비는 행동을 하도록 했다. 일반적으로 아이가 가지고 있는 증상 대신 다른 곳에 힘을 주게 하거나 다른 방법을 사용하는데 훈련을 하면 부모들의 지지를 충분히 받게 된다. 이에 가족들에게나 다른 사람으로부터 나쁜 습관을 버려야 된다는 생각을 하게 되어 민호는 조금씩 모발을 뽑는 습관을 고쳐나갔다.

(3) 감정을 말로 표현할 수 있어야 한다.

최면에서 과거 경험은 현재의 생활에 영향을 미치는데 사람들이 고통을 받는 장애 중에서는 흔히 어린 시절의 경험 때문에 생긴 것들이 많다. 특히 심인성 질환이나 장애가 여기에 해당하는데 대부분의 어린 시절의 경험들은 시간이 지나면서 잊히기 마련이다. 그러나 망각된 기억의 흔적들은 결코 기억창고에서 완전히 사라지지 않는다.

의식의 차원에서는 사라질지 모르지만 잠재의식에서 과거경험들은 기억된다. 그러므로 최면상태를 통해 활성화 되는 잠재의식은 전혀 기억하지 못하는 과거의 기억들을 그대로 재생시키게 된다. 이것이 마치 어릴 때 찍었던 영상이나 스크린을 재생해서 보는 것처럼 정보를 인출하게 하는 것이다.

그래서 내가 시행할 〈스크린 영사의 역순 영사법〉은 민호의 각종 부정적 정서 외의 공포증과 불안, 강박, 고문, 강간, 전쟁 등의 충격적 사건에 얽매여 있을 때 도움을 줄 수 있는 프로그램을 말한다. 아이가 과거 부정적 정서의 수정 중에서 불행했던 상황과 과거를 바꾸는데 이용할 수 있는 기법이므로 모발을 뽑게 된 당시를 되돌아보게 할 것이다.

"자, 이제 민호는 사건의 주체로서가 아니라 관객의 입장에서 모발 뽑기를 한 편의 영화를 보듯 스크린에 떠올려 보는 거야! 그렇게 할 수 있겠지?"

"네."

민호에게 분리체험을 시작하였다. ISE 즉, 최초사건에서 시작하여 아이가 후속사건에까지 한 편의 영상을 보도록 하는 것이다. 그래서 자기가 '모발 뽑기'를 하고 있는 모습을 직접 확인하게 되면 이번에는 그 사건과 사고의 스크린을 빠른 속도로 되감아본다는 생각으로 최초 시작부터 다시 역순으로 이어간다. 이렇게 여러 번을 번갈아 가면서 영상을 되돌려보는 시간을 수초 정도의 빠른 속도로 하되 처음에는 흑백사진에서 시작하였다가 점차로 칼라영상으로 바꾸어 보도록 한다. 그런데 이 방법으로 민호가 평소 가지고 있는 불편한 감정이나 불안감정을 없애려고 하려면 역순으로 볼 때 자기 자신이 그 속에 존재하는 것을 감각적으로 느끼는 것이 필요하다.

"자, 이제부터 민호는 '모발을 뽑는 장면'을 처음부터 재현을 하도록 할거야. 지금의 마음은 편안하지?"

"네."

"좋아. 어떤 강박증을 가지고 있나요?"

"그것을 잘 모르겠어요….'

"그래, 그럼 어느 정도인지 스스로 상상을 해 봐."

"제가 말할까요?"

"아니 말하지 않아도 돼, 다만 묻는 것에 대해서만 대답해주고 지시대로만 따라하면 돼. 강박증이 눈에 보이는 것인지 귀에 들리는 것인지 느끼는 것인지 말하면 되는데 이 세 가지 중에 어느 것입니까?

"보이는 것입니다."

"이제부터 나의 말에 따라서 머릿속에서 상상을 해 주시기 바랍니다. 그대로만 따라 주시면 잠시 후부터 강박증으로부터 해방이 될 것입니다. 자, 이제 영화가 상영되는 극장에 들어가서 스크린이 잘 보이는 관객의 좌석 중간쯤에 자리를 잡고 앉아주세요. 내가 이제부터 하나 둘 셋을 센 뒤 엄지손가락을 튕기면 화면에서 강박 및 불안을 느끼기 직전의 상황을 찍은 흑백 슬라이드 화면이 스크린에 나타나게 됩니다. 하나 둘 셋! 이제부터 스크린 속에서 그 장면이 생생하게 나오게 됩니다. 강박과 불안이 생기기 직전의 모습이 보입니까?"

"네."

"어떤 특별한 느낌이 있습니까?"

"아무렇지도 않아요. 그냥 보고 있어요."

"자, 좋습니다. 그럼 이제 그 자리에서 '붕' 몸이 떠올라서 영사실로 올라가 주십시오. 민호는 트랜스 상태에 있기 때문에 상상한 것이면 무엇이든지 할 수도 있고 볼 수가 있습니다. 자, 영사실에 들어 왔으면 그곳에서 스크린의 영상뿐만 아니라 영화관 객석에 앉아 있는 자신의 모습까지 자세하게 보아 주십시오. 보입니까?"

"네."

"자, 이번에는 내가 하나 둘 셋하고 숫자를 세면 슬라이드 화면이 움직이는 흑백필름의 화면이 서로 바뀌어 돌아가게 됩니다. 이 영화는 강박과 불안을 느끼는 부분까지 모조리 촬영을 한 것입니다. 처음부터 끝날 때까지 잘 보아 주십시오. 상영이 끝나면 오른손의 두 번째 손가락을 들어 올려서 신호를 보내시기 바랍니다. 자, 하나 둘 셋! 필름이 이제 돌아가기 시작합니다. 차분하게 보세요."

"..."

"(잠깐, 아이에게 여유를 둔 뒤) 자, 이제 영화를 모두 잘 보았지요. 이번에는 지금까지 본 영화를 역순으로 돌리겠습니다. 앞으로 달려가던 차가 뒤로 가듯이 영상이 역전되어 보이게 되겠지요. 빠른 속도로 돌아가서 몇 초안에 되감기면 끝이 나게 됩니다. 역순되는 화면은 물론 칼라화면으로 빠르게 되감기는 스크린을 보아 주십시오. 되감기가 끝나면 조금 전처럼 두 번째 손가락을 올려 신호를 보내 주세요. 자, 이제 필름을 역순으로 돌립니다. 스크린을 보아 주시기 바랍니다."

이렇게 방금하였던 방법을 3-7번까지 되풀이한다.

"(조금 쉬었다가) 자, 이제 모발 뽑기에서 불안과 강박을 느꼈던 장면을 지금 당사자 입장이 되어서 떠올려 보세요. 보입니까?"

"아, 선생님 정말 이게 가능한 일인가요? 이제 불안과 강박이 전혀 올라오지 않아요. 신기해요. 이렇게 괜찮아지는 것이 정말 이상해요. 정말 이제 걱정이 없어요. 괜찮을 것 같다는 생각이 들어요. 하지만 막상 어떤 사고나 느낌이 들면 그땐 어쩔지는 잘 모르겠어요."

"그 사건이라는 것이 주변에서 자주 보는 것입니까?"

"네."

"그럼 불안이나 강박의 대상이 되는 그 순간의 상황을 말해주세요."

"최근에 느낀 것은 아빠랑 승용차를 타고 가다가 길이 막혀서 움직이지도 못하는 상황이 생겼을 때입니다. 그럴 때는 왜 아빠는 이렇게 비좁고 막힌 곳에 나를 데려와서 이 고생을 시키고 있는가 하는 강박이 올라오거나 불안감이 올라와서 화도 나고 심장이 뛰고 그랬습니다. 이런 현상은 엘리베이터 같이 밀폐된 곳에서도 자주 일어나곤 해요. 또 있어요. 지하철 안에서도 생깁니다."

"방금 전 스크린에서 어떤 상황을 실시했습니까?"

"차를 타고 가다가 오도 가도 못하는 장면을 떠올렸습니다."

"방금 실시한 것은 지금 하는 것이 곤란하므로 잠시 후에 엘리베이터에 탑승해서 맨 위층에 올라갔다가 다시 타고 내려오는 것을 시도해 보겠습니다."

"네."

"자, 그럼 이제 실제상황처럼 엘리베이터에 탑승해서 오르내리는 것을 상상해 보십시오."

"아, 이제 불안하거나 갑갑한 느낌이 들지 않아요. 신기해요."

"그럼 되었습니다. 이제 엘리베이터를 혼자서도 마음대로 탈 수 있을 것입니다. 한 번 실험을 해 보십시오. 자, 그럼 오늘은 집에 돌아가면서 고층빌딩에서 엘리베이터를 타거나 지하철을 타고 갑갑하거나 불안한 느낌이 드는지 살펴주세요. 그리고 이제 모발 뽑기나 손톱을 물어뜯는 행동도 없어졌을 것입니다."

(4) 환경문제의 진단

일상에서 아이가 행복하게 공부하는 마음과 그 이유를 상세하게 깨닫게 하려면 우리가 접하고 있는 자연에서 찾으면 된다. 식물은 언제나 햇빛을 따라간다. 그런 면에서는 아이도 마찬가지다. 식물이 햇빛을 바라본다면 아이가 바라보는 대상은 부모이다. 그런데 식물에게 옆에 있는 다른 식물이나 장애물 때문에 햇빛을 가리면 자신의 생명이 달려있는 문제이기 때문에 가만히 있지 않고 햇빛을 가린 식물을 넘어서 빛을 차지하기 위해서 다른 방향으로 삶을 살려고 찾아가듯이 민호도 자기의 어려움을 극복하기 위해서 강박증에 시달리고 있었다. 식물이 성장을 위해서 가지를 뻗어가고 있듯이 자기의 삶을 주도하기 위해서 고통을 겪고 있는 민호에게 삶을 이어갈 수 있는 프로그램을 진행하였다. 민호에게 이렇게 말해주자. '식물이 어떤 방향으로 뻗어나가는 것은 햇살을 받으려는 것이다.' 그렇듯이 네가 '모발 뽑기'를 하는 것은 결코 병이 아니다. 자신을 살리기 위한 몸부림이었다.

▶ 심리증상
불안감, 강박증

▶ 신체증상
가슴으로 화가 생김

▶ 환경문제
뭔가를 해야 하겠다는 조급함

(5) 엄마와 아이에게 하고 싶은 한 마디
강박증은 시냅스가 강화되는 대뇌 현상이다. 우리 뇌에는 뉴런이 약 천 억 개가 있는데 그중 한 개의 뉴런에서 10 – 15 정도의 시냅스가 달려있다. 그런데 이 시냅스는 부정문을 모르기 때문에 예컨대 담배를 끊고 싶다고 생각할수록 더 강화가 돼서 담배를 더 피우게 되는 것처럼 된다. 그렇다면 누가 내 몸과 정신에 들어와서 조종할 수 있겠는가?

우리에게 감정을 통제하는 것은 오롯이 나에게 달려있다. 환경이나 다른 이유에 매달릴 필요가 없다. 강박증이 생기는 것도 내가 만든 굴레이며 이것을 탈피해야 할 숙제도 나에게 있다. 강박을 없애려면 내가 가지고 있는 모든 열정을 원하는 것에 집중하고 그것이 무의식의 영역까지 이르도록 노력하면 무엇이든지 목표점에 도착할 수가 있다.

용기를 잃지 않으려면 어떻게 해야 할까? 스페인의 대문호 세르반테스는 용기에 대해서 이렇게 말했다. "건강을 잃은 자는 많은 것을 잃은 것이고, 친구를 잃은 자는 더 많은 것을 잃은 것이다. 그러나 용기를 잃은 자는 모든 것을 잃은 것이다."

누구에게나 시련의 크기에 상관없이 우울하게 만든다. 가만히 두면 상처로 남아 자신을 잃어버린다. 이럴 때 우리는 용기가 필요하다. 용기는 두려움을 걷어내고 해결의 실마리를 준다. 용기를 내어 일어설 수 있다면 달릴 수도 있다. 조금만 더 힘을 내면 새로운 길이 보일 것이고 그 길을 가면 희망이라는 빛이 보일 것이다.

11
틱 장애

⑴ 자꾸 눈을 깜박이고 코를 킁킁 대는 것은

아침저녁으로 기분 좋은 바람이 부는 초가을이다. 하늘은 한층 더 높고 푸르다. 내가 선 이곳에서 밖을 내다보고 있으면 빌딩 숲이 눈앞을 가득 채운다.

점심을 마치고 상담실에 도착하니 흰색 투피스가 잘 어울리는 중년여성이 기다리고 있었다. 다가가서 방문한 이유를 물었더니 화상을 입은 아이를 손으로 가리키면서 눈을 깜박이고 코를 끙끙거리는 틱 장애가 있어서 왔다고 했다. 아이가 환경이 바뀌면서 더 그런다고 했다. 나는 틱 장애가 생긴 이유나 원인이 무엇인 것 같은지 물었더니 엄마의 말은 이러했다. 아이가 초등학교 때부터 교사인 아빠가 다른 도시로 전근을 가는 바람에 이사를 자주 다니게 되었고 그럴 때마다 전학을 가게 된 것이 화근이었다고 본다. 아이는 유치원과 초등학교에 다니면서 친했던 아이들과 헤어지게 되면서 환경에 잘 적응하지 못하였고 무척 힘들어했고, 매사에 겁이 많고 마음이 소심한 아이 수진이는 이제 새로운 아이들과 만나는 것이 너무 싫다고 하는 수준에 이르렀다.

더구나 새로 온 학교 아이들은 전 학교에서의 아이들보다 학구열
이 높아서 따라가기가 힘들었다. 이런 환경에 아무리 노력을 해도 학
업성취가 어려워지자 수진이는 몸과 마음이 지친 상태였다. 그러자 예
전에 살던 곳으로 가자고 보채기 시작했다. 아이는 그렇게 말을 하지
만 그럴 수가 없었다. 나는 수진이가 힘들어하는 모습을 보면서 간단
한 기초검사인 SCT검사_{문장완성검사}와 미술치료인 동적가족화를 그리게
한 뒤 그림을 보면서 물었다.

　　"수진아, 지금 당장 소원이 있다면 뭐가 있을까? 나에게 말해 줄
수 있겠니?"

　　나는 아이의 표정을 살폈다.

　　"말해도 돼요?"

　　"그럼. 마음대로 뭐든지 말해봐."

　　아이는 고개를 뒤로 젖히면서 엄마의 눈치를 봤다.

　　"나는 예전에 살던 집으로 가고 싶고요. 그래서 같이 놀던 친구들
을 만나고 싶어요. 그리고 또 있어요. 지금 당장, 학교에 가고 싶지 않
아요."

　　아이는 과거로 퇴행하고 있었다. 이때 옆에서 지켜보고 있던 엄
마가 나를 흘깃 보면서 말했다.

　　"아이가 이렇다니까요."

　　"어머니의 말씀대로 수진이가 살던 곳에 가고 싶어 하네요. 이렇
게 수진이가 성대를 긁는 것 같은 기침을 반복적으로 하는 것이 언제
부터인가요?"

　　"몇 달 된 것 같아요."

"다른 증상은 없었나요?"

"네. 학교에 가기 싫다고 한 것 외는 별다른 것은 모르겠어요."

틱 장애가 생기는 원인으로는 뇌신경 전달 체계의 이상이 있거나, 유전적인 요인 및 기타 아이의 출산 과정 중 뇌 손상이 있거나, 세균 감염과 관련된 면역반응에 이상 있어서 생긴다고 한다. 그 외는 학습에 대한 요인이나 심리적인 요인 등으로 인하여 일시적으로 틱 장애가 발생할 수가 있다.

엄마가 혹시 틱 증상에 대해서 창피를 주었거나 벌을 주었다면 아이가 정서적으로 불안이 가중되었을 수가 있다. 그 외에 틱 장애는 운동 틱이라고 해서 근육이 빠르게 움직이는 것과 음성 틱이라고 해서 목을 비우는 소리가 나오는 것인데 흔한 틱 증상으로는 얼굴을 찡그리거나, 입맛을 다시거나, 코를 킁킁대거나, 목에서 으흠 하는 소리를 내며 눈을 자주 깜박거리는 것들이다.

수진이처럼 정서적으로 불안한 상태에 있는 아이거나 그도 아니면 컴퓨터 게임에 취해서 간혹 흥분한 상태에서 증상이 악화가 되는 경우도 있기는 하는데 어떤 아이는 자각증상으로 전혀 느끼지 못하다가 10세 정도 지나서 알게 되는 경우도 있다. 이처럼 틱은 학령기 아동에게 흔한 질환이기도 하고 전체 아동의 10−20%는 일시적인 경우가 많다. 그렇지만 학회에서 학자들이 말하는 것을 들어보면 틱 증상이 1개월 이상 지속되는 일과성 장애는 5−15%의 아이들에게서 나타나며 또한 1년 이상 지속되는 만성 틱 장애가 1% 정도에 이른다는 보고가 있다.

운동틱과 음성틱을 모두 경험하는 것을 두고 우리는 뚜렛병 Tourette's Disorder이라고 말한다. 이런 아동은 주의력 결핍 과잉 행동 장애, 학습장애, 강박증 등을 동시에 가지고 있기도 하다. 가벼운 증상을 가지고 있는 아이에게 가장 좋은 방법은 증상을 무시하고 관심을 기울이지 않는 것으로 이것을 통해 치료가 되는 경우가 있고, 일과성 틱은 무시하는 것만으로도 사라지는 경우가 있다.

뚜렛병은 뇌의 문제이기 때문에 아동이 이러한 소리나 움직임을 고의적으로 만들어내는 것이 아니고 아이가 참을 수가 없는 경우가 많다. 그런 경우 부모는 아이를 무조건 나무라거나 비난하거나 놀려서는 절대 안 된다. 어떤 아이는 부모가 벌을 주거나 선생님이 꾸중을 하는 경우가 있는데 그것은 아주 위험한 일이다.

이런 것은 아동이 스스로 틱을 조절할 수 있는 것이 아니기 때문에 아이에게 자긍심만 손상을 시키게 되며 더 큰 문제를 야기할 수가 있다. 한 마디로 틱은 의지로 되는 것은 아니다. 틱 장애의 근본적인 원인은 유전적인 요인이 가장 크다. 이를테면 한 가지 유전적 요인이 아니라 여러 가지 유전적 요인이 복합적으로 작용하는 것이다.

가장 크게 알려진 요인으로는 도파민과 관련된 유전자들이다. 예컨대 대뇌 기저신경절영역의 흥분성 – 억제성 신경계에 도파민이라는 신경전달물질의 불균형이 생기게 되고 운동통제 기능에 오류가 생겨서 자신이 의도하지 않고 반복적으로 움직임이 나타난다.

이런 틱의 경과는 아무 이유 없이 악화와 완화를 반복하는 특성을 갖고 있다. 수개월 전에는 틱이 심했다가 다시 좋아지는 것을 볼 수 있는데 수진이 역시 틱이 심했다가 어느 날 좋아지는 것을 반복하고 있었다. 이는 환경적인 요인과 심리적인 스트레스도 틱 증상에 많은 영향을 끼치고 있다는 것을 보여준다.

심리적인 원인으로 틱이 발생하는 것은 아니지만 불안하거나 흥분된 상황에서 그 증상이 심해지기도 하고 약해지기도 한다. 그런데 많은 부모들이 아이가 틱 증상을 보일 때 아이의 의지로 충분히 참을 수 있는데 일부러 그렇게 하는 것으로 오해를 할 수가 있다.

그래서 제발 그만 둘 수 없느냐고 하는 경우가 있는데 이렇게 되면 부모의 질책에 틱 행동을 안 하려고 애를 쓰게 되는데 이런 노력이 오히려 행동 직전의 충동인 '전조감각 충동'을 더욱 증가시킬 수가 있다. 전조감각 충동을 느끼면 틱을 해야만 그것이 해소되는데 충동이 많아질수록 틱을 더 많이 하게 된다.

그렇다면 틱을 다른 행동으로 바꾸는 것은 가능한가? 틱의 증상에서 전조감각 충동은 행동치료를 할 때 파악해야 할 중요한 요소이다. 수진이가 특정 부위에 간질거리는 느낌이 있거나 몸 전체가 긴장이 되고 꽉 조이는 느낌이 들거나 이유를 설명할 수 없는 답답함과 같은 감각을 느끼는 것처럼 말이다.

이 증상의 내담자 중에서 90% 이상이 전조감각 충동을 경험하는데 이런 충동을 얼마나 인식하느냐에 따라 행동치료의 성공여부가 결정된다. 틱 장애의 대표적인 행동치료인 '습관반전기법'은 내담자가 전조감각 충동을 느낀 순간에 틱과 양립할 수 없는 '경쟁반응행동'을 하게 만들어 틱 행동을 중화하는 방법이다.

경쟁반응행동은 틱 행동보다 자연스럽고 사회적으로 눈에 덜 띄는 행동을 선택하는 것이 중요하다. 수진이의 경우는 틱을 하려고 하면 가슴 깊숙한 곳에서 답답하고 간질거리는 듯한 느낌이 올라온다고 하였다. 바로 그 느낌이 틱 행동을 예고하는 전조감각 충동임을 교육하고 인식을 시키도록 하였다.

그리고 그런 충동이 느껴지면 경쟁반응행동으로 '양팔을 반대쪽 겨드랑이에 넣어서 팔짱을 끼도록 훈련을 시켰다.' 수진이는 이 방법을 재미있어 했다. 그렇지만 만약 이 방법이 마음에 들지 않으면 '양손을 깍지를 끼고 허벅지 위에 올리는 행동도 괜찮아'라고 제안을 했다.

이 방법을 집에서 반복적으로 하도록 훈련을 하는 것은 큰 도움이 된다. 이것은 자기 의지로 틱 반응에 대응할 수 있는 무엇이 있다는 것에 위안을 삼게 된다. 수진이 엄마에게 이렇게 타일렀다.

"수진이가 보이는 틱 증상은 본인의 의지와 상관없이 일어나는 것인 만큼 틱 증상을 보고 절대 나무라지는 마세요. 다만 틱 행동을 통해 하기 싫은 일을 피하지 않게 해주셔야 됩니다. 예컨대 숙제를 할 시간인데 틱 행동을 하면서 다른 행동을 하게 되면 이제 숙제할 시간이 되었음을 알리는 겁니다. 틱 행동 이후에 결과가 뜻밖에도 해야 할 행동이 면제되는 것이라면 틱은 오히려 강화될 수가 있습니다."

"네. 알겠습니다."

"어떤 습관이나 버릇, 부정적인 정서를 버리기 위해서는 자기가 좋아하는 것을 버려야만 해결이 가능합니다. 수진이가 옛날 살던 곳으로 돌아가는 것이나 친구를 다시 만나는 것은 지금으로서는 이룰 수 없는 것들이지요. 그렇다고 '아빠가 직장을 안가면 식구들은 모두 무엇으로 먹고 살 수가 있을까?'라고 아이에게 설명을 잘해서 이해를 시키고 그래도 옛 친구가 보고 싶으면 방학을 이용하거나 또는 공휴일을 이용해서 친구들을 만나게 해 주는 방법도 있을 수 있겠지요. 그렇지만 가장 중요한 것은 한 가지를 얻으려면 한 가지를 놓을 수 있어야 한다는 교훈을 아이가 스스로 깨우치는 것이 도움이 될 것인데 다음의 이야기를 들려주시면 어떨까요?”

“어떤 이야기인가요?”

“태평양 지역의 어느 부족에 대한 이야기입니다. 그 부족은 원숭이를 잡는 방법을 개발해 냈다고 하는데요. 즉, 통나무에 원숭이의 주먹이 하나 겨우 들어갈 정도의 구멍을 내고 그 구멍 안으로 과일을 하나 넣어 둡니다. 그리고는 근처의 나무숲에서 기다립니다. 드디어 원숭이들이 지나가다가 통나무 속에 맛있는 과일이 있는 것을 보고 그것을 잡으려고 손을 넣습니다. 그리고 구멍 속에 든 과일을 꺼내는데 마을 사람이 다가오면 잡은 과일을 놓고 도망을 가야 하는데 그러지 못하고 마을 사람에게 잡히고 만다는 이야기지요. 그렇습니다. 도망을 쳐서 목숨을 건지기 위해서는 잡았던 과일을 포기해야 하는데 그러지 못해서 결국 목숨을 잃게 된다는 이야기지요. 어머니 이 이야기와 아이가 어떤 연관을 지니는지 아시겠는지요.”

“네. 그것도 일종의 강박관념과 관계가 있겠네요.”

“그렇습니다. 한 가지를 얻으려면 반드시 한 가지를 놓아야 하는데 두 가지를 동시에 얻으려고 욕심을 부리면 남아프리카의 원숭이와 같은 경우가 생기게 되겠지요.”

“네. 맞아요. 옛 친구를 보고 싶은 마음이나 학습에 대한 욕심을 놓으면 틱은 자연스럽게 없어지겠지요.”

"맞습니다. 우리는 두 가지를 동시에 취할 수 있는 방법은 없습니다. 하나를 얻으려면 하나를 포기해야 하는 것을 배워야겠지요."

"네. 알겠습니다."

"타고난 기질적으로 불안이 높고 예민한 아이일수록 강박적인 증상도 같이 공존할 수가 있습니다. 따라서 불안감을 완화시키는 심리치료와 뇌 도파민 농도를 조절해주는 약물치료를 같이 하는 것이 좋으며 그보다 아이에게 두 가지를 다 동시에 가질 수 없다고 알려줘야 합니다. 예컨대 옛 친구를 찾아가려면 삶을 포기해야 한다고 얘기하는 것처럼 말이죠. 수진이는 먼 훗날 공부를 더 하고 많이 자라면 얼마든지 좋은 친구를 만날 수 있겠지만 옛 친구를 만나기 위해서 이사를 간다면 결국 아빠는 직장을 잃게 되고 식구들은 먹을 것이 없어서 죽을 수도 있다는 것을 동시에 수진이가 알아차려야 할 것이지요. 그렇게 지금은 수진이가 더 이상 옛 친구를 그리워하지 않도록 도와주는 것이 틱 증상을 완화하는 지름길이 될 것입니다."

(2) 갑작스럽게 찾아온 아이의 틱 현상

우리의 신경계통은 교감신경과 부교감신경으로 나누어진다. 교감신경은 스트레스 상황이나 불안, 공포와 같은 위기상황에 주로 활성화되며 부교감신경은 정상적인 상황에서 기능하는데 두 가지 신경계통은 서로 반대되는 기능을 하며 서로를 억제하는 작용을 하는데 이를 두고 길항작용이라고 말한다.

우리가 중요한 일이나 위급한 상황 때문에 불안해 하거나 지나치게 신경을 쓰게 되면 교감신경계가 자극받게 되고 그러면 교감신경계의 작용에 의해 아드레날린 분비가 촉진되고 이에 따라 가슴이 뛰거나 혈압이 올라가고 근육이 긴장하고 몸에 땀이 흐르고 혈액순환이 원활하지 않아 소화가 안 되는 현상을 누구나 경험하게 된다.

이러한 상태가 반복하게 되면 우리의 몸은 긴장하게 되고 그로 인하여 긴장의 흔적은 없어지지 않으며 몸에 남아있게 될 것인데 결국 병이 생길 것이다. 병이란 처음은 약하게 시작되지만 그대로 두면 결국 치명적인 병이 될 수가 있다.

그래서 스트레스라는 것도 따지고 보면 마음의 불안 또는 긴장상태라고 할 수가 있는데 이것은 마음의 편안함이 아닌 상태가 지속되어 병이 된다. 이것은 불안, 공포와 같은 스트레스로 인하여 내적인 심리 에너지 즉, 나쁜 기운 때문에 마음이 편치 않는 상태에 그 에너지가 계속 사라지지 않고 신체화가 돼 있을 때 병으로 나타나는 것이다.

그래서 이런 과정을 거치고 있는 수진이에게 〈세부감각지우기〉를 통해서 기억하기 싫거나 떠올리기 싫은 장면이 생길 때 이것을 없애거나 마음을 바꾸게 하는 프로그램을 진행시켰다.

"틱 장애를 단번에 없앨 수가 있을까요?"

"어머니, 그건 불가능합니다. 단 한 번 만에 그 사람의 행동이나 습관을 교정하고 건강을 지키는 일은 어렵습니다. 왜냐하면 금방 좋아 보이게 하는 것은 가능할 수도 있겠지만 완전히 뿌리를 뽑아내는 데는 그만한 시간이 필요하지요. 파블로프의 개의 실험에서 음식을 줄 때 종을 울리면 종소리에 침이 분비되듯이 단 한 번에 침이 분비하기를 바라는 것은 무리지요. 대뇌에 있는 시냅스가 방향을 잡고 익숙해질 때 가능한 이야기입니다. 최면상담에서 몇 번의 암시와 처음 틱이 생기게 된 당시의 사건사고를 대뇌에서 그 역할을 지우는 일을 병행하게 될 것입니다. 너무 조급하게 생각하지 마시고 끝까지 노력을 해야겠지요. 아이는 자기가 성장하는 것을 느끼지 못하듯이 좋아지는 것도 특별한 기회가 주어졌을 때 느낄 수 있을 겁니다. 그러므로 규칙적으로 치료를 하는 것은 물론이고 자신의 부정적인 관념을 통제해서 부정적이 되지 않도록 하는 것이 중요하겠지요."

"좋아질 때까지 해야 된다는 것이지요."

"네. 그렇습니다."

수진이는 틱 장애가 생길 때마다 〈감각 지우기〉를 하였다. 아이에게 들숨과 날숨을 뱉게 한 뒤 가장 편한 자세를 유지하도록 하고 다음과 같이 말해주었다.

"사람의 마음이란 계란의 흰자·노른자와 같이 이중구조로 되어 있어. 노른자는 잠재의식 혹은 무의식 그리고 전의식이라는 구조를 가지고 있는 사람의 본능의 영역이야. 이것을 현재의식 즉, 이성의 영역이 덮고 있어. 다른 사람에게 충고를 받는 경우 우선 마음의 외측에 있는 이성 영역에 들어간 시점에서 그 충고를 이성적으로 생각해 버리지."

"그건 무슨 말인지 어려워요."

"그래, 어려울 거야. 사실 어른도 알아듣기가 쉽지 않은 말인데 그냥 그런 것이 있다고만 생각해. 예를 들어서 네가 무심코 음성 틱을 하게 되었는데, 옆에 있는 친구가 하지 말라고 하는 말을 들었을 경우 앞에서 말한 대로 이 충고는 본능의 영역에 뛰어들지 못하는 거야. 우선 흰자 위에 있는 이성의 영역에 들어간다고 봐야지. 결국 이성이란 어른다워진 마음이며, 이런저런 이론으로 생각하는 평소 사용하는 사고에 해당하지. 이 이성의 작용 때문에 우리는 다른 사람의 말을 쉽게 받아들이지 못하고 '정말로 나를 위해서 그럴까?'라고 하거나 '내가 틱 장애를 일으키는 것이 자기에게 무슨 해를 주는 것도 아닌데 왜 그럴까?'라고 생각하기가 쉽지. 물론 이때 말하는 상대가 네가 평소에 아주 좋아하고 신뢰하는 아이라면 다를 수 있지."

"네. 조금은 이해가 돼요."

"자, 그렇다면 이제부터 내가 하는 말을 떠올려 보자."

"네."

틱에 대한 전조감각을 느끼는 것은 가슴으로부터의 갑갑함이었다. 이제부터 당시의 상황을 떠올리도록 한다.

"떠올렸니?"

"네."

"보이는 것이 뭐니?"

시각적인 질문이었다.

"내면에 있는 막막함이요."

"그것을 보면 무슨 생각이 드니?"

"엄마가 공부를 못한다고 나무라는 모습이에요."

"주변에 보이는 것은 없니?"

지금부터는 청각적인 질문이다.

"아빠가 저쪽에 앉아서 엄마를 그만하라고 나무라는 것 같아요."

"어떤 것을 나무라는데?"

"아이가 저렇게 틱 장애를 일으키는데 그것도 모르고 어떻게 지금까지 그러고 있었느냐고 나무라고 있어요."

"그 외에 들리는 소리는?"

"엄마가 아빠를 보고 참견하지 말라고 '버럭' 화를 내요."

"뭐라고 하는데?"

"짜증 같은 것인데 거리가 멀어서 잘 모르겠어요."

"그것을 볼 때는 어떤 기분이니?"

"두 분 모두 미워요."

"왜 그런 생각이 들었지?"

"내가 틱을 하는 것은 하고 싶어서 하는 것이 아닌데 저렇게 날 더 괴롭히는 것이 과연 내 엄마아빠가 맞나 싶네요."

"그런 생각이 든단 말이지."

"예."

"앞으로 엄마나 아빠는 어떻게 해 주었으면 좋겠니?"

"그냥 모른 채 그대로 두면 좋겠어요. 저렇게 할수록 내가 더 힘들어지는 것을 왜 모를까요?"

수진이는 인상을 쓰면서 말을 이어갔다.

"음, 너는 그렇게 생각할 수도 있었겠구나. 자, 그러면 이제 내가 하나 둘 셋하고 손가락을 튕기면 그 불편한 이미지를 네모난 액자에 넣는 거야. 할 수 있겠어?"

"네. 선생님은 이제부터 내가 힘들어 하는 장면을 큰 액자에 넣어 보라고 말씀하시는 것이지요?"

"그래, 그렇지."

"크기는요?"

"편하게 생각해. 뭐 너무 커도 좋지 않을 테니 가로 30센티 세로 30센티가 어떨까?"

"그게 좋겠어요."

"자, 이제 그 액자를 넣었니?"

"네."

"자, 그럼 이제 그 액자를 내 눈앞으로 당겨봐. 그리고 왼손은 액자를 잡아보자. 잡았지? 그럼 이제부터 오른손에는 먹물이 뚝뚝 떨어지는 붓이 있어. 그 붓으로 내가 하나 둘 셋하면 지금까지 마음에 들지 않는 영상을 지우기 위해 큰 붓으로 까맣게 칠을 하는 거야. 할 수 있겠지?"

"네."

"(잠시 여유를 준다.) 좋아 시작해. 다, 지웠어?"

"네."

"잘했어. 이제 왼손으로 액자에 있는 이미지를 손으로 꺼내도록 해. 아마 새까맣게 칠해서 아무것도 보이지 않을 거야. 그래도 이미지를 왼손의 집게손가락으로 꺼내서 오른손에 들려있는 활활 타는 횃불로 수진이가 지금까지 괴로움을 준 영상을 모두 불로 태우는 거야. 할 수 있겠지."

"네."

"이제 횃불로 그 이미지를 모두 태워버려! 자, 이제 그 나쁜 이미지는 활활 타오르고 있습니다. 내가 잡고 있는 왼손으로 손끝까지 타오릅니다. 아주 잘 타고 있습니다. 이제 하나 둘 셋하고 손가락을 튕기면 이제까지 타던 이미지는 다, 사라지고 재만 남게 됩니다. 없어졌나요?"

"네."

"자, 좋아요. 이제 그 이미지를 다시 떠올려 보세요."

"…."

수진이가 아무 말이 없다.

"아무것도 보이지 않나요?"

"아뇨. 희미하게 보여요."

"처음에 보았던 모습보다 더 희미한가요?"

"네."

"좋습니다. 이제 그 이미지를 다시 네모난 액자에 넣습니다."

수진이는 이미지를 액자에 넣었다고 말했다.

"자, 좋아요. 이제 그 액자를 처음 있던 자리에서 봅니다. 맨 처음 틱이 시작되었던 그 지점이 되겠지요. 어떤 모습입니까?"

"다시 보기 싫었던 그 모습인데요. 이제 아무렇지도 않아요."

"떠올려도 싫은 느낌이 들지 않는다는 것인가요?"

"네."

"좋아요. 이제 그 액자가 내 눈에서 멀리 멀리 사라지는 것을 느껴보세요. 그렇습니다. 점이 돼서 내 눈에서 멀어지는 것을 생생하게 느껴보세요. 느꼈나요?"

"네."

"좋아요. 이제 깔끔하게 내 눈에서 사라졌습니다. 지금 기분이 어때요?"

"처음보다 가벼워졌어요."

"느낌이 들지 않는다는 말이지요."

"네."

"좋습니다. 이제 숨을 들어 마시고 내뱉고 다시 숨을 들어 마시고 내쉬세요. 그리고 이제 눈을 떠서 나를 보세요."

수진이는 이제 강박증도 없어지고 전조현상이었던 틱의 일부 현상도 소멸되었다. 마음이 편해지고 그동안 엄마가 공부를 하라고 나무라던 모습도 일부 소멸되고 기분이 좋아졌다.

(3) 수진이의 증상 진단
▶ 심리증상
강박으로 인한 불안요인, 자존감 하락

▶ 신체증상
우울함, 의기소침, 남의 시선을 의식함

▶ 환경문제
남의 눈치를 봄, 무엇을 해도 자신감이 없음

(4) 내가 해주고 싶은 한 마디
비록 어떤 이유로 '틱 장애'를 앓고 있느냐는 그리 중요한 것이 아니다. 어떻게 치유하고 어떻게 경험을 해서 새로운 미래를 이어가는가 하는 것이 수진의 목표이다. 누구나 살아가면서 질병을 앓지 않는 사람은 없다. 세상에는 두 종류의 사람이 있을 뿐이다. 그것을 극복하는 사람과 거기에 안주하는 사람과의 차이만 남아있을 뿐이다.

나를 살리는 최면 수업

초판발행	2023년 11월 30일
지은이	백형진
펴낸이	노 현
편 집	탁종민
기획/마케팅	허승훈
표지디자인	이영경
제 작	고철민·조영환
펴낸곳	㈜ 피와이메이트
	서울특별시 금천구 가산디지털2로 53, 210호(가산동, 한라시그마밸리)
	등록 2014. 2. 12. 제2018-000080호
전 화	02)733-6771
f a x	02)736-4818
e-mail	pys@pybook.co.kr
homepage	www.pybook.co.kr
ISBN	979-11-6519-478-9 03180

정 가	22,000원

박영스토리는 박영사와 함께하는 브랜드입니다.